呼伦贝尔市耕地质量评价图集

（2017年度）

王　璐　王丽君◎主编

中国环境出版集团·北京

图书在版编目（CIP）数据

呼伦贝尔市耕地质量评价图集：2017年度 / 王璐，王丽君主编．—北京：中国环境出版集团，2022.5

ISBN 978-7-5111-5152-0

Ⅰ.①呼…　Ⅱ.①王…　Ⅲ.①耕地—质量评价—呼伦贝尔市—图集
Ⅳ.① F323.211-64

中国版本图书馆CIP数据核字（2022）第080265号

审图号：蒙S（2020）027号（本图集地图底图均来源于内蒙古自治区自然资源厅提供的标准地图底图，未作任何修改）

出 版 人　武德凯
责任编辑　曲　婷
责任校对　任　丽
封面设计　宋　瑞

出版发行　中国环境出版集团
（100062　北京市东城区广渠门内大街16号）
网　　址：http: //www.cesp.com.cn
电子邮箱：bjgl@cesp.com.cn
联系电话：010-67112765（编辑管理部）
010-67112736（第五分社）
发行热线：010-67125803，010-67113405（传真）

印　　刷　北京中献拓方科技发展有限公司
经　　销　各地新华书店
版　　次　2022年5月第1版
印　　次　2022年5月第1次印刷
开　　本　787×1092　1/16
印　　张　16.5
字　　数　263千字
定　　价　70.00元

Editorial Committee

编委会

Preface
前 言

《呼伦贝尔市耕地质量评价图集（2017 年）》是呼伦贝尔市耕地质量等级评价工作的重要技术成果之一，该书是依据 2017 年呼伦贝尔市耕地保护与质量提升和化肥减量增效项目取得的各类数据，经过精心设计编撰而成。本书汇总了全市和主要旗（市、区）的土壤分布图、耕地质量等级分布图、耕地土壤养分含量分级图等各类专业成果图 154 幅，全面展示了呼伦贝尔市的土壤分布、耕地质量等级和土壤理化性状现状等方面。

呼伦贝尔市于 2017 年建立了覆盖全市的 2 700 个耕地质量定位监测点，化验分析了有机质、全氮等大、中、微量元素和重金属元素共计 20 项，并详细调查了耕地环境状况。建立了全市耕地资源管理信息系统，依据《耕地质量等级》国家标准（GB/T 33469—2016），对全市耕地质量等级进行评价。本书将评价成果以图形符号化的形式进行直观表达，并配以表格信息，全面展示了呼伦贝尔市耕地资源的分布与属性，增强了可读性。

本书中各类数据和所表示的行政区域界线只为耕地质量等级评价所必备，不作为其他的行政统计与划定界线的依据。本书在编制过程中，得到了内蒙古自治区农牧业技术推广中心土壤肥料和节水农业技术处（原内蒙古自治区土壤肥料和节水农业工作站）、内蒙古自治区耕地质量监测保护中心和呼伦贝尔市农牧局的大力支持，以及各旗（市、区）土肥技术人员的全力配合，在此表示衷心感谢！由于数据种类繁多，编辑工作量大，时间仓促，如有不妥之处，恳请读者批评指正。

编者

2022 年 5 月

Contents
目录

呼伦贝尔市耕地土壤类型图

图例	面积 /hm^2	比例 /%
暗棕壤	632 314.06	35.36
栗钙土	28 791.40	1.61
棕色针叶林土	2 706.34	0.15
沼泽土	104 366.93	5.84
灰色森林土	53 235.01	2.98
石质土	65.13	0.004
粗骨土	16 888.94	0.94
草甸土	252 892.02	14.14
风沙土	1 657.80	0.09
黑土	405 920.00	22.70
黑钙土	289 405.47	16.18

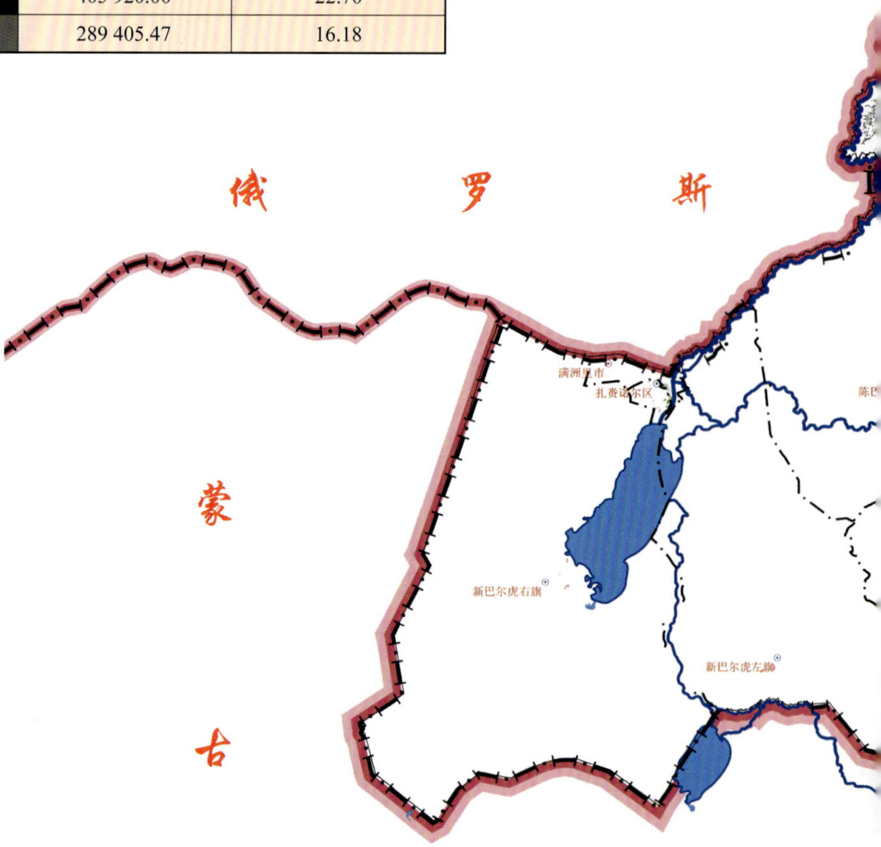

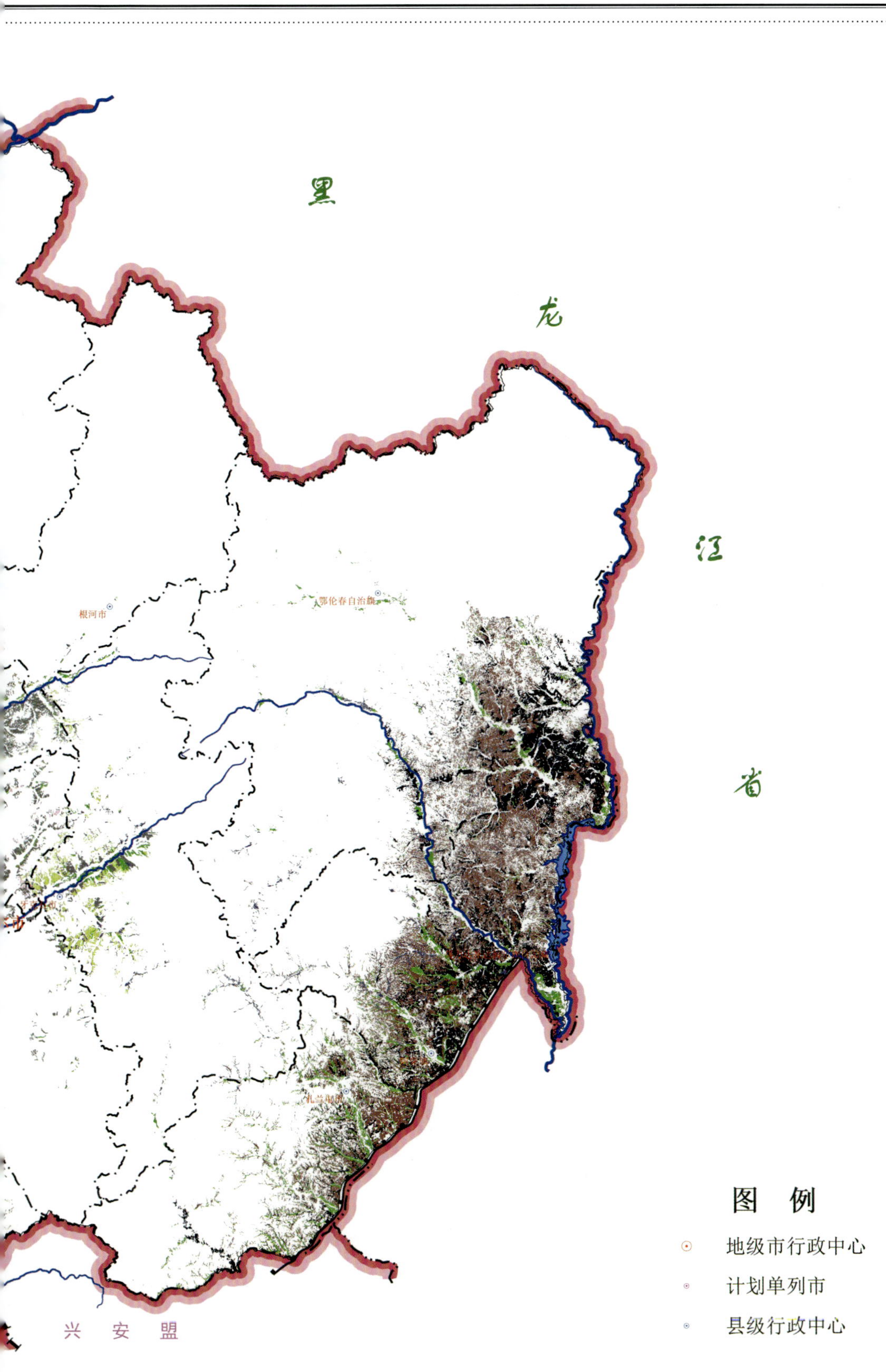
黑
龙
江
省
根河市
鄂伦春自治旗
兴 安 盟
图 例
地级市行政中心
计划单列市
县级行政中心

呼伦贝尔市耕地质量等级分布图

图例	面积 /hm^2	比例 /%
一等	67 041.86	3.75
二等	482 928.12	27.01
三等	733 990.25	41.05
四等	252 121.05	14.10
五等	170 428.98	9.53
六等	59 753.10	3.34
七等	14 806.11	0.83
八等	3 814.99	0.21
九等	2 786.67	0.16
十等	571.95	0.03

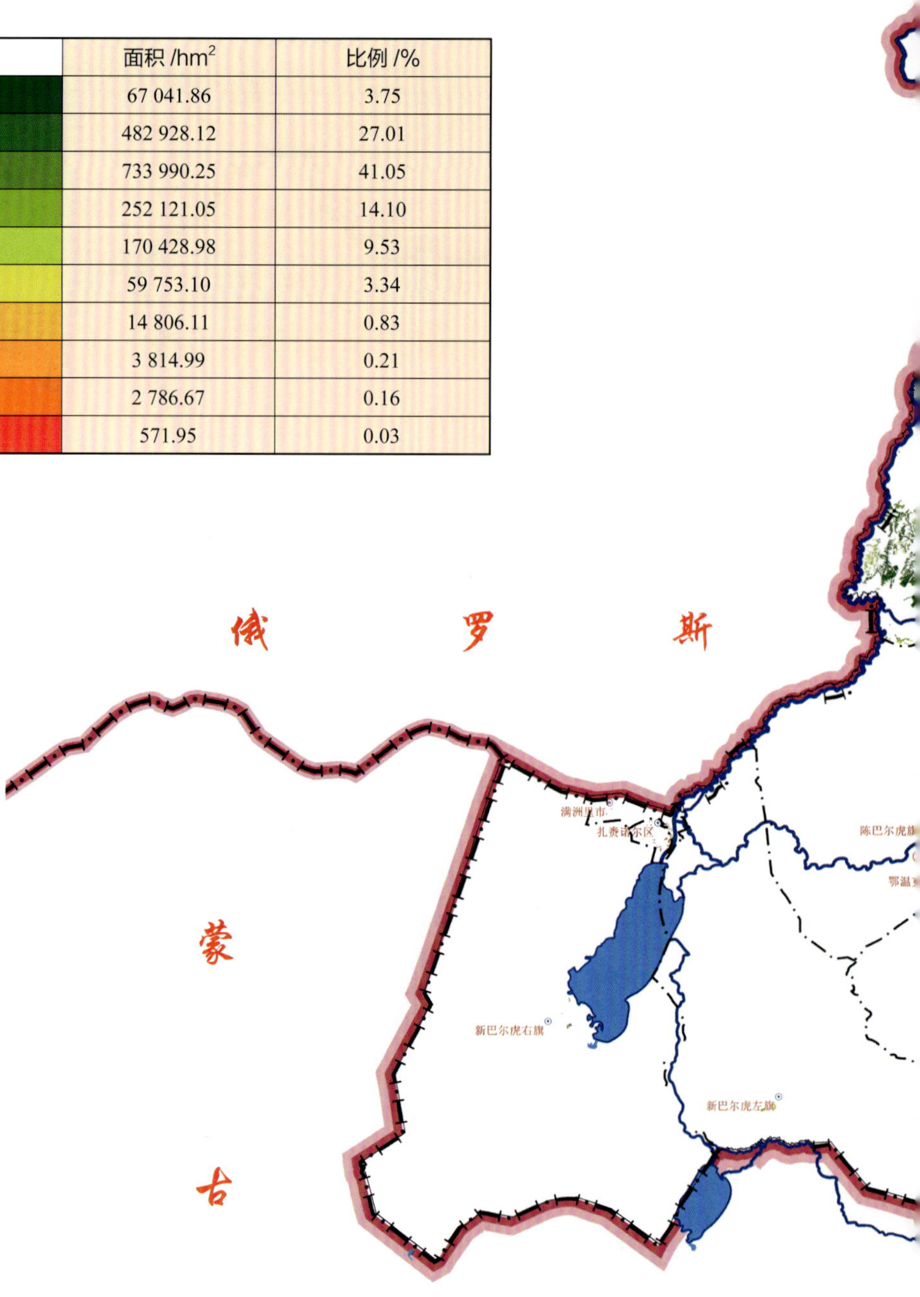

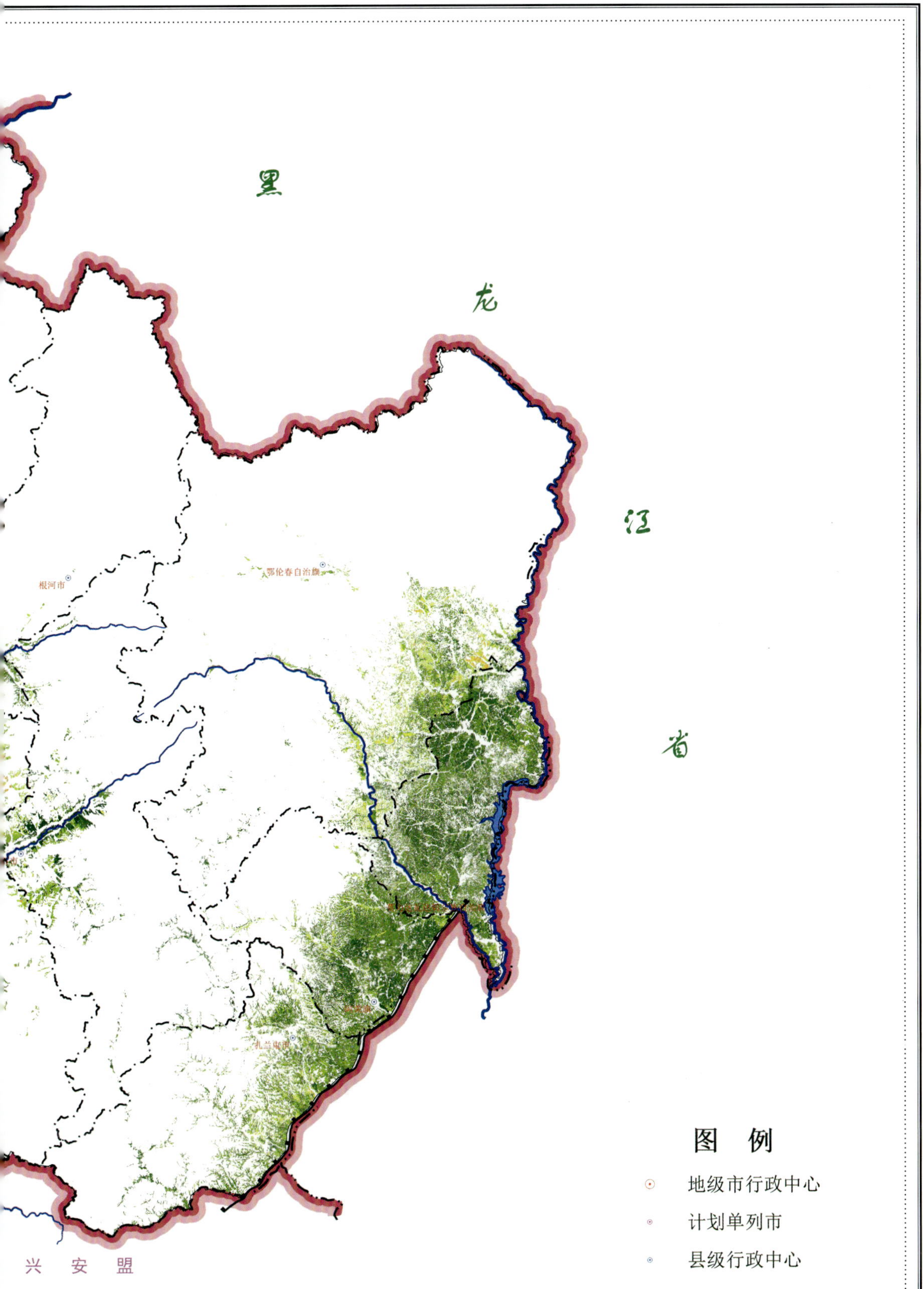
黑
龙
江
省
根河市
鄂伦春自治旗
扎兰屯市
兴 安 盟
图 例
地级市行政中心
计划单列市
县级行政中心

呼伦贝尔市耕地土壤有机质含量分级图

图例	分级标准 /（g/kg）	面积 /hm²	比例 /%
1 级（高）	＞30.0	1 636 400.81	91.51
2 级（较高）	25.0～30.0	112 570.50	6.30
3 级（中）	15.0～25.0	26 185.57	1.46
4 级（较低）	10.0～15.0	10 224.28	0.57
5 级（低）	≤10.0	2 861.92	0.16

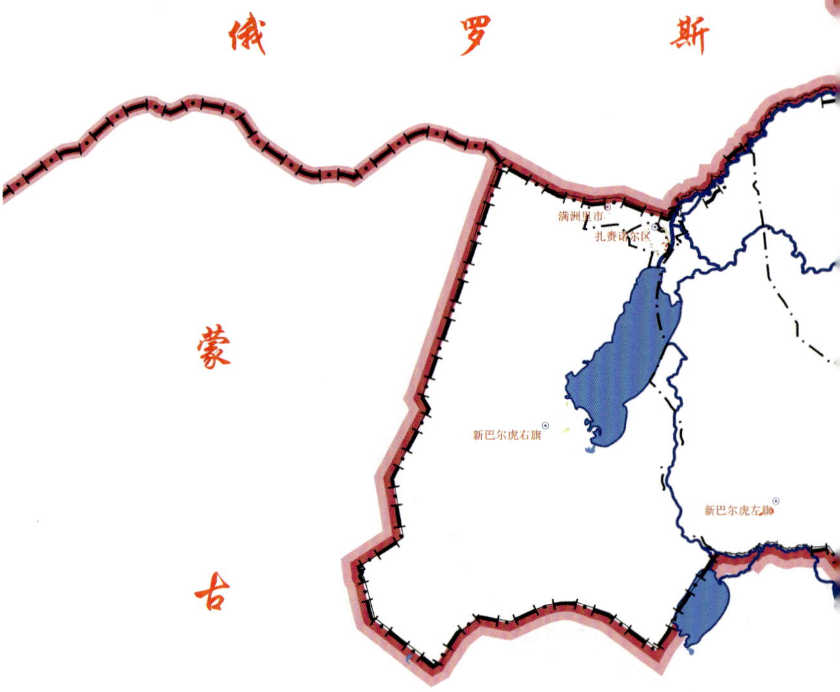

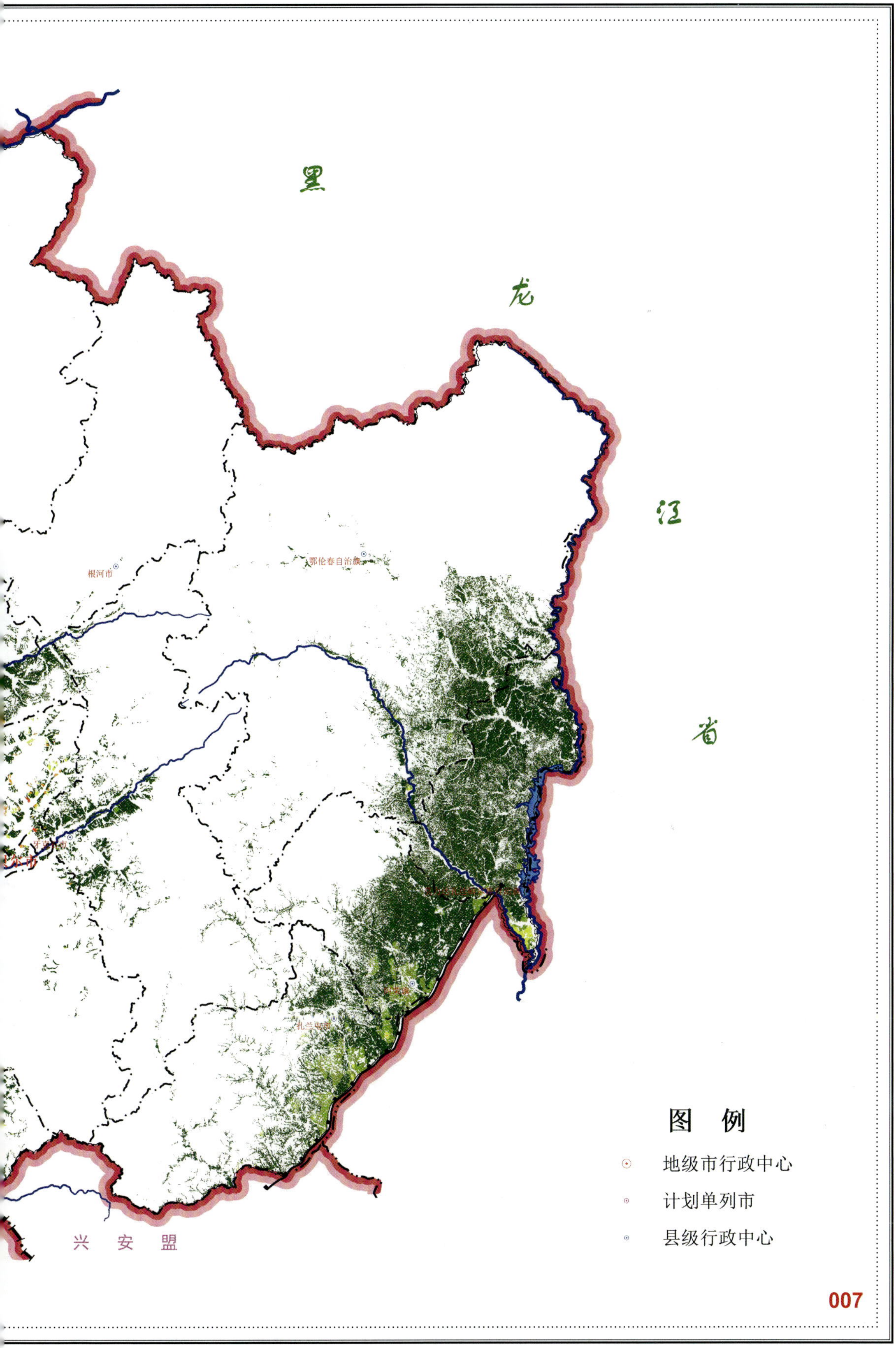

黑
龙
江
省
根河市
鄂伦春自治旗
扎兰屯市
兴 安 盟
图 例
地级市行政中心
计划单列市
县级行政中心

呼伦贝尔市耕地土壤全氮含量分级图

图例	分级标准 /（g/kg）	面积 /hm^2	比例 /%
1 级（高）	＞2.00	1 090 091.47	60.96
2 级（较高）	1.50～2.00	674 633.10	37.73
3 级（中）	1.00～1.50	22 908.71	1.28
4 级（较低）	0.50～1.00	609.80	0.03
5 级（低）	≤0.50	—	—

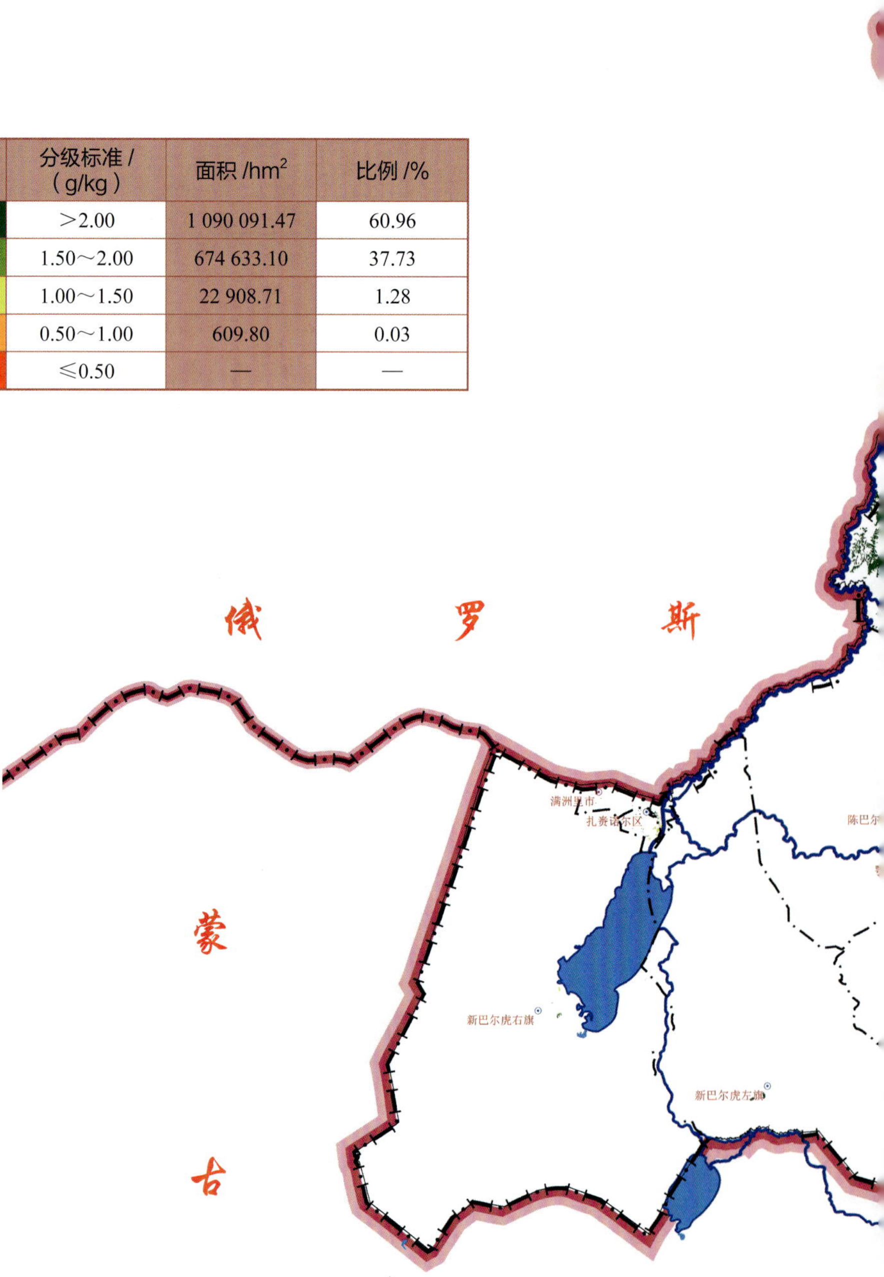

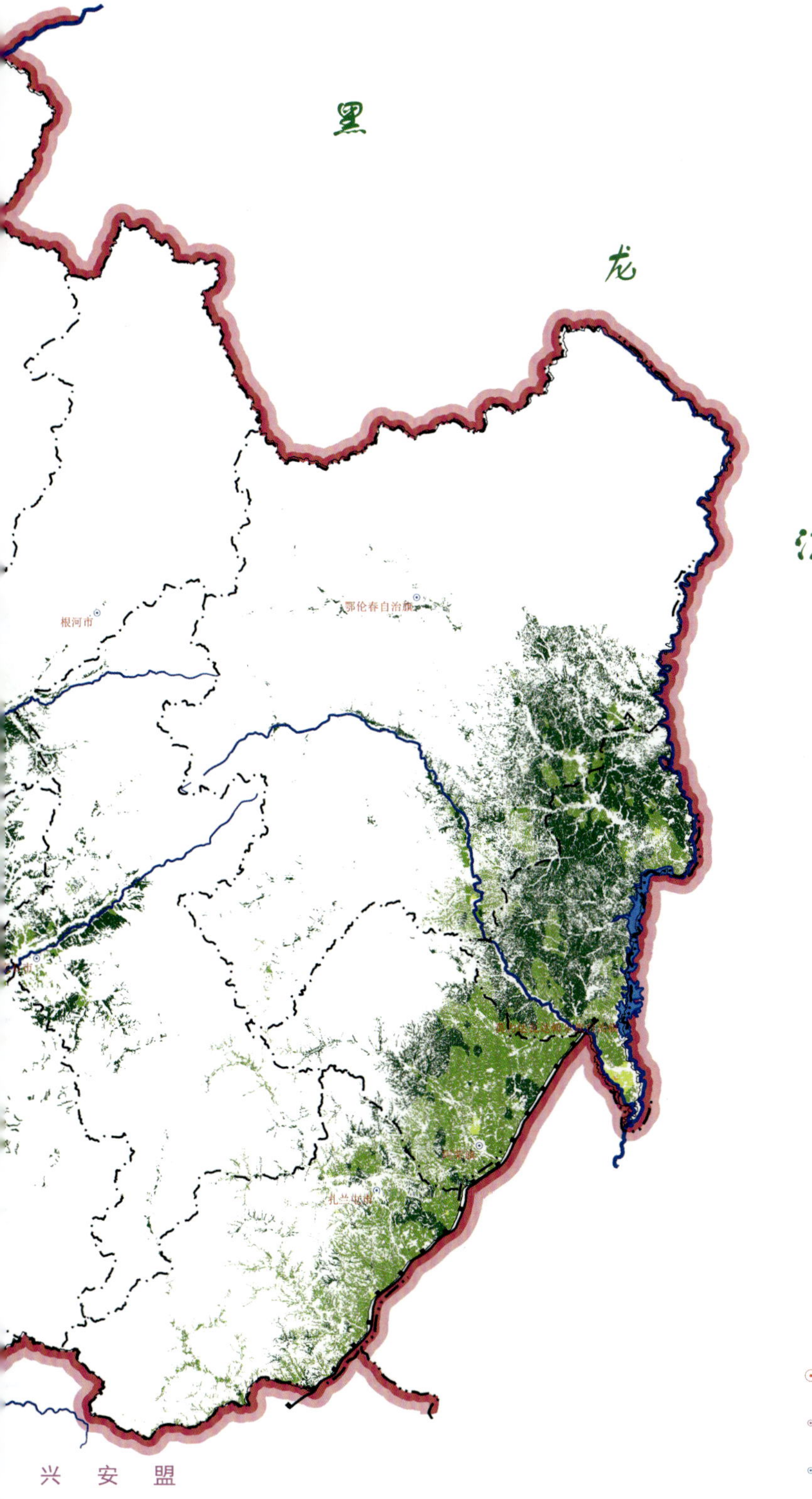

图　例

- ⊙ 地级市行政中心
- ⊙ 计划单列市
- ⊙ 县级行政中心

呼伦贝尔市耕地土壤有效磷含量分级图

图例	分级标准 /（mg/kg）	面积 /hm²	比例 /%
1 级（高）	＞40.0	466 775.48	26.10
2 级（较高）	30.0～40.0	452 814.79	25.32
3 级（中）	20.0～30.0	370 159.11	20.70
4 级（较低）	10.0～20.0	484 032.60	27.07
5 级（低）	≤10.0	14 461.10	0.81

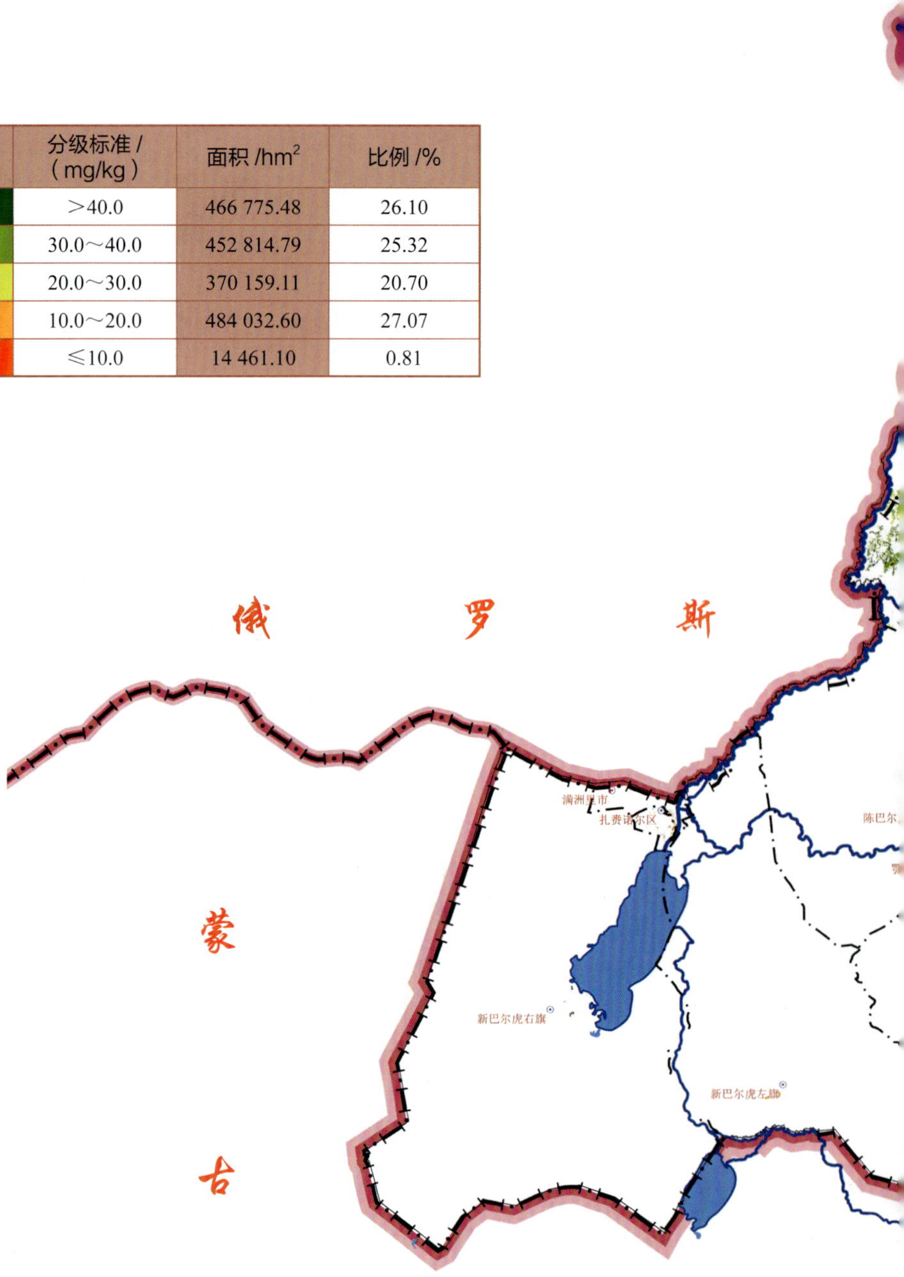

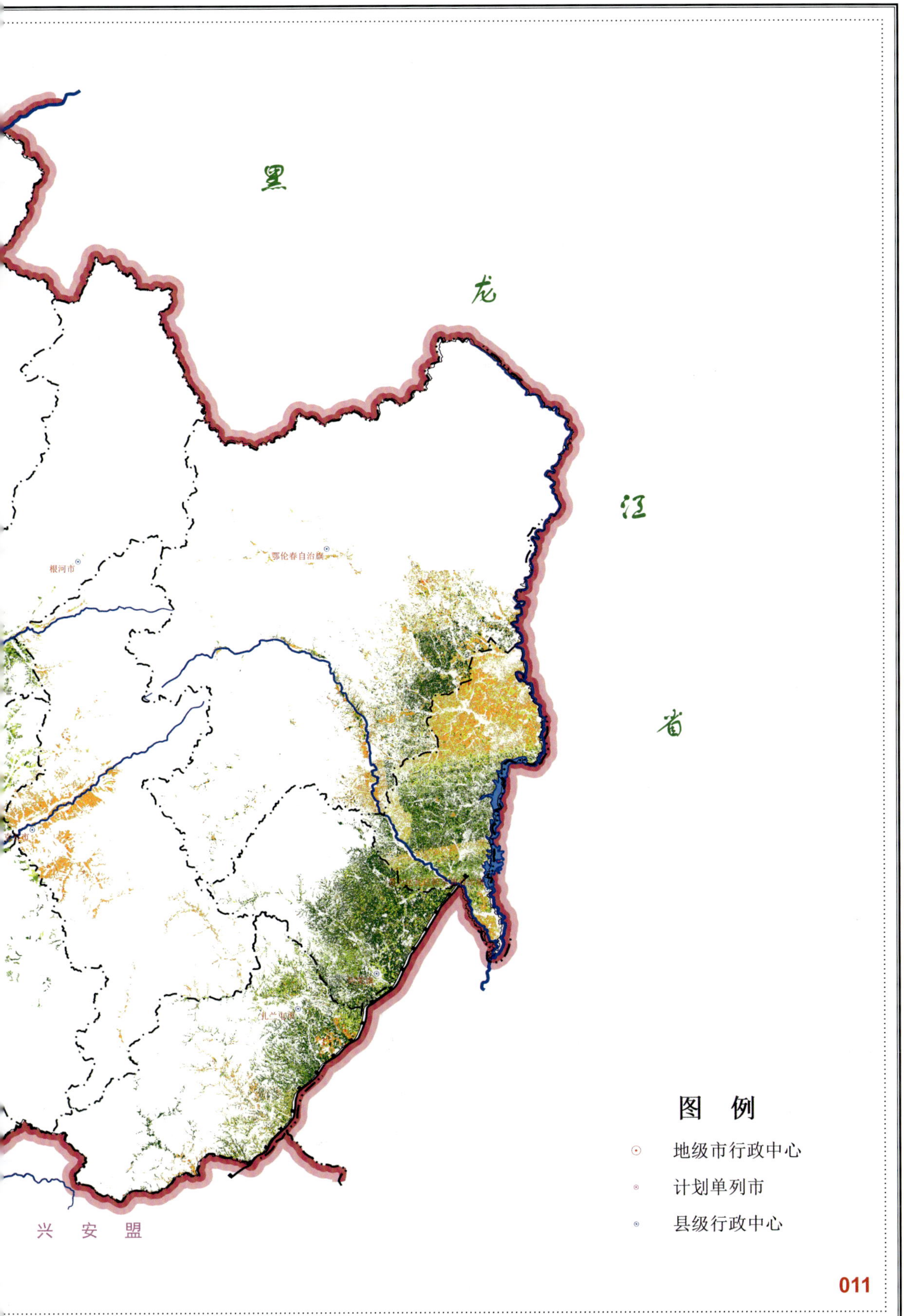
黑
龙
江
省
根河市
鄂伦春自治旗
兴 安 盟
图 例
地级市行政中心
计划单列市
县级行政中心

呼伦贝尔市耕地土壤速效钾含量分级图

图例	分级标准 /（mg/kg）	面积 /hm^2	比例 /%
1 级（高）	＞250	1 331 163.18	74.44
2 级（较高）	150～250	391 737.55	21.91
3 级（中）	100～150	57 204.30	3.20
4 级（较低）	50～100	7 774.82	0.43
5 级（低）	≤50	363.23	0.02

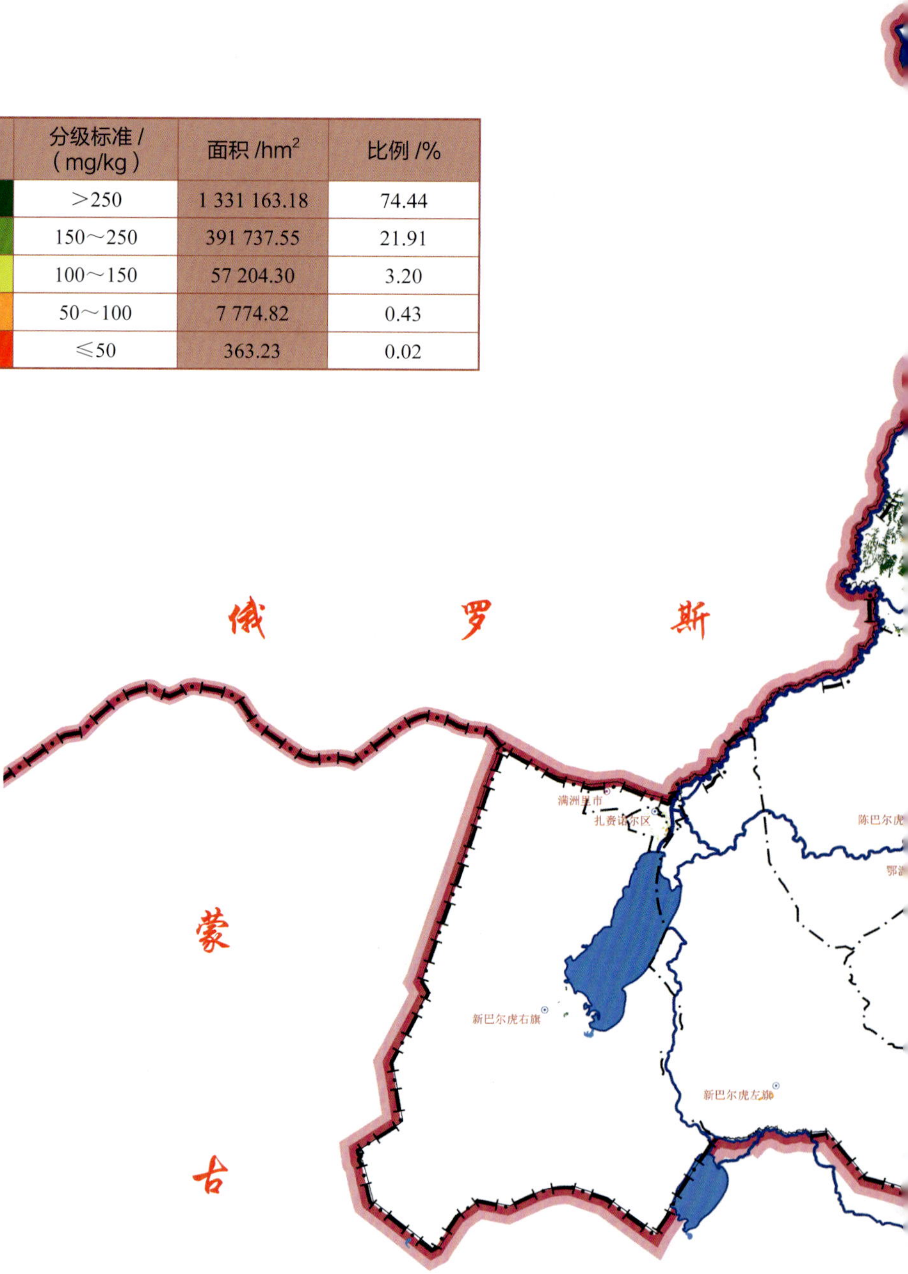

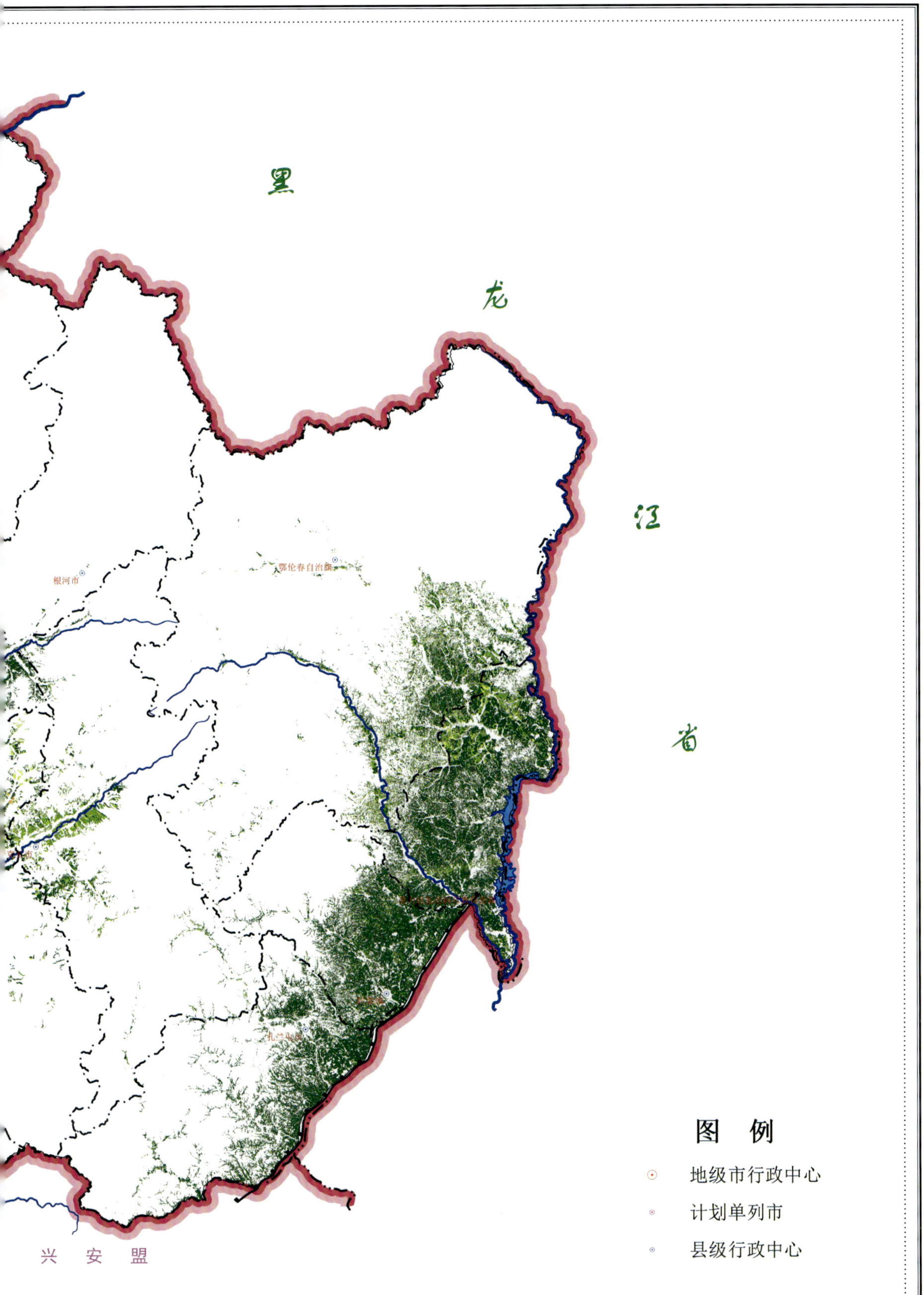
黑
龙
江
省
鄂伦春自治旗
根河市
兴 安 盟
图 例
地级市行政中心
计划单列市
县级行政中心

呼伦贝尔市耕地土壤缓效钾含量分级图

图例	分级标准 /（mg/kg）	面积 /hm^2	比例 /%
1 级（高）	＞1 200	538 100.28	30.09
2 级（较高）	1 000～1 200	397 412.28	22.22
3 级（中）	800～1 000	788 515.03	44.09
4 级（较低）	600～800	59 532.11	3.33
5 级（低）	≤600	4 683.52	0.26

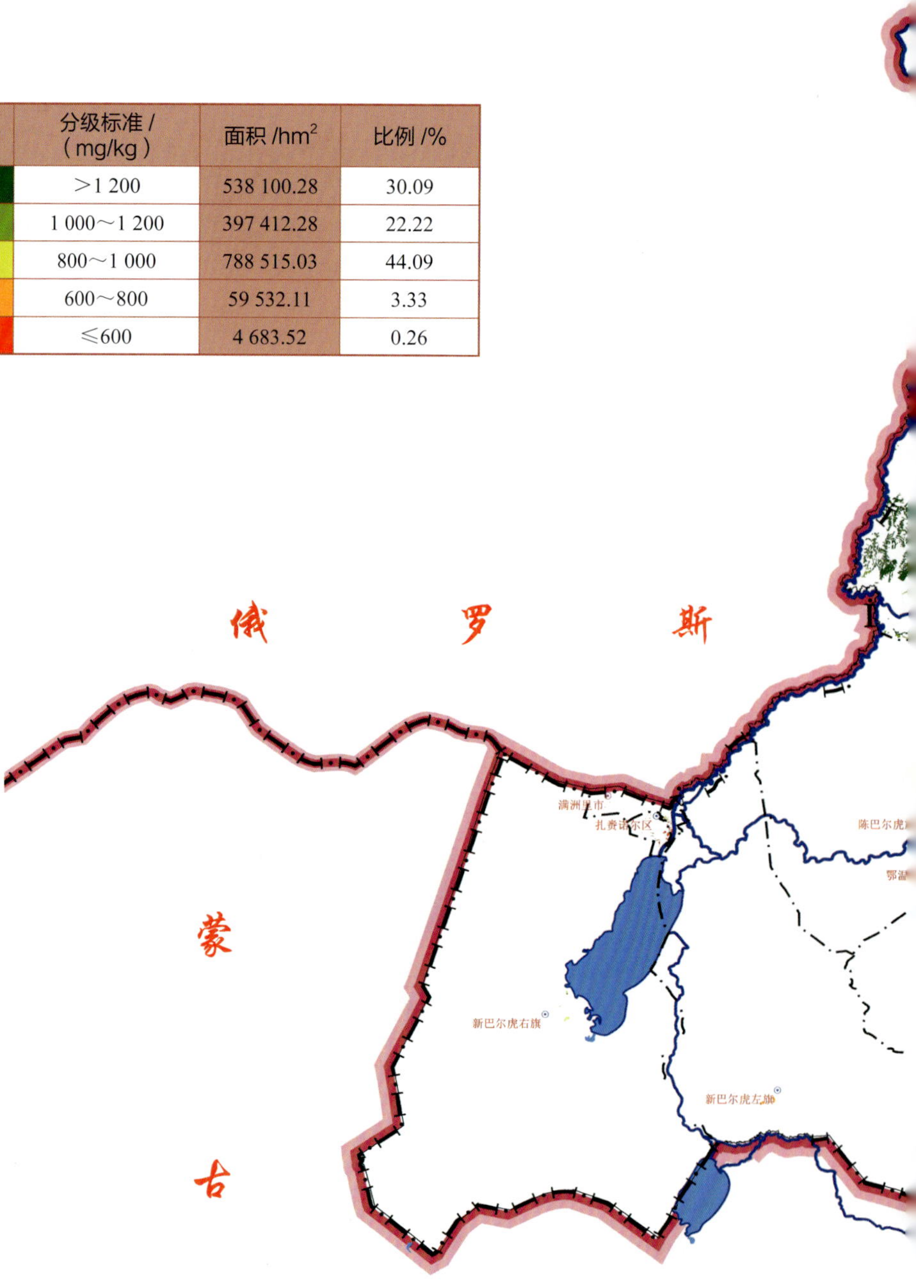

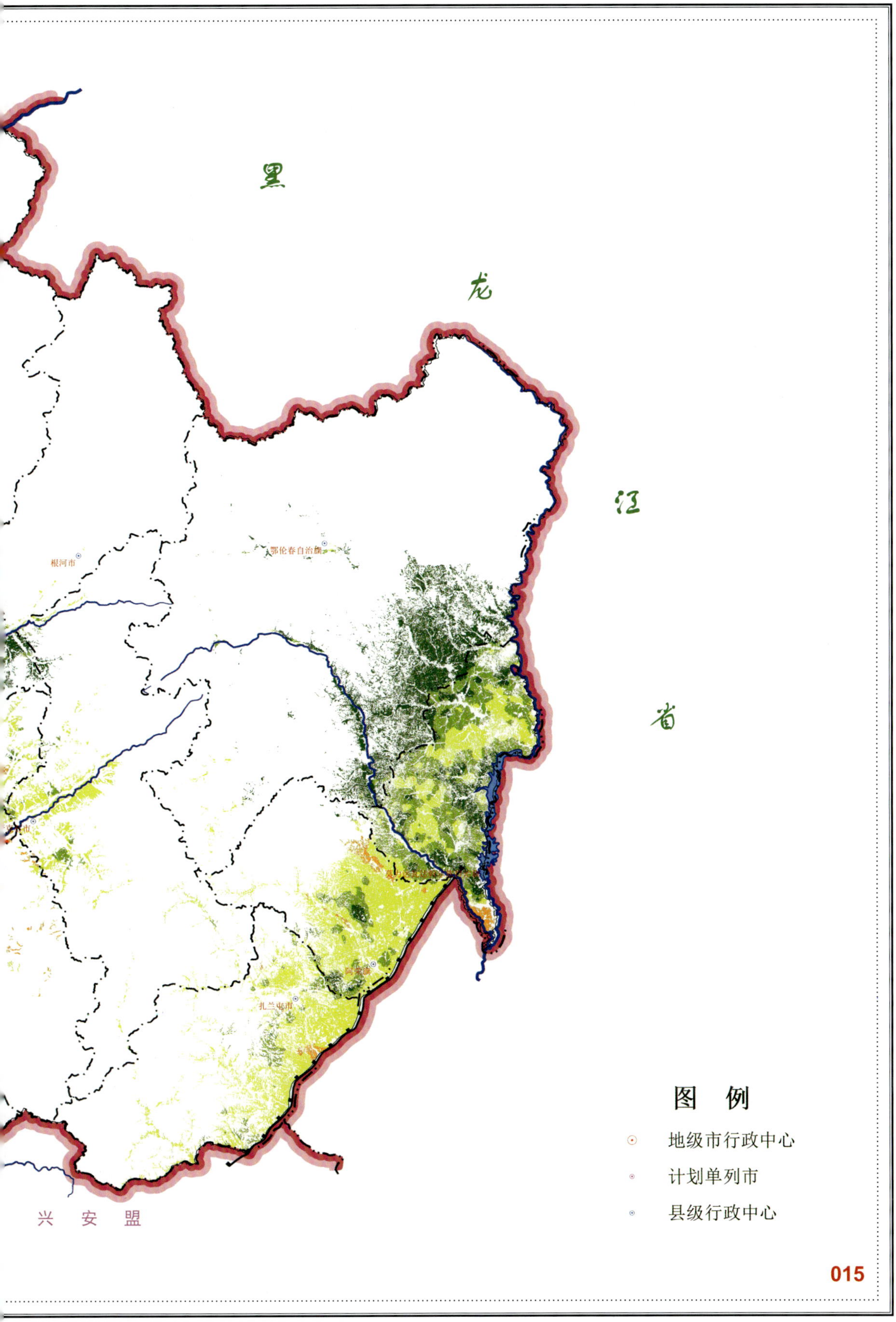

黑
龙
江
省
根河市
鄂伦春自治旗
阿荣旗
扎兰屯市
兴 安 盟
图 例
地级市行政中心
计划单列市
县级行政中心

呼伦贝尔市耕地土壤有效硫含量分级图

图例	分级标准 /（mg/kg）	面积 /hm^2	比例 /%
1 级（高）	＞40.0	267 435.99	14.96
2 级（较高）	30.0～40.0	382 553.97	21.39
3 级（中）	20.0～30.0	782 252.40	43.74
4 级（较低）	10.0～20.0	350 992.06	19.63
5 级（低）	≤10.0	5 008.66	0.28

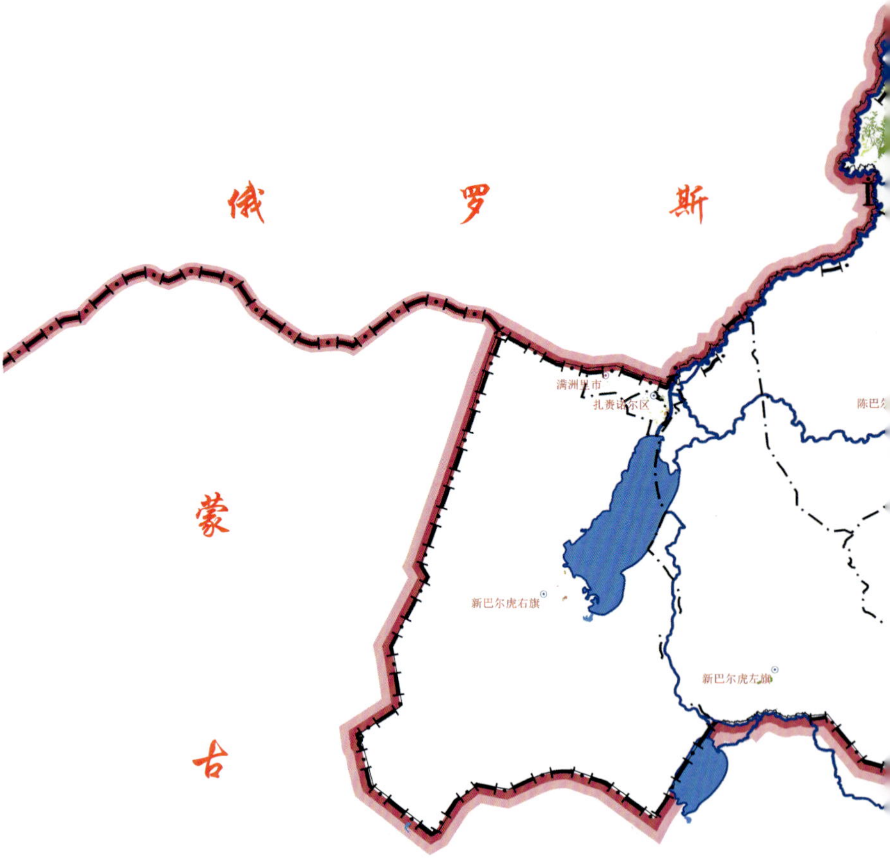

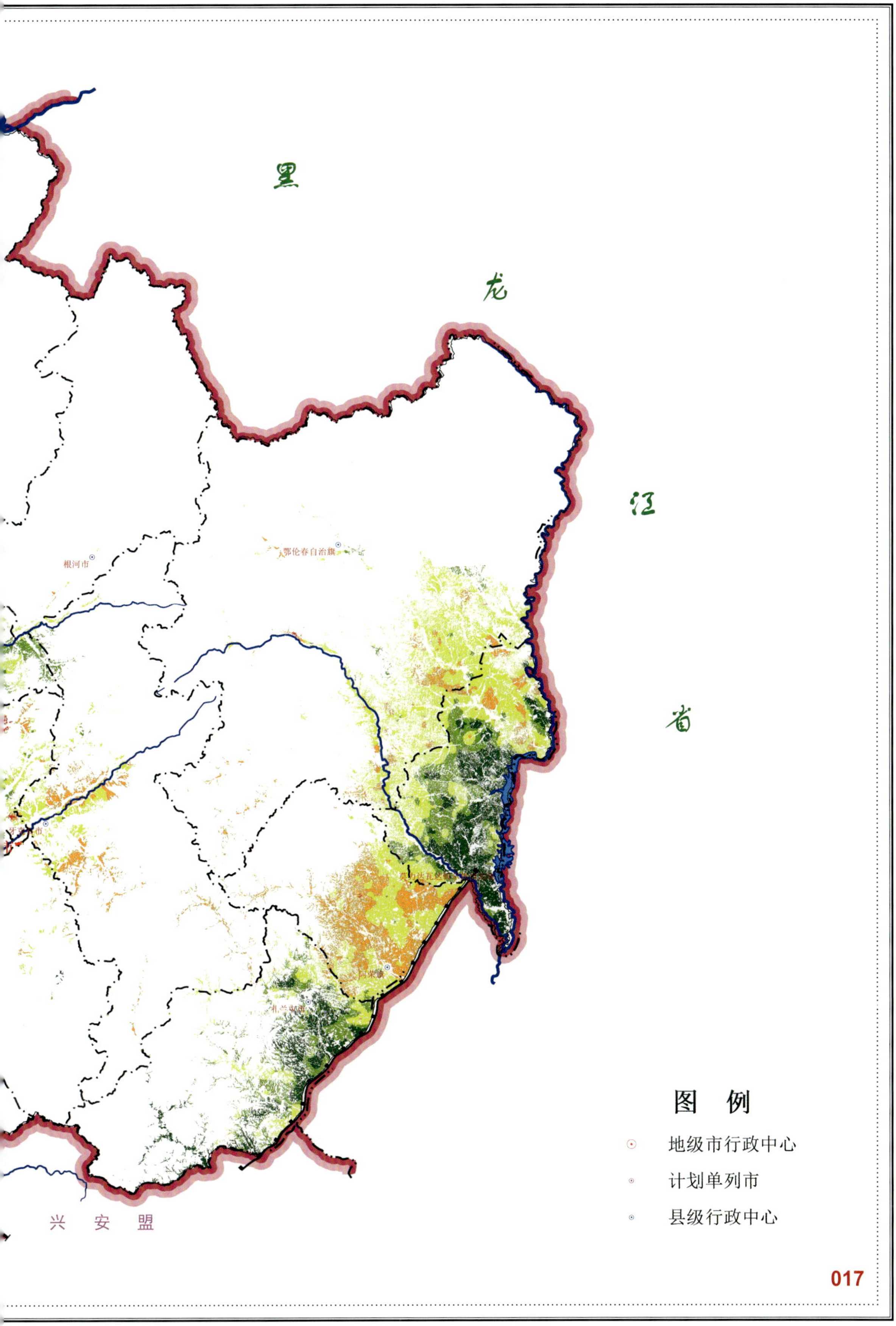
黑
龙
江
省
根河市
鄂伦春自治旗
阿荣旗
兴 安 盟
图 例
地级市行政中心
计划单列市
县级行政中心

呼伦贝尔市耕地土壤有效硅含量分级图

图例	分级标准 /（mg/kg）	面积 /hm^2	比例 /%
1 级（高）	＞250	750 659.23	41.98
2 级（较高）	150～250	226 366.96	12.66
3 级（中）	100～150	709 961.78	39.70
4 级（较低）	50～100	101 255.11	5.66
5 级（低）	≤50	—	—

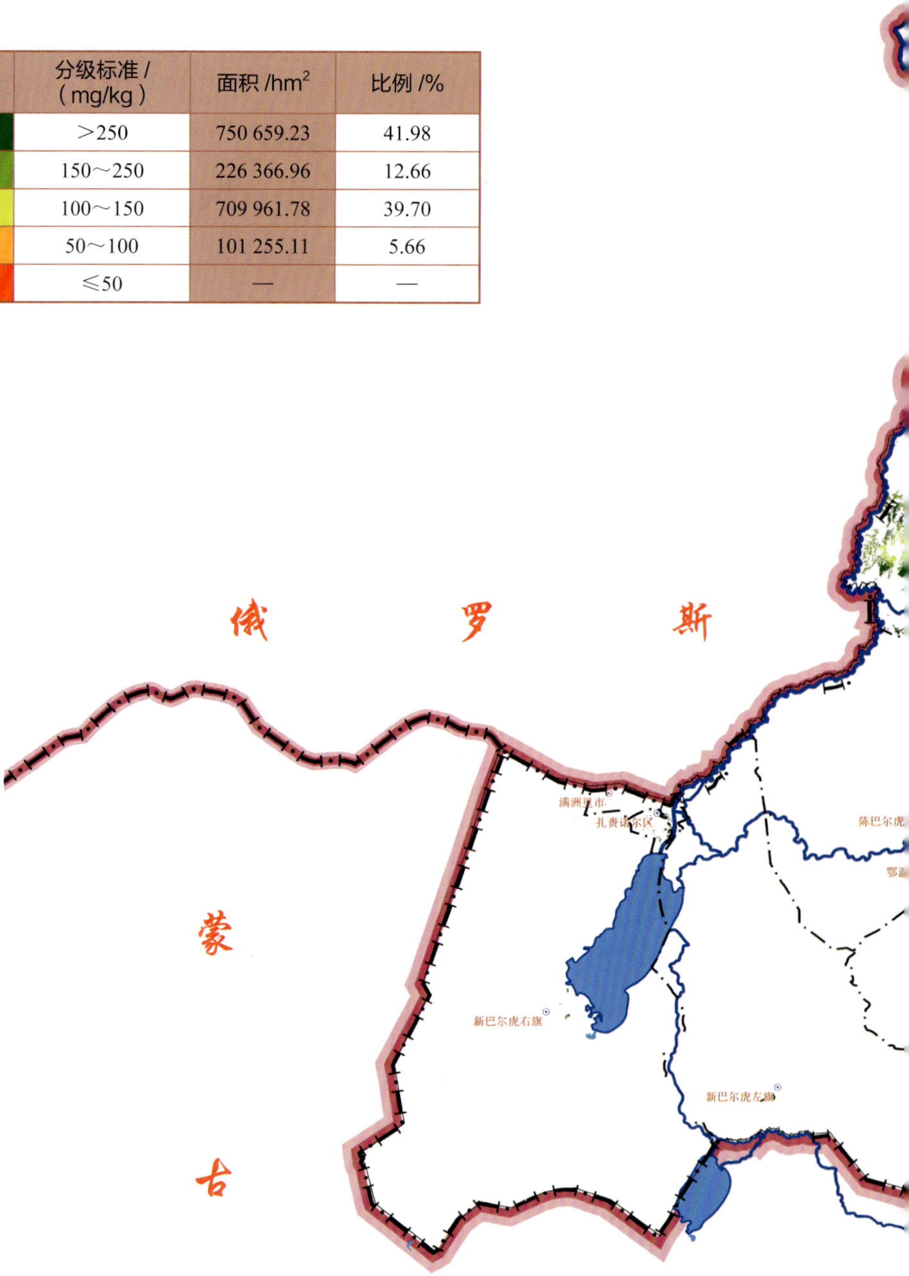

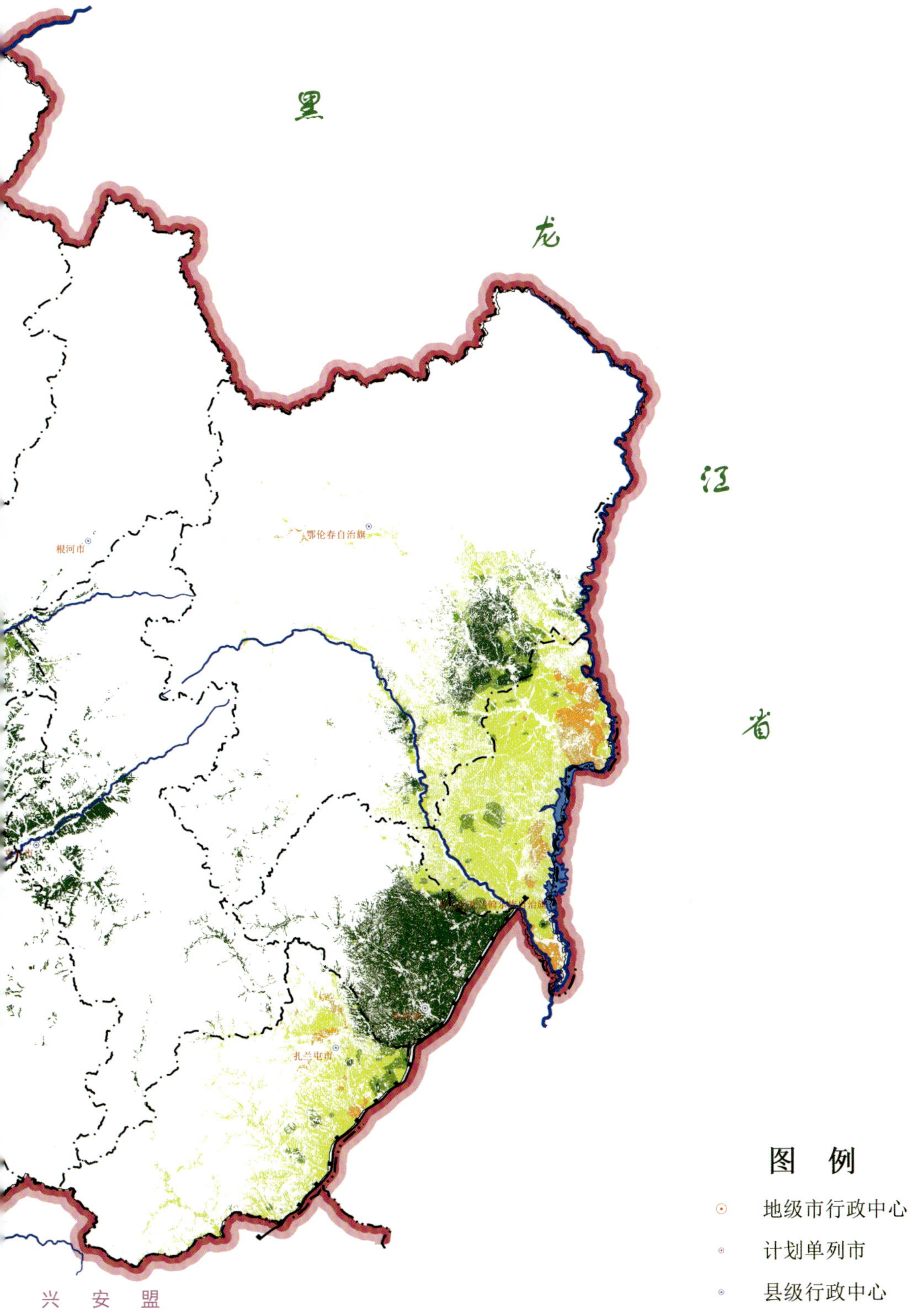
黑
龙
江
省
根河市
鄂伦春自治旗
扎兰屯市
兴　安　盟
图　例
地级市行政中心
计划单列市
县级行政中心

呼伦贝尔市耕地土壤有效铁含量分级图

图例	分级标准 /（mg/kg）	面积 /hm²	比例 /%
1 级（高）	＞20.0	1 757 119.14	98.26
2 级（较高）	10.0～20.0	13 288.20	0.74
3 级（中）	5.0～10.0	6 465.33	0.36
4 级（较低）	2.5～5.0	10 827.11	0.61
5 级（低）	≤2.5	543.30	0.03

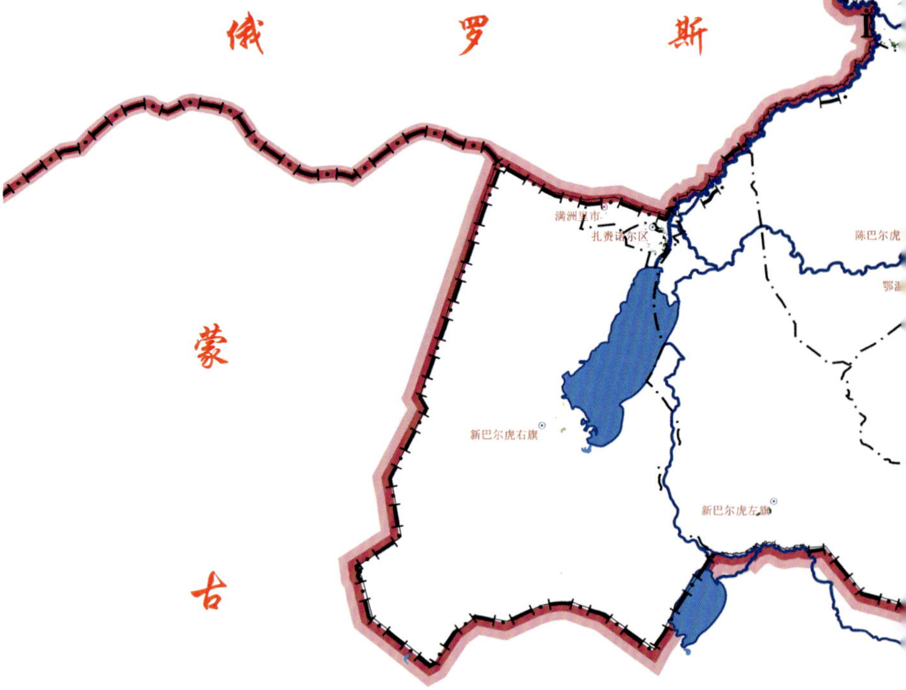

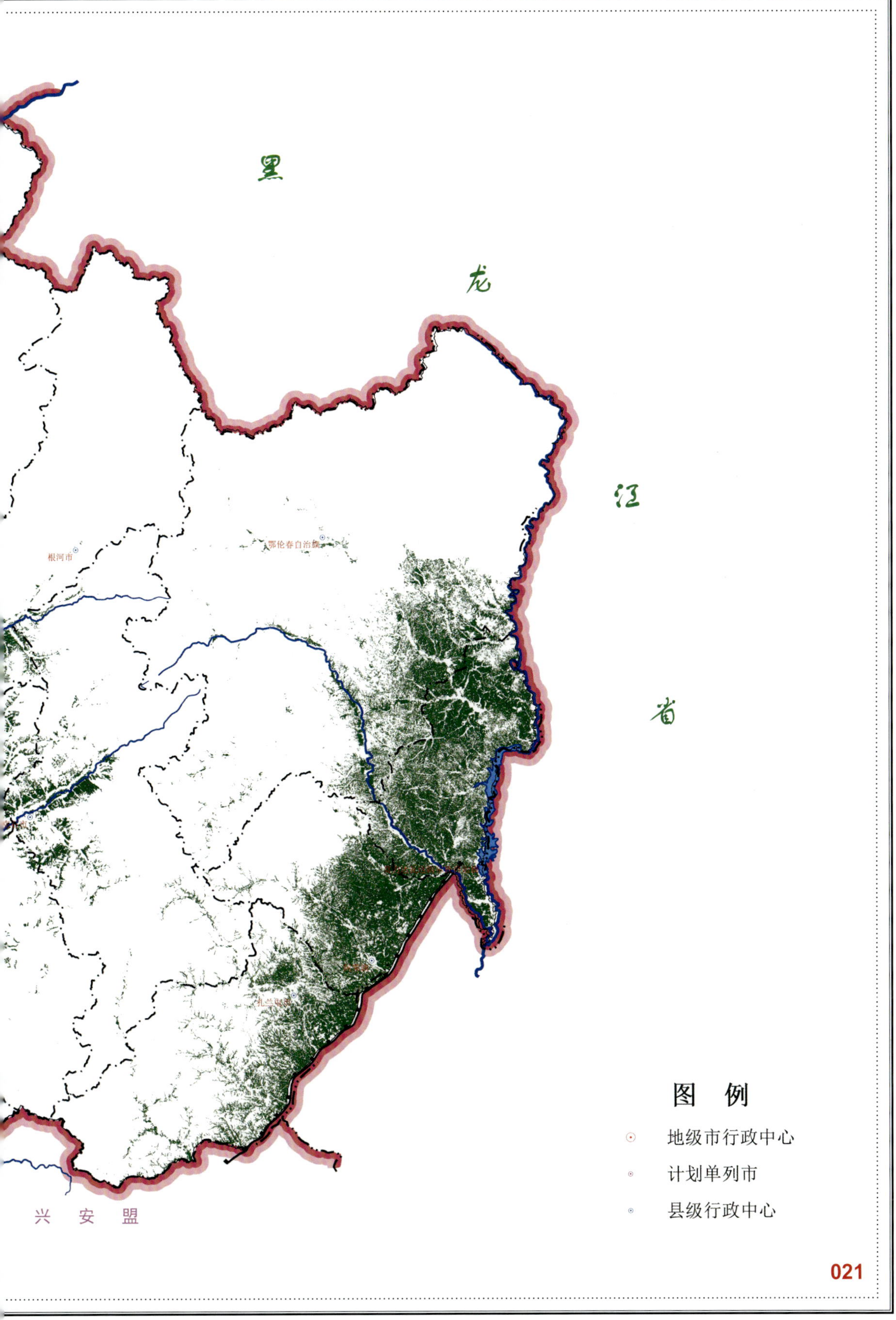

黑
龙
江
省
根河市
鄂伦春自治旗
兴 安 盟
图 例
地级市行政中心
计划单列市
县级行政中心

呼伦贝尔市耕地土壤有效锰含量分级图

图例	分级标准 /（mg/kg）	面积 /hm^2	比例 /%
1 级（高）	＞20.0	1 356 970.15	75.88
2 级（较高）	10.0～20.0	385 347.15	21.55
3 级（中）	5.0～10.0	30 626.66	1.71
4 级（较低）	1.0～5.0	15 299.11	0.86
5 级（低）	≤1.0	—	—

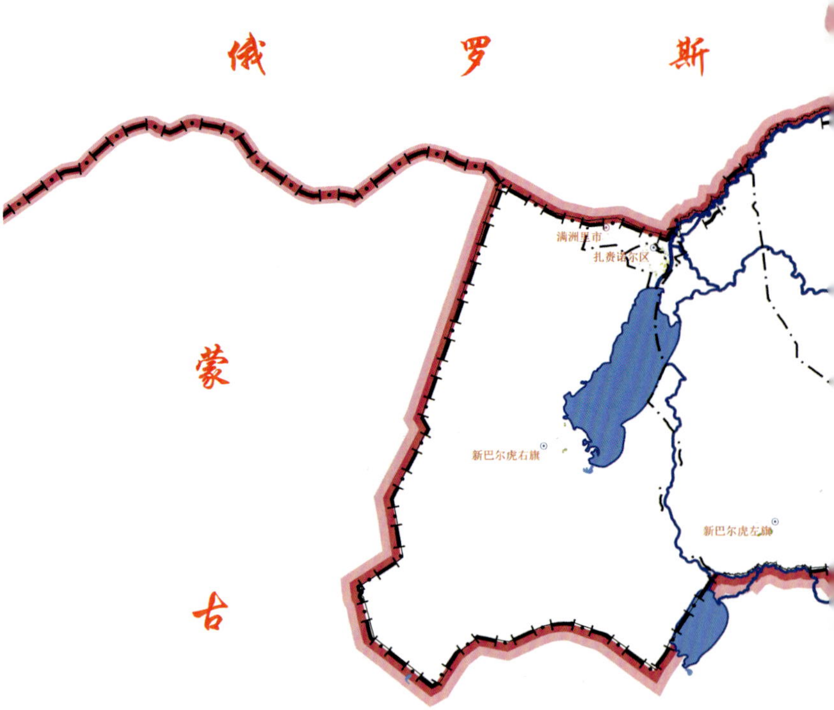

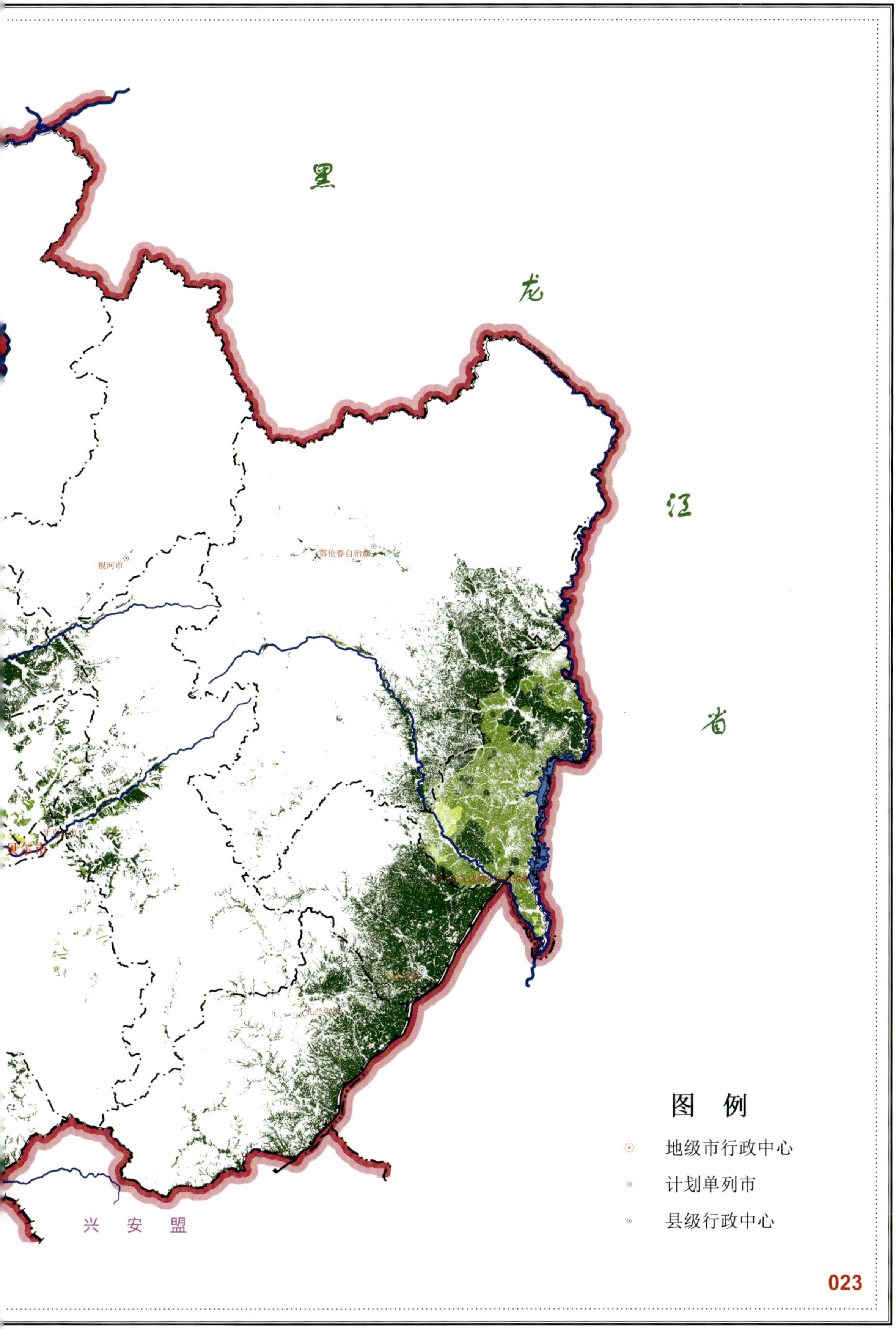
黑
龙
江
省
根河市
鄂伦春自治旗
兴 安 盟
图 例
地级市行政中心
计划单列市
县级行政中心

呼伦贝尔市耕地土壤有效铜含量分级图

图例	分级标准 /（mg/kg）	面积 /hm²	比例 /%
1 级（高）	＞2.00	378 242.24	21.15
2 级（较高）	1.00～2.00	1 197 401.44	66.96
3 级（中）	0.50～1.00	211 255.83	11.81
4 级（较低）	0.20～0.50	1 343.57	0.08
5 级（低）	≤0.20	—	—

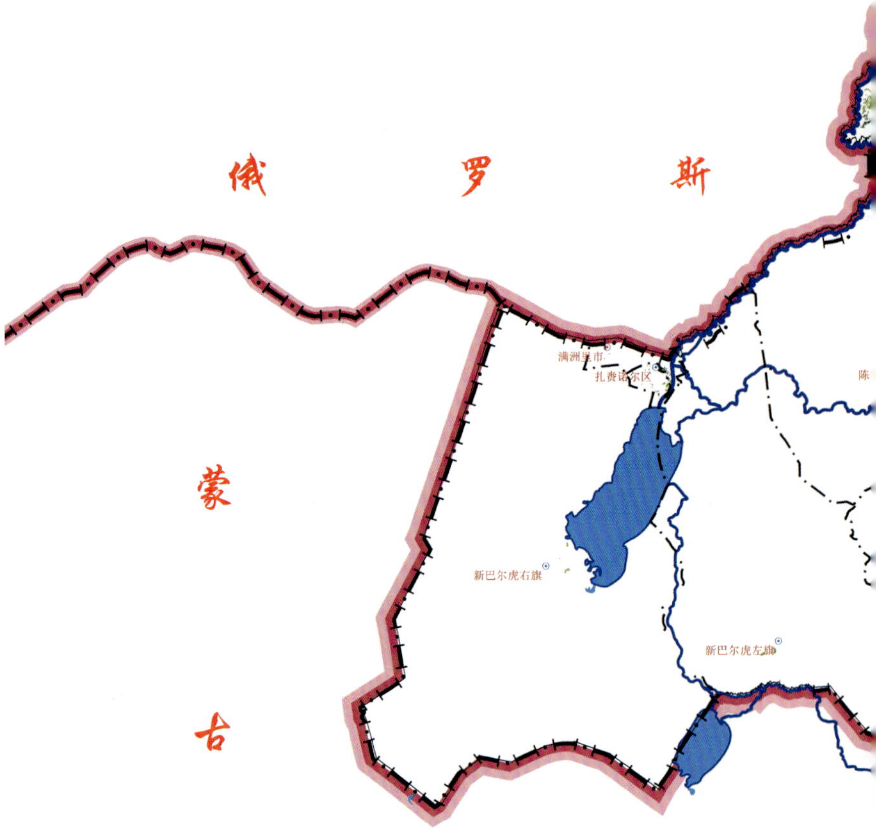

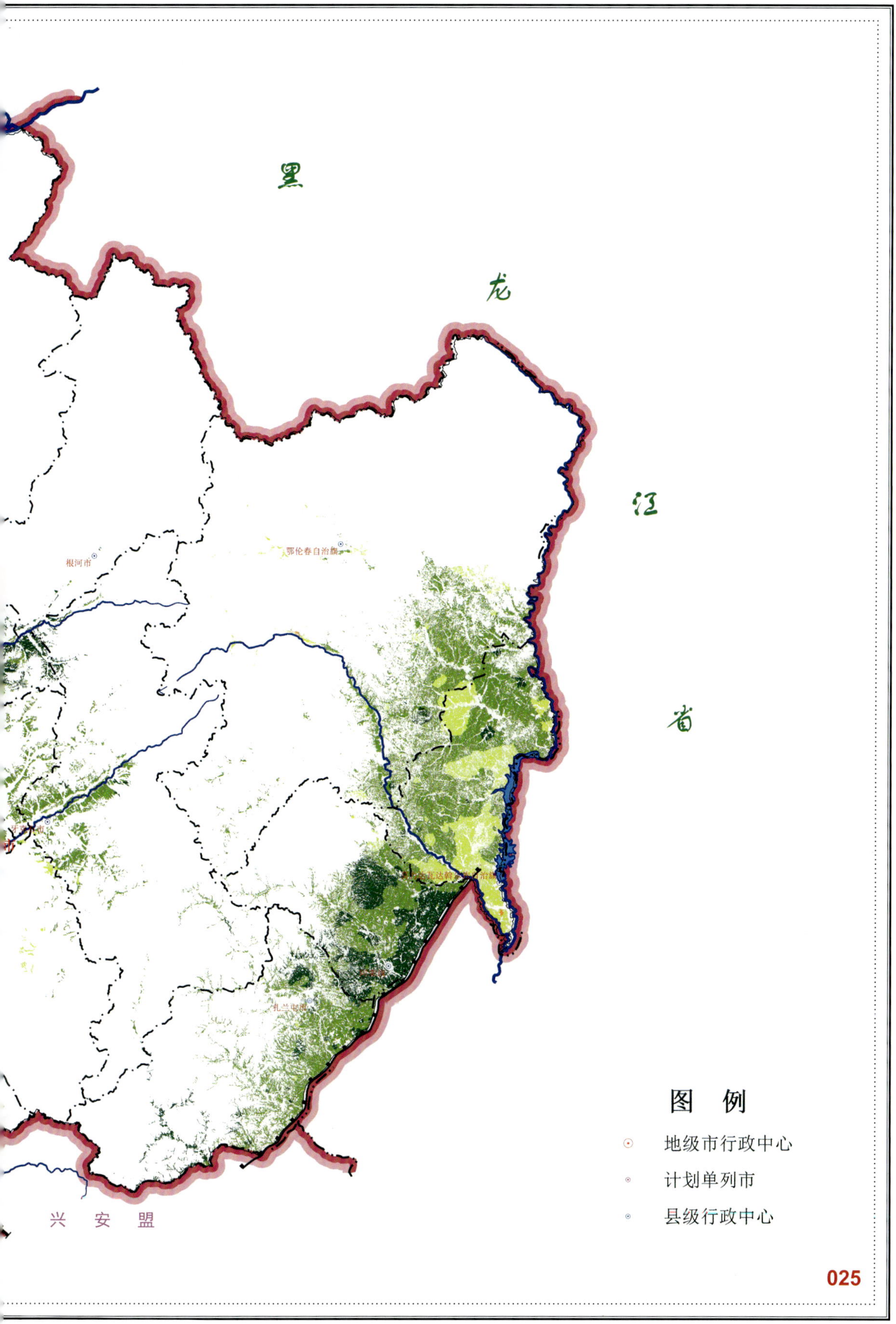

黑
龙
江
省
根河市
鄂伦春自治旗
扎兰屯市
兴 安 盟
图 例
地级市行政中心
计划单列市
县级行政中心

呼伦贝尔市耕地土壤有效锌含量分级图

图例	分级标准 /（mg/kg）	面积 /hm²	比例 /%
1 级（高）	>2.00	208 824.02	11.68
2 级（较高）	1.50～2.00	438 025.38	24.49
3 级（中）	1.00～1.50	861 257.75	48.16
4 级（较低）	0.50～1.00	269 739.48	15.08
5 级（低）	≤0.50	10 396.45	0.58

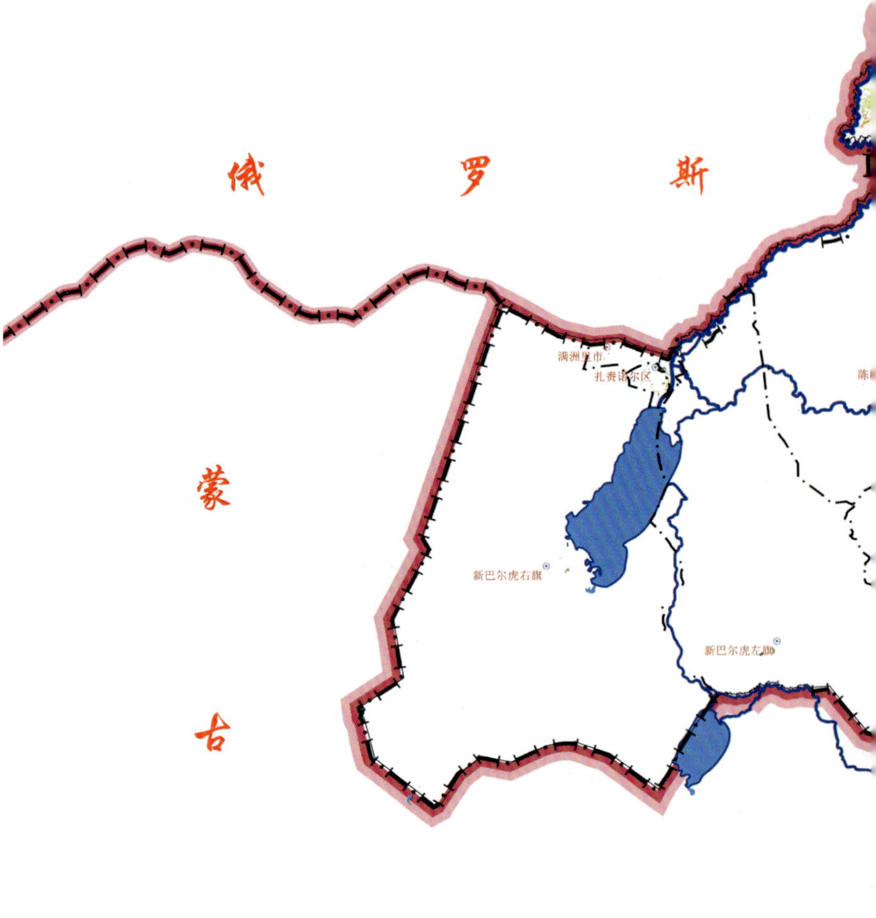

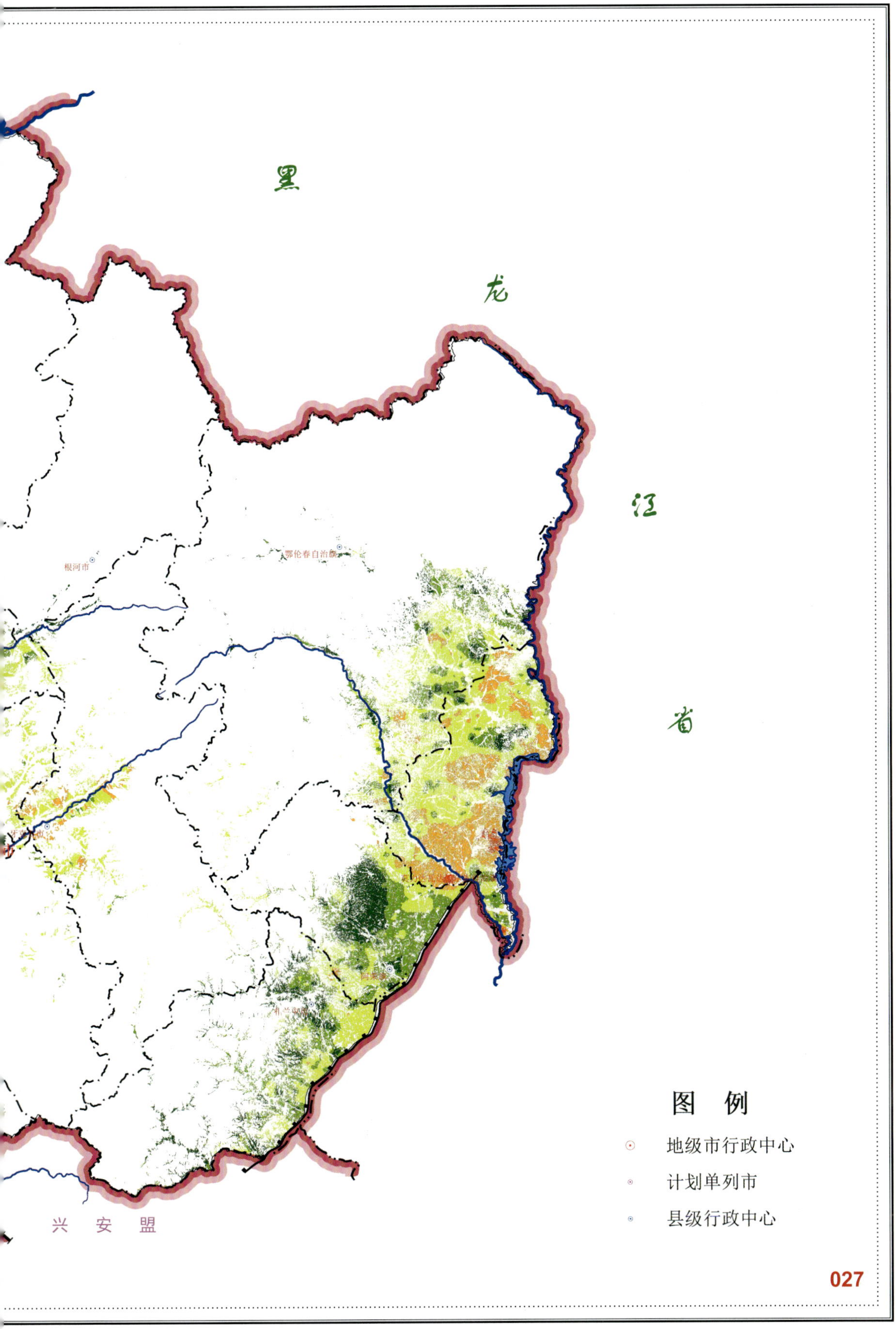

黑
龙
江
省
根河市
鄂伦春自治旗
阿荣旗
兴 安 盟
图 例
地级市行政中心
计划单列市
县级行政中心

呼伦贝尔市耕地土壤有效硼含量分级图

图例	分级标准 /（mg/kg）	面积 /hm²	比例 /%
1 级（高）	＞2.00	329 931.49	18.45
2 级（较高）	1.00～2.00	298 347.47	16.68
3 级（中）	0.50～1.00	728 044.03	40.71
4 级（较低）	0.20～0.50	426 918.99	23.87
5 级（低）	≤0.20	5 001.10	0.28

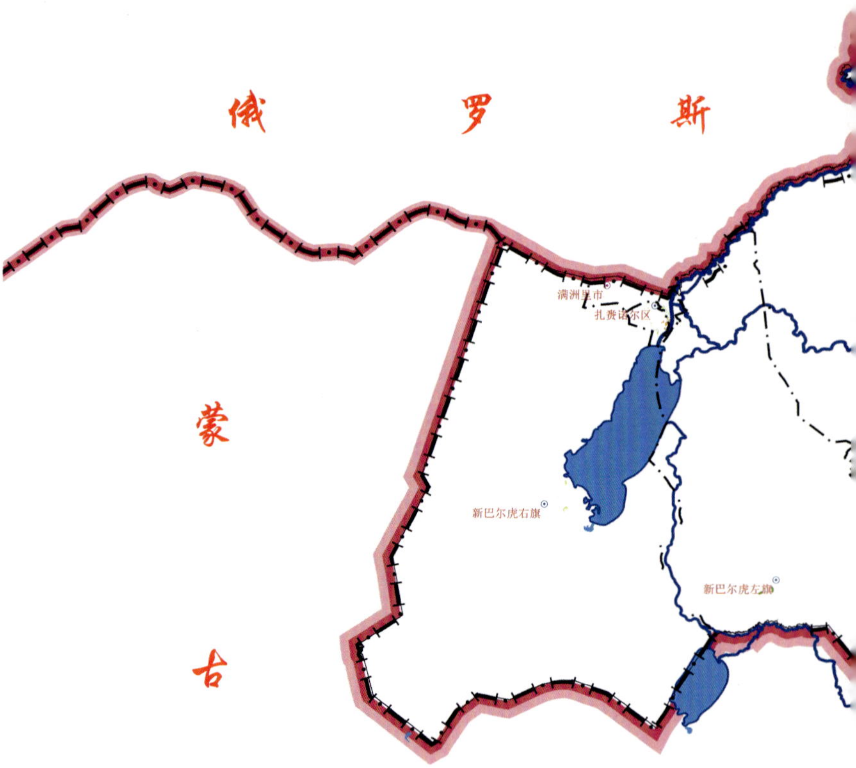

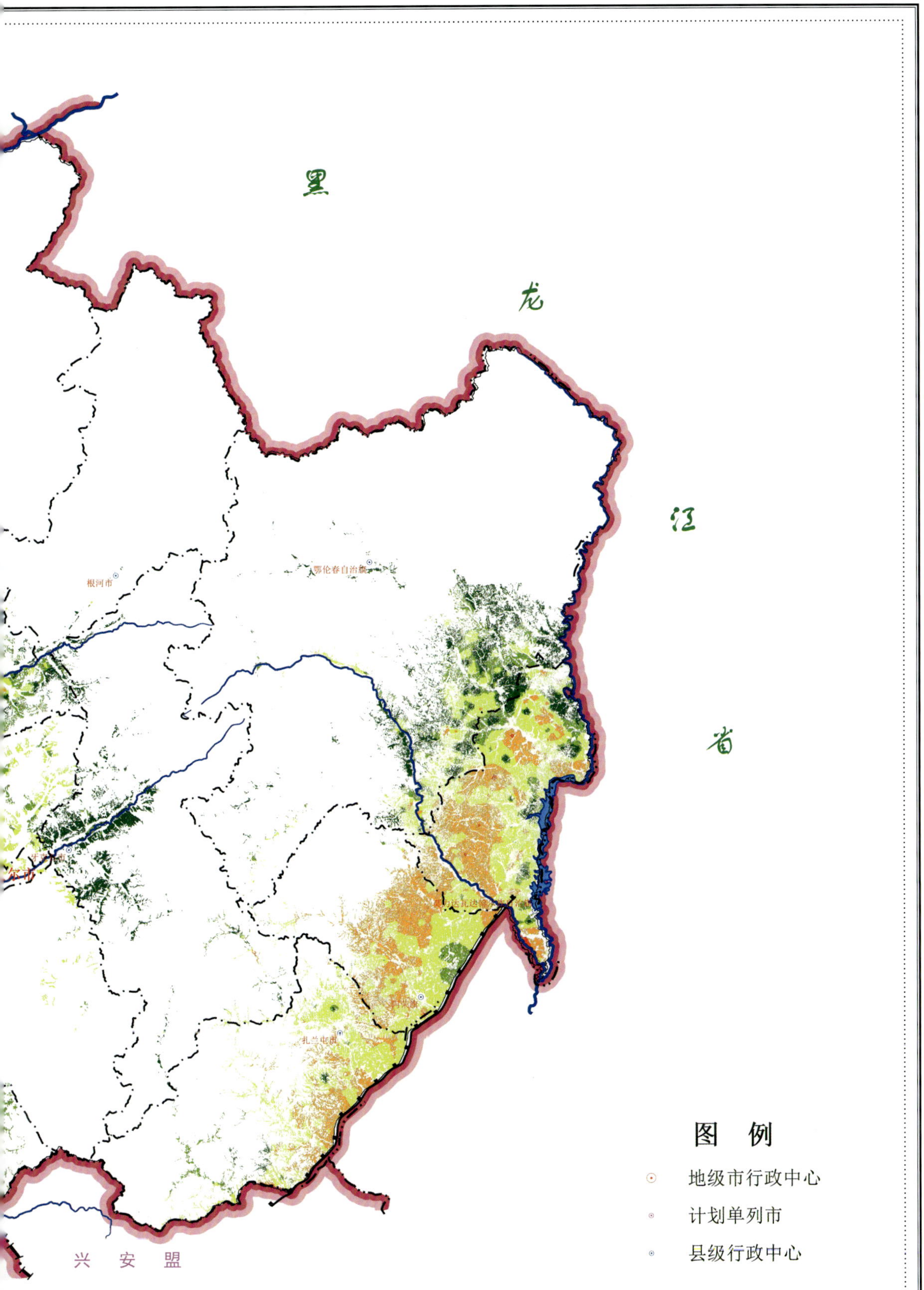
黑
龙
江
省
根河市
鄂伦春自治旗
扎兰屯市
兴 安 盟
图 例
地级市行政中心
计划单列市
县级行政中心

呼伦贝尔市耕地土壤有效钼含量分级图

图例	分级标准 /（mg/kg）	面积 /hm^2	比例 /%
1 级（高）	＞0.20	280 606.27	15.69
2 级（较高）	0.15～0.20	265 107.67	14.83
3 级（中）	0.10～0.15	720 660.51	40.30
4 级（较低）	0.05～0.10	501 589.19	28.05
5 级（低）	≤0.05	20 279.44	1.13

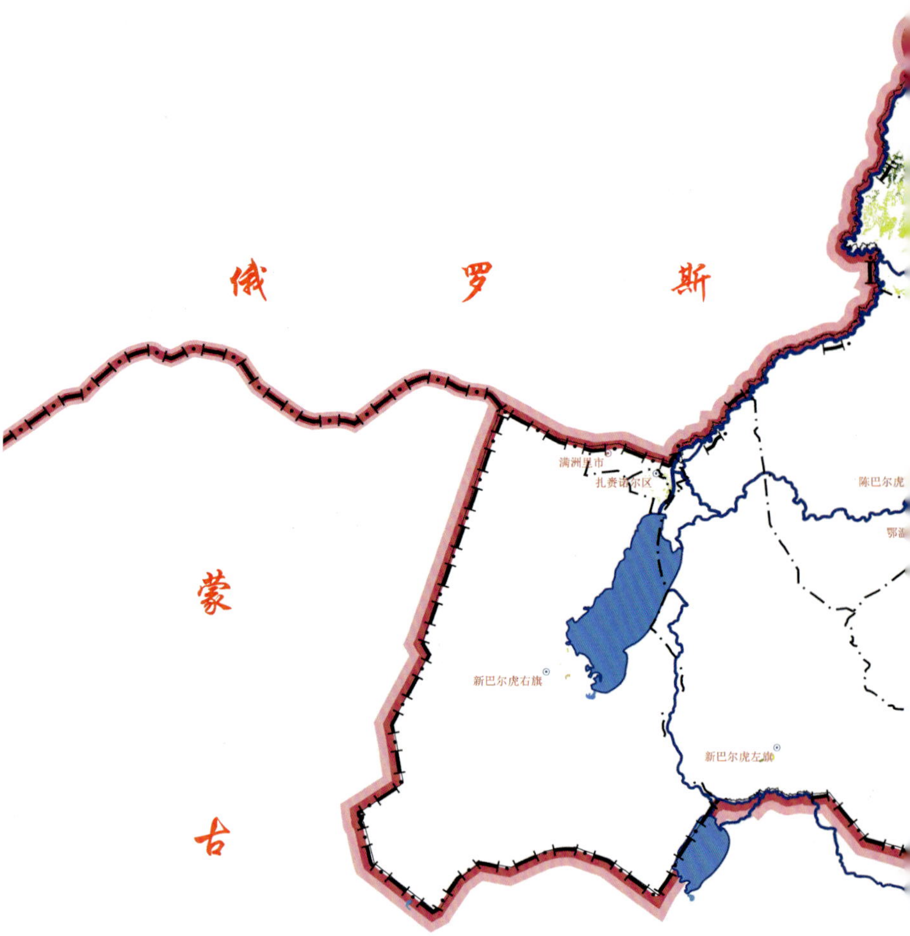

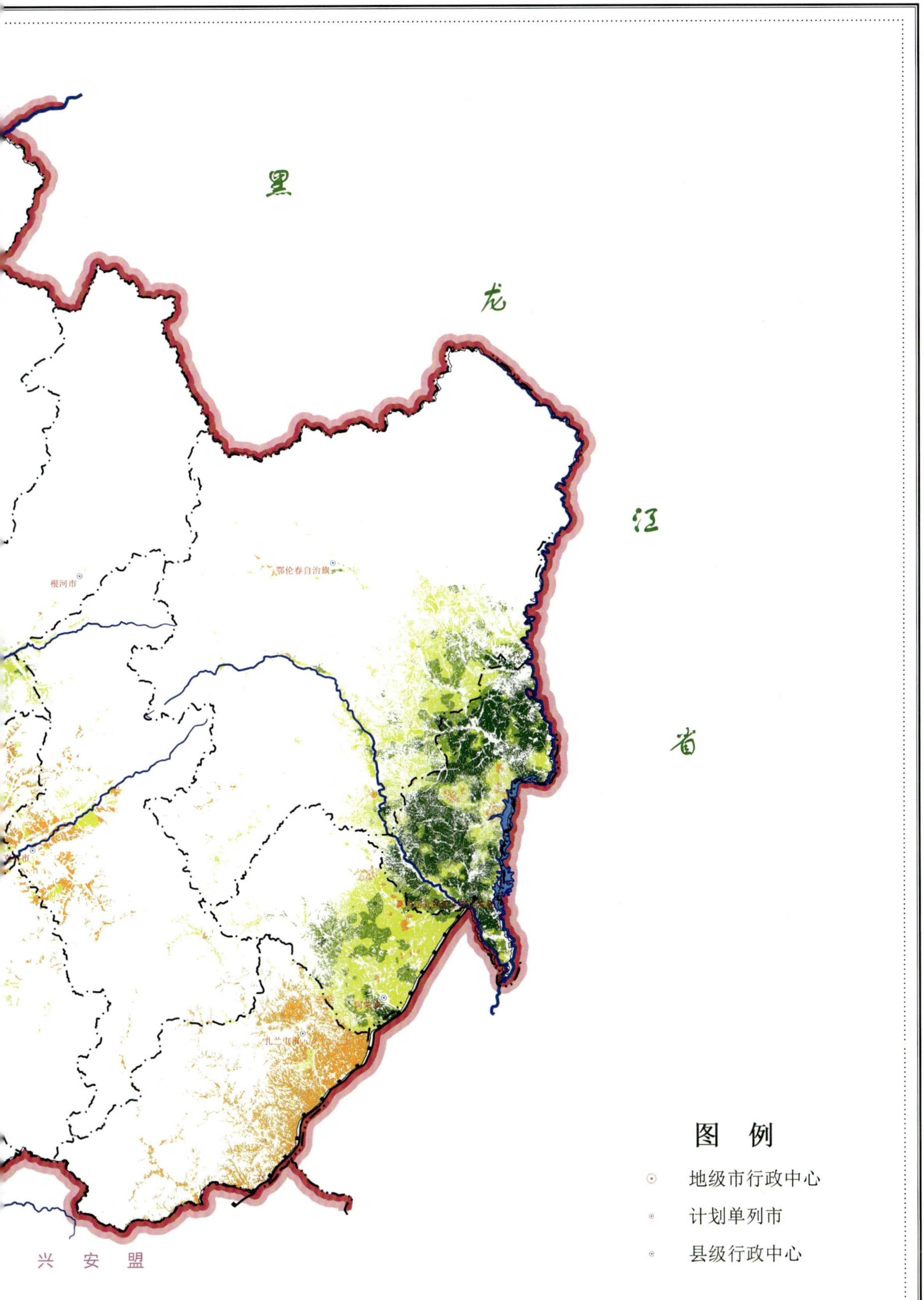
黑
龙
江
省
根河市
鄂伦春自治旗
兴 安 盟
图 例
地级市行政中心
计划单列市
县级行政中心

呼伦贝尔市耕地土壤酸碱度（pH）分级图

图例	分级标准	面积 /hm^2	比例 /%
1 级（高）	6.5～7.5	682 857.73	38.19
2 级（较高）	7.0～7.5，6.0～6.5	930 210.49	52.02
3 级（中）	7.5～8.0，5.5～6.0	165 194.96	9.24
4 级（较低）	8.0～8.5，5.0～5.5	7 534.21	0.42
5 级（低）	＞8.5，≤5.0	2 445.69	0.14

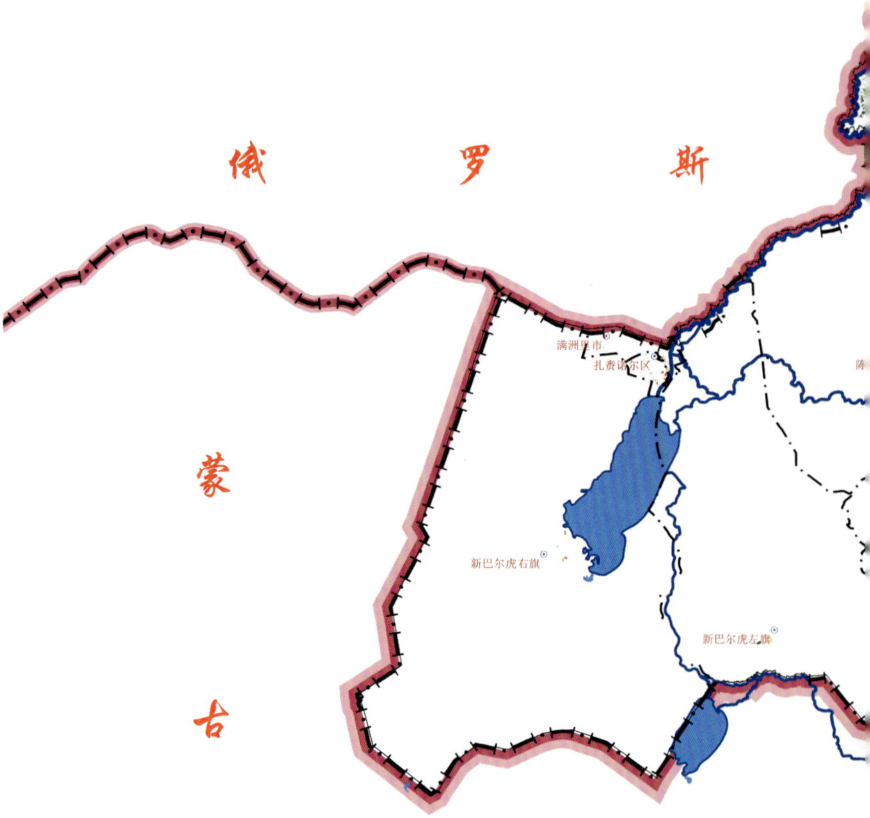

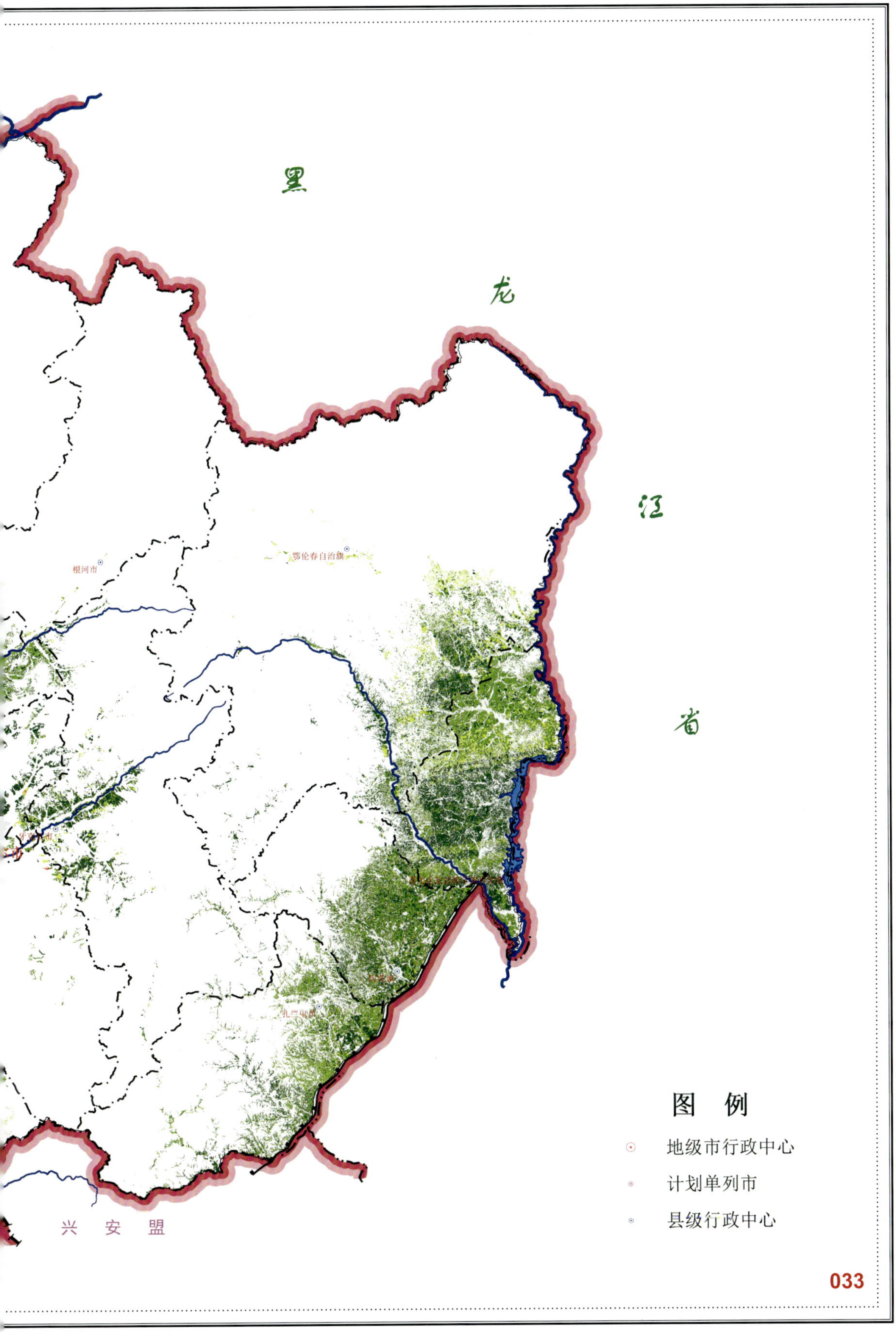
黑
龙
江
省
鄂伦春自治旗
根河市
兴 安 盟
图 例
地级市行政中心
计划单列市
县级行政中心

呼伦贝尔市耕地土壤容重分级图

图例	分级标准 /（g/cm^3）	面积 /hm^2	比例 /%
1 级（高）	1.10～1.25	1 518 024.30	84.89
2 级（较高）	1.25～1.35	225 607.10	12.62
3 级（中）	1.35～1.45，1.00～1.10	38 778.51	2.17
4 级（较低）	1.45～1.60，0.90～1.00	5 072.79	0.28
5 级（低）	＞1.60，≤0.90	760.38	0.04

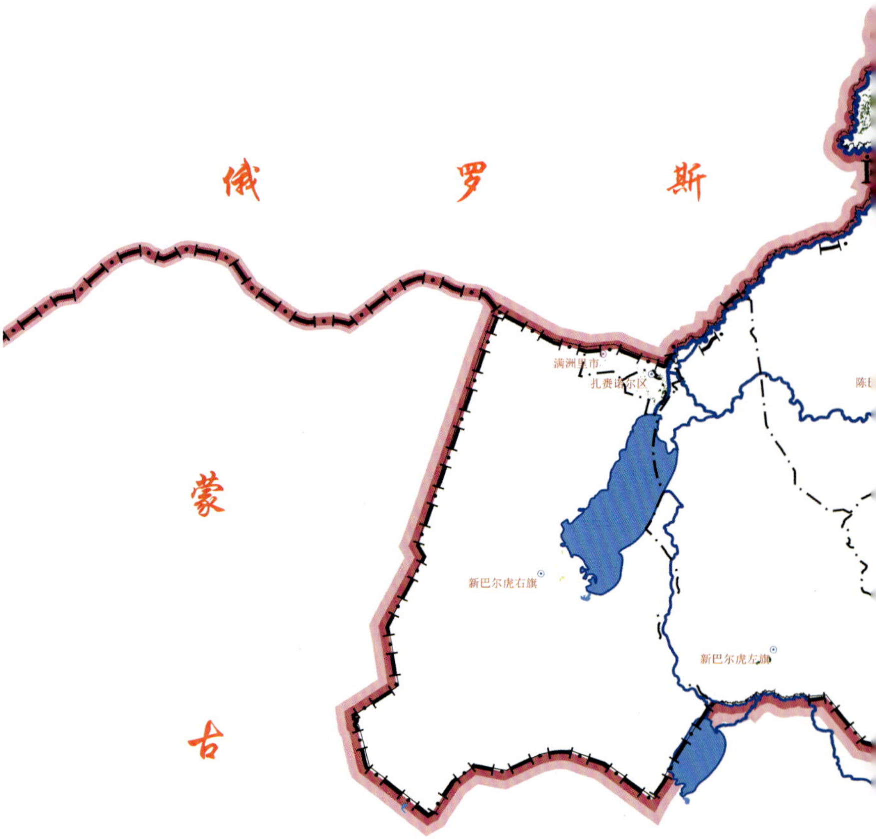

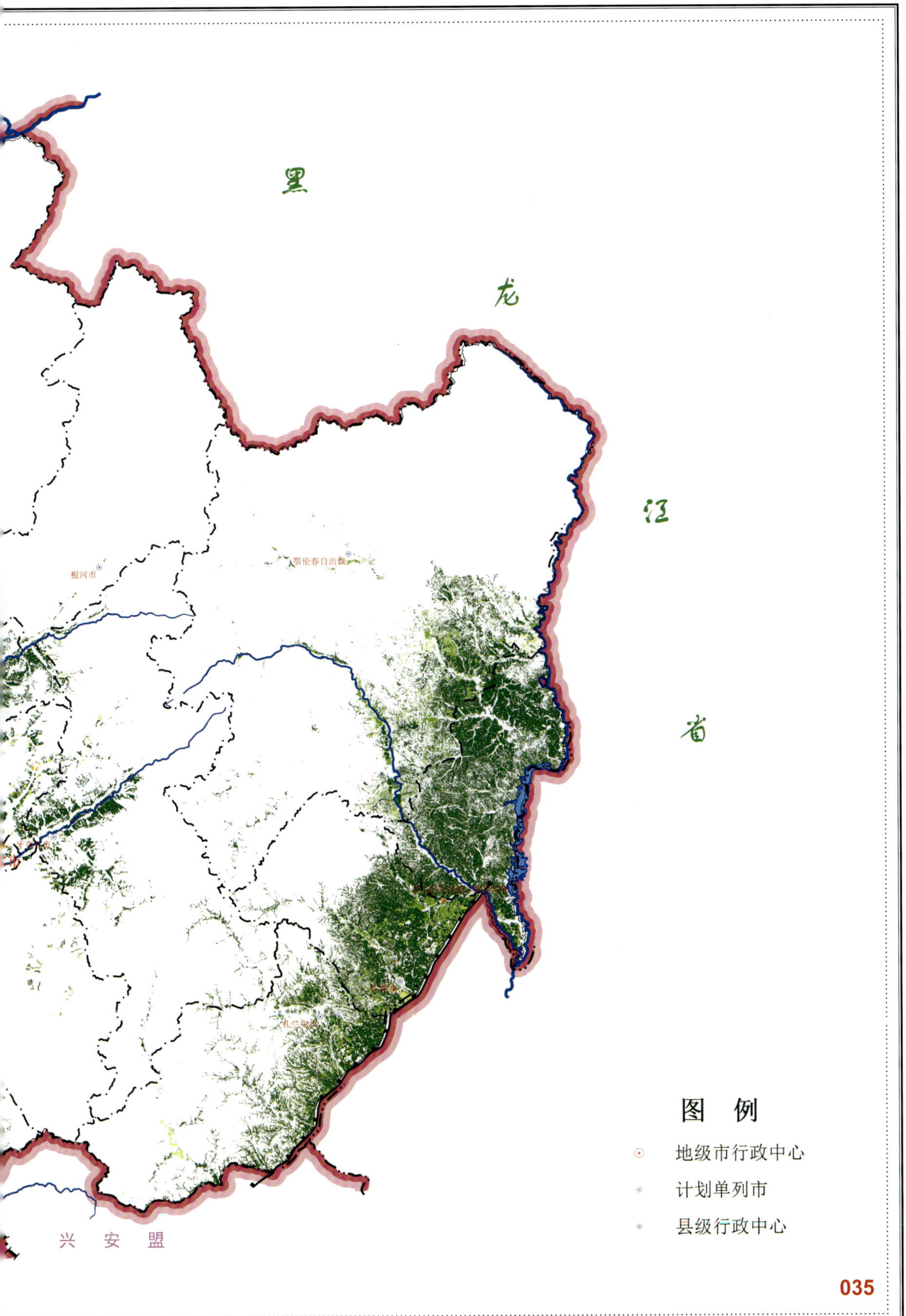
黑
龙
江
省
根河市
鄂伦春自治旗
兴 安 盟
图 例
地级市行政中心
计划单列市
县级行政中心

呼伦贝尔市耕地耕层厚度分级图

图例	分级标准 /cm	面积 /hm^2	比例 /%
1 级（高）	＞30.0	41 944.97	2.35
2 级（较高）	25.0～30.0	719 672.24	40.24
3 级（中）	20.0～25.0	26 786.96	1.50
4 级（较低）	10.0～20.0	999 838.91	55.91
5 级（低）	≤10.0	—	—

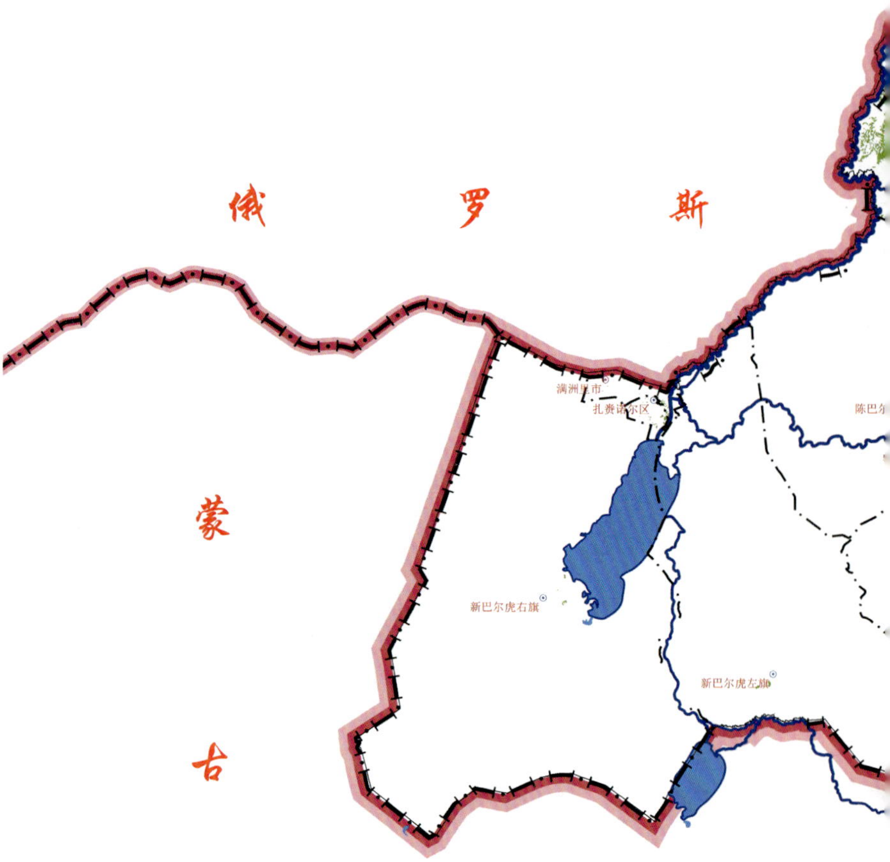

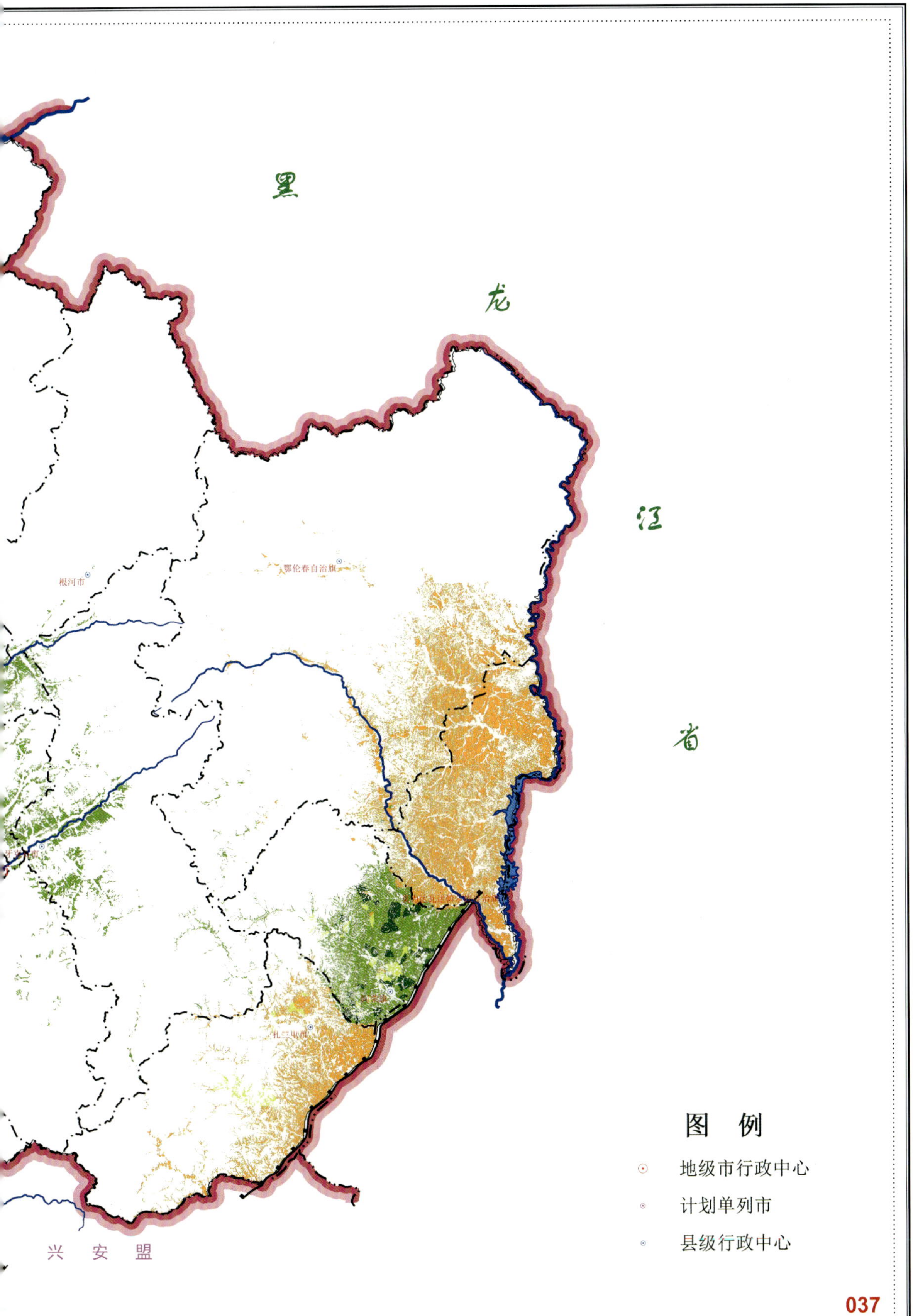
黑
龙
江
省
根河市
鄂伦春自治旗
扎兰屯市
兴 安 盟
图 例
地级市行政中心
计划单列市
县级行政中心

阿荣旗耕地土壤类型图

图例	面积 /hm^2	比例 /%
暗棕壤	131 580.25	41.94
草甸土	63 171.87	20.14
粗骨土	392.12	0.12
黑土	93 954.02	29.95
沼泽土	24 613.69	7.85

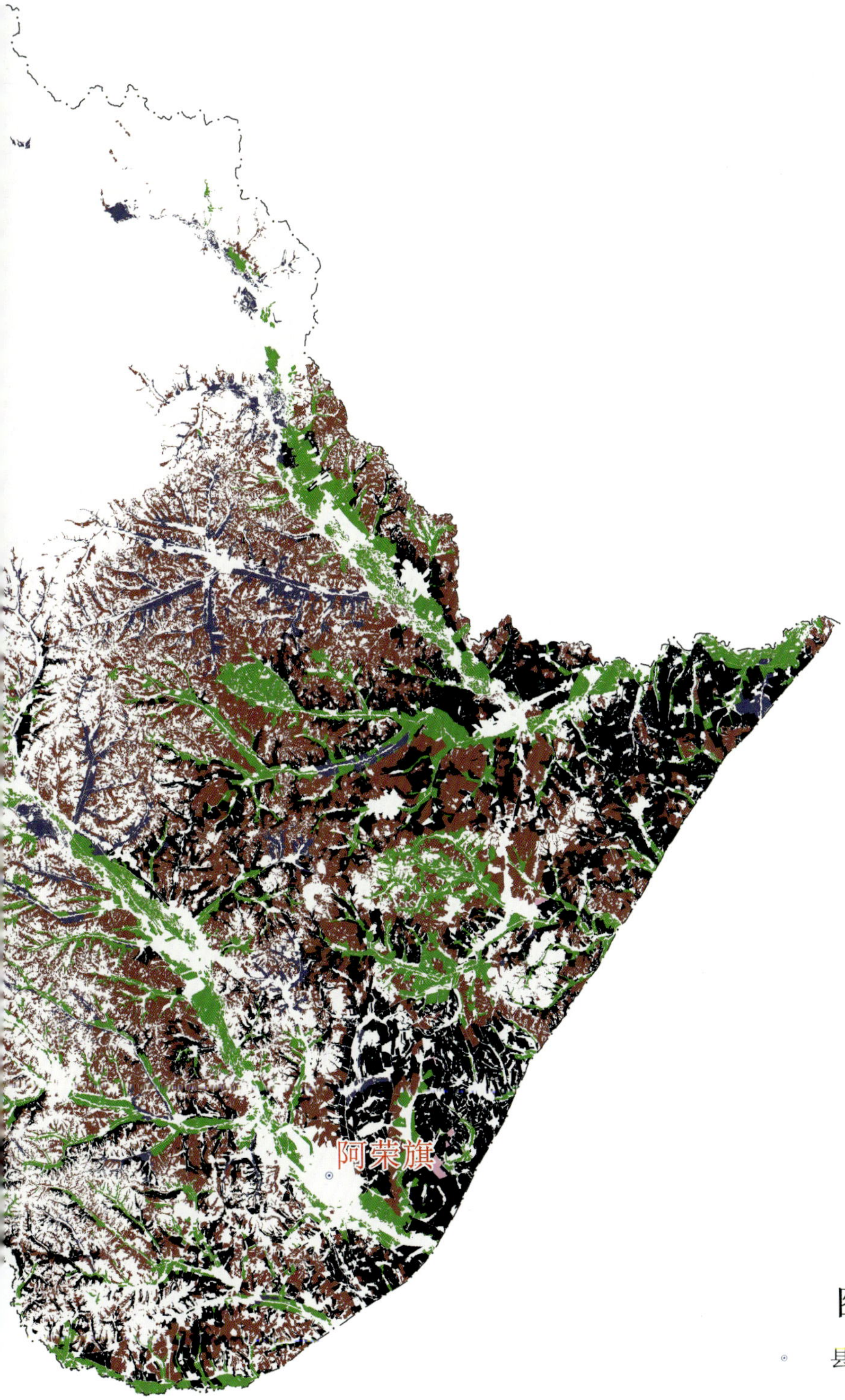

图 例

县级行政中心

阿荣旗耕地质量等级图

图例	面积 /hm^2	比例 /%
一等	10 746.78	3.43
二等	117 069.25	37.32
三等	141 173.84	45.00
四等	21 237.70	6.77
五等	21 204.10	6.76
六等	2 279.17	0.73
七等	1.12	0.000 4
八等	—	—
九等	—	—
十等	—	—

图　例

县级行政中心

阿荣旗耕地土壤有机质含量分级图

图例	分级标准 /（g/kg）	面积 /hm^2	比例 /%
1 级（高）	＞40.0	273 795.85	87.28
2 级（较高）	30.0～40.0	39 622.78	12.63
3 级（中）	20.0～30.0	293.30	0.09
4 级（较低）	10.0～20.0	—	—
5 级（低）	≤10.0	—	—

阿荣旗
图 例
县级行政中心

阿荣旗耕地土壤全氮含量分级图

图例	分级标准 /（g/kg）	面积 /hm^2	比例 /%
1 级（高）	＞2.50	77 654.60	24.75
2 级（较高）	1.50～2.50	234 024.32	74.60
3 级（中）	1.00～1.50	2 033.02	0.65
4 级（较低）	0.50～1.00	—	—
5 级（低）	≤0.50	—	—

阿荣旗
图 例
县级行政中心

阿荣旗耕地土壤有效磷含量分级图

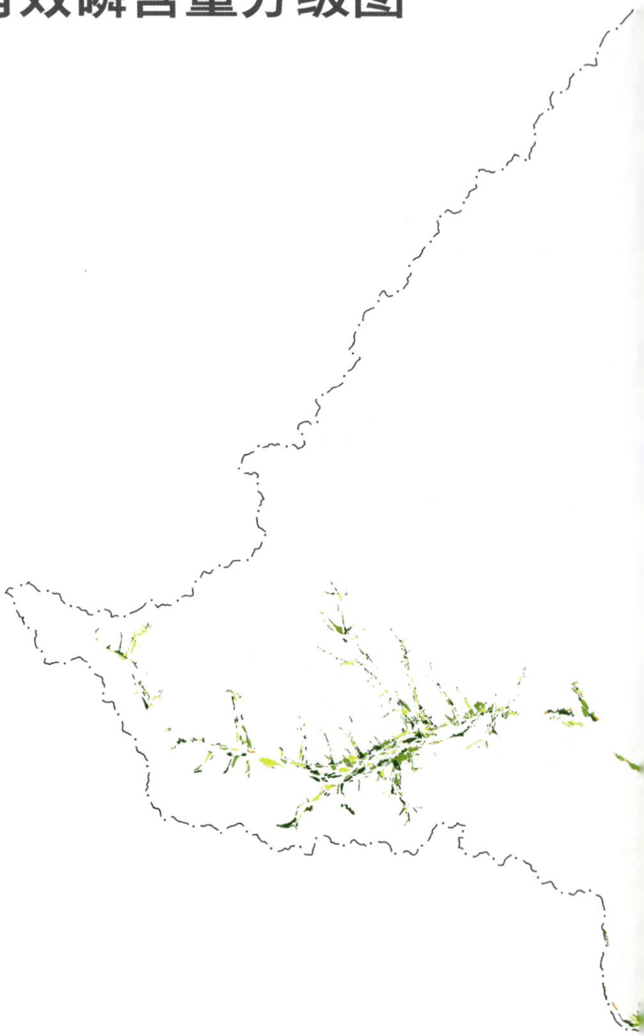

图例	分级标准 /（mg/kg）	面积 /hm^2	比例 /%
1 级（高）	＞40.0	166 635.17	53.12
2 级（较高）	30.0～40.0	75 072.67	23.93
3 级（中）	20.0～30.0	55 288.58	17.62
4 级（较低）	10.0～20.0	15 620.91	4.98
5 级（低）	≤10.0	1 094.61	0.35

图 例

⊙ 县级行政中心

阿荣旗耕地土壤速效钾含量分级图

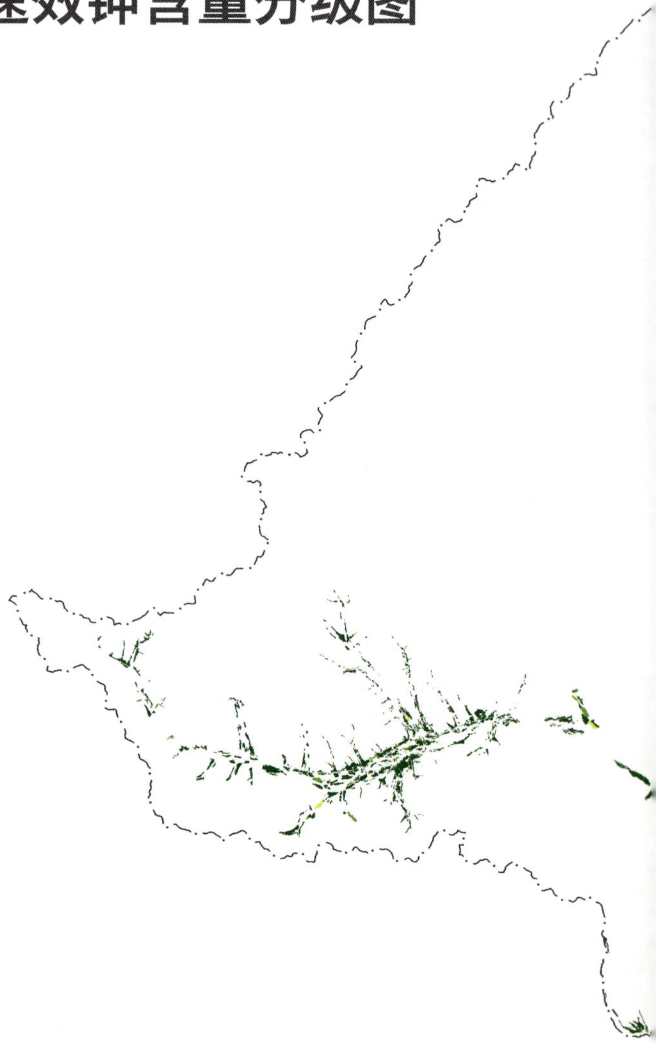

图例	分级标准 /（mg/kg）	面积 /hm^2	比例 /%
1 级（高）	＞200	272 086.27	86.73
2 级（较高）	150～200	38 684.10	12.33
3 级（中）	100～150	2 934.41	0.94
4 级（较低）	50～100	7.16	0.002
5 级（低）	≤50	—	—

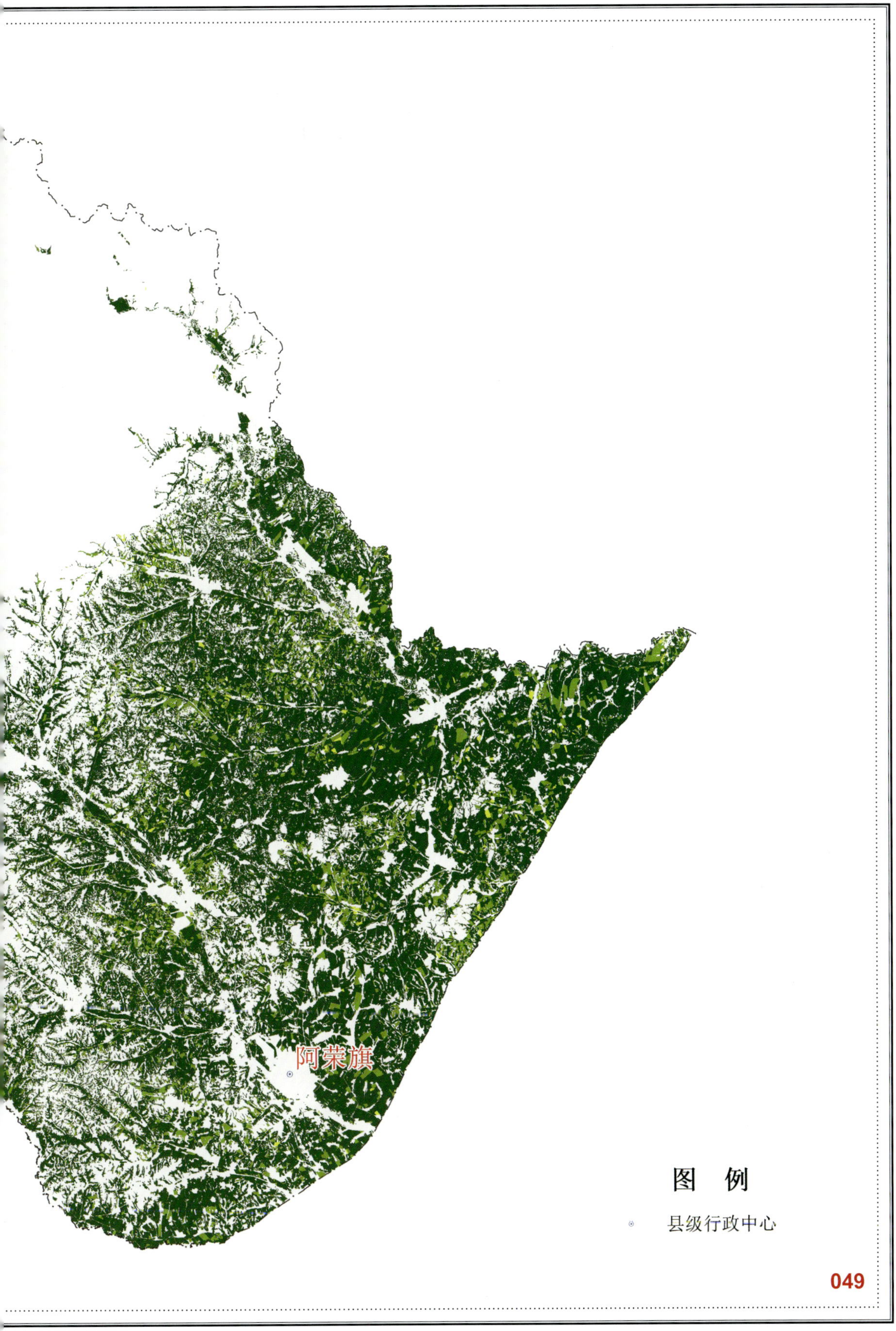
阿荣旗
图 例
县级行政中心

阿荣旗耕地土壤缓效钾含量分级图

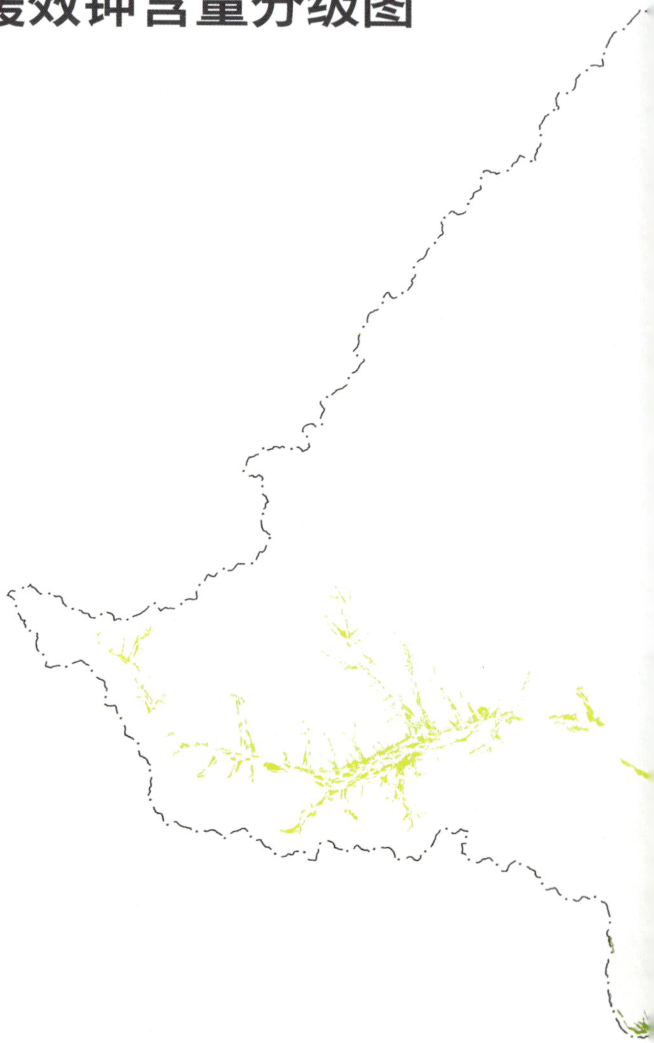

图例	分级标准 /（mg/kg）	面积 /hm²	比例 /%
1 级（高）	＞1 000	11 619.18	3.70
2 级（较高）	800～1 000	48 926.81	15.60
3 级（中）	500～800	239 901.05	76.47
4 级（较低）	200～500	13 264.90	4.23
5 级（低）	≤200	—	—

阿荣旗
图 例
县级行政中心

阿荣旗耕地土壤有效硫含量分级图

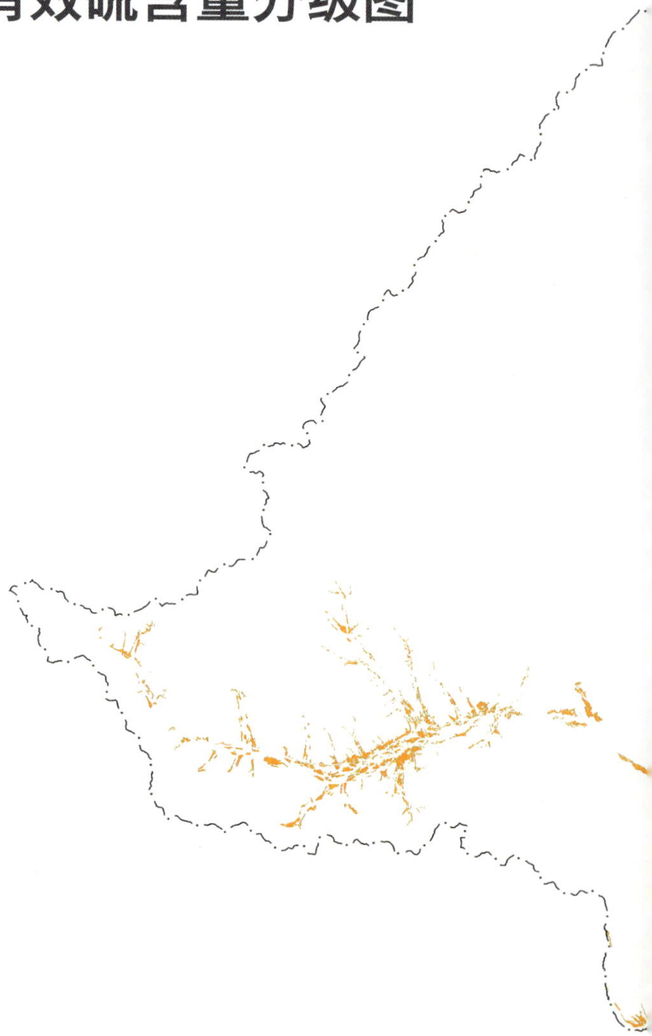

图例	分级标准 /（mg/kg）	面积 /hm^2	比例 /%
1 级（高）	＞40.0	0.94	0.000 3
2 级（较高）	30.0～40.0	3 424.96	1.09
3 级（中）	20.0～30.0	132 080.30	42.10
4 级（较低）	10.0～20.0	177 957.20	56.73
5 级（低）	≤10.0	248.54	0.08

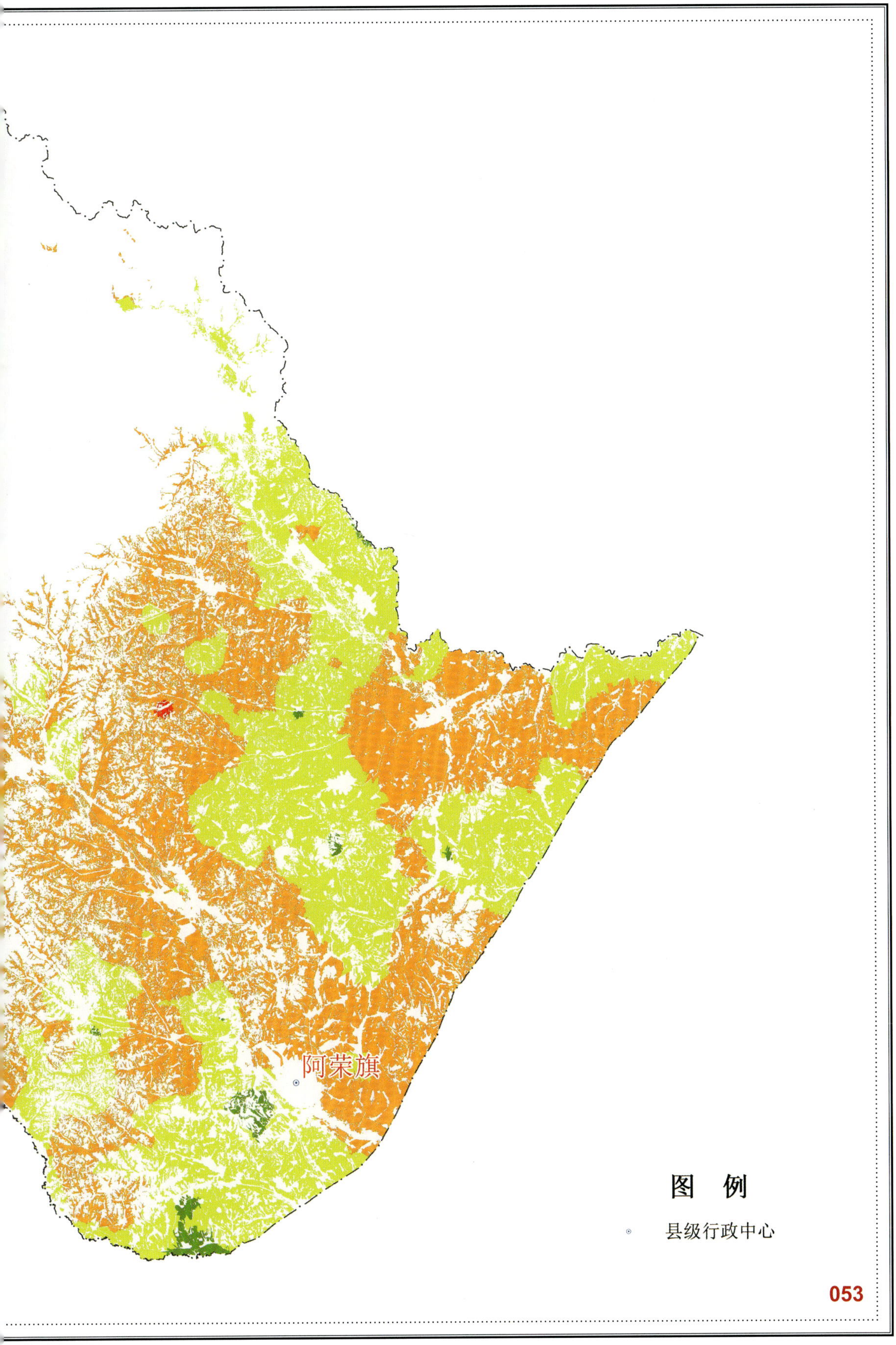
阿荣旗
图 例
县级行政中心

阿荣旗耕地土壤有效硅含量分级图

图例	分级标准 /（mg/kg）	面积 /hm²	比例 /%
1 级（高）	＞250	297 250.25	94.75
2 级（较高）	200～250	6 022.01	1.92
3 级（中）	100～200	10 439.67	3.33
4 级（较低）	50～100	—	—
5 级（低）	≤50	—	—

图 例

县级行政中心

阿荣旗耕地土壤有效锰含量分级图

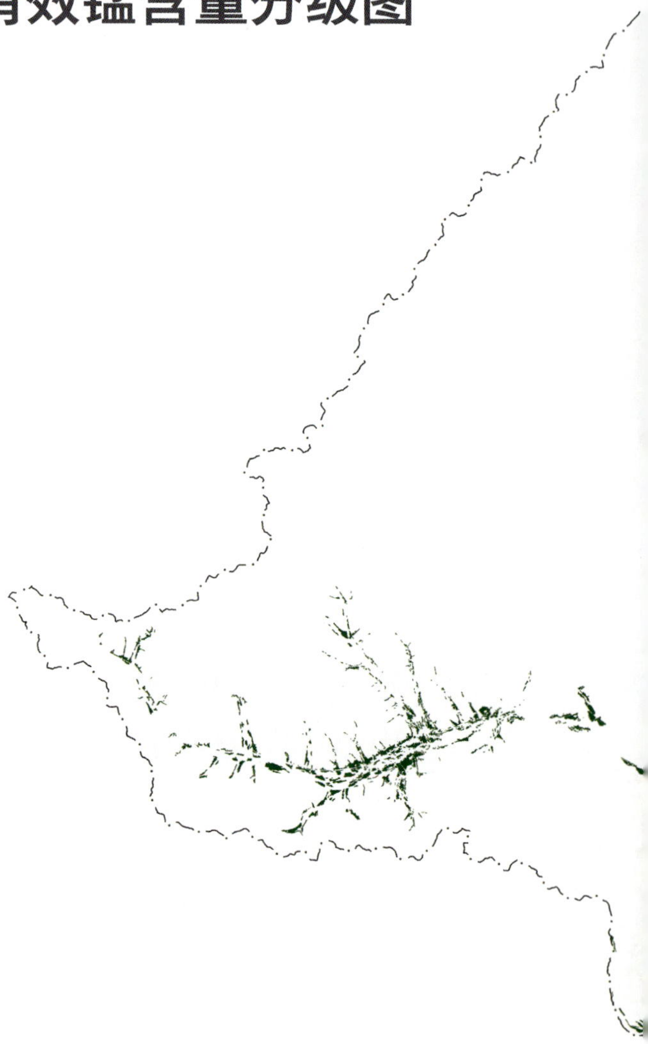

图例	分级标准 /（mg/kg）	面积 /hm^2	比例 /%
1 级（高）	＞20.0	311 499.53	99.29
2 级（较高）	10.0～20.0	2 212.41	0.71
3 级（中）	5.0～10.0	—	—
4 级（较低）	1.0～5.0	—	—
5 级（低）	≤1.0	—	—

阿荣旗
图　例
县级行政中心

阿荣旗耕地土壤有效铜含量分级图

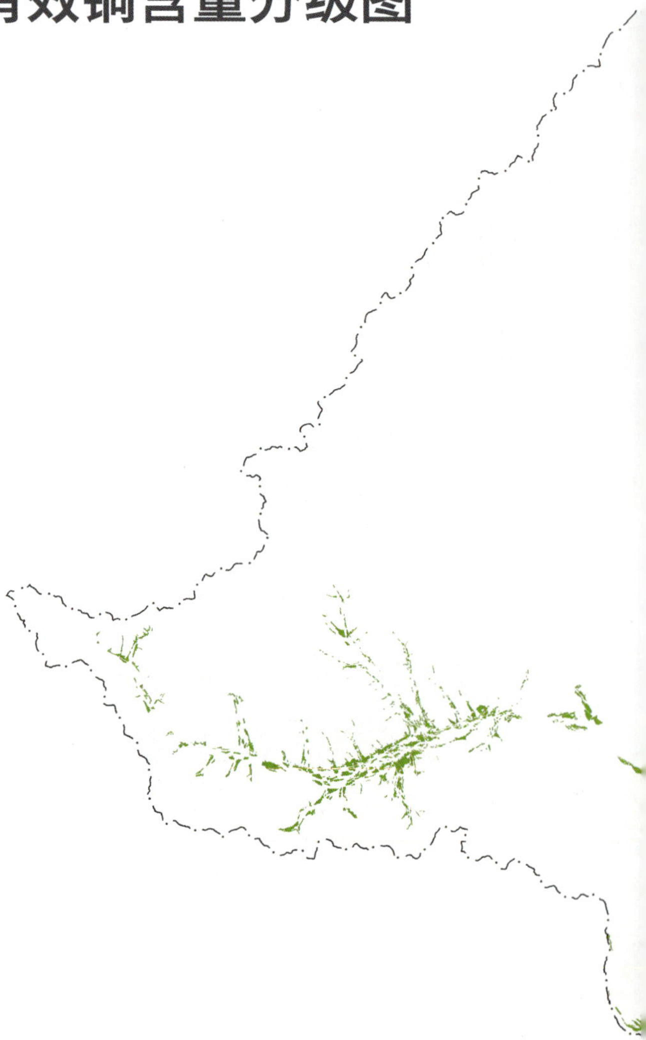

图例	分级标准 /（mg/kg）	面积 /hm^2	比例 /%
1 级（高）	＞2.00	165 656.33	52.81
2 级（较高）	1.00～2.00	144 787.91	46.15
3 级（中）	0.50～1.00	3 267.71	1.04
4 级（较低）	0.20～0.50	—	—
5 级（低）	≤0.20	—	—

阿荣旗
图 例
县级行政中心

阿荣旗耕地土壤有效锌含量分级图

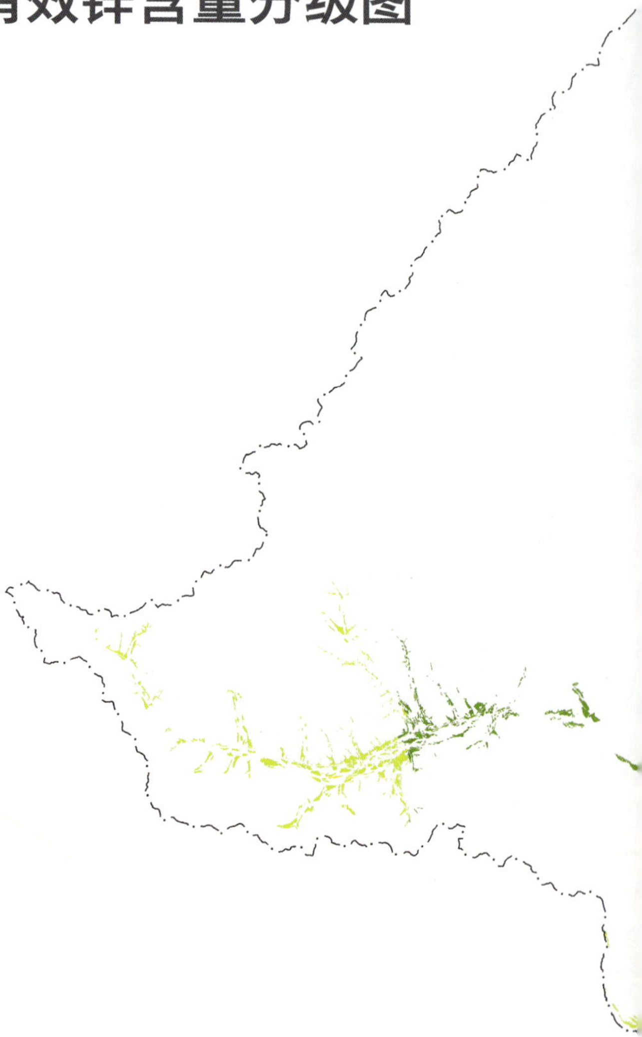

图例	分级标准 /（mg/kg）	面积 /hm^2	比例 /%
1 级（高）	＞2.00	78 806.98	25.12
2 级（较高）	1.50～2.00	143 048.51	45.60
3 级（中）	1.00～1.50	84 833.89	27.04
4 级（较低）	0.50～1.00	6 791.08	2.16
5 级（低）	≤0.50	231.46	0.07

阿荣旗
图　例
县级行政中心

阿荣旗耕地土壤有效硼含量分级图

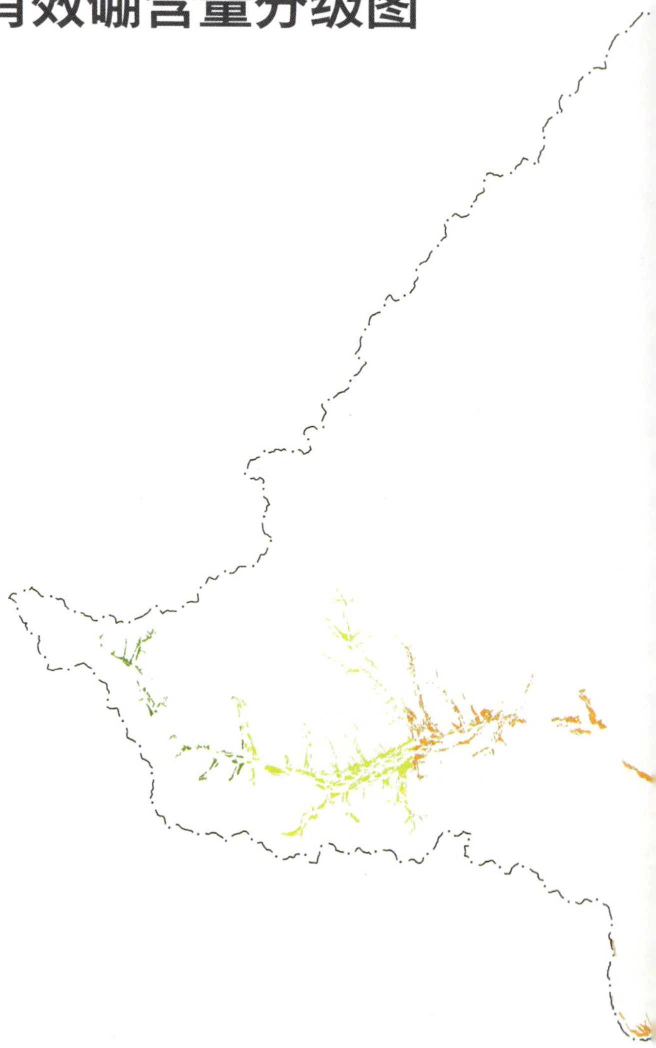

图例	分级标准 /（mg/kg）	面积 /hm²	比例 /%
1 级（高）	＞1.00	272.82	0.09
2 级（较高）	0.80～1.00	19 220.19	6.13
3 级（中）	0.50～0.80	149 372.72	47.61
4 级（较低）	0.20～0.50	144 699.79	46.13
5 级（低）	≤0.20	146.42	0.05

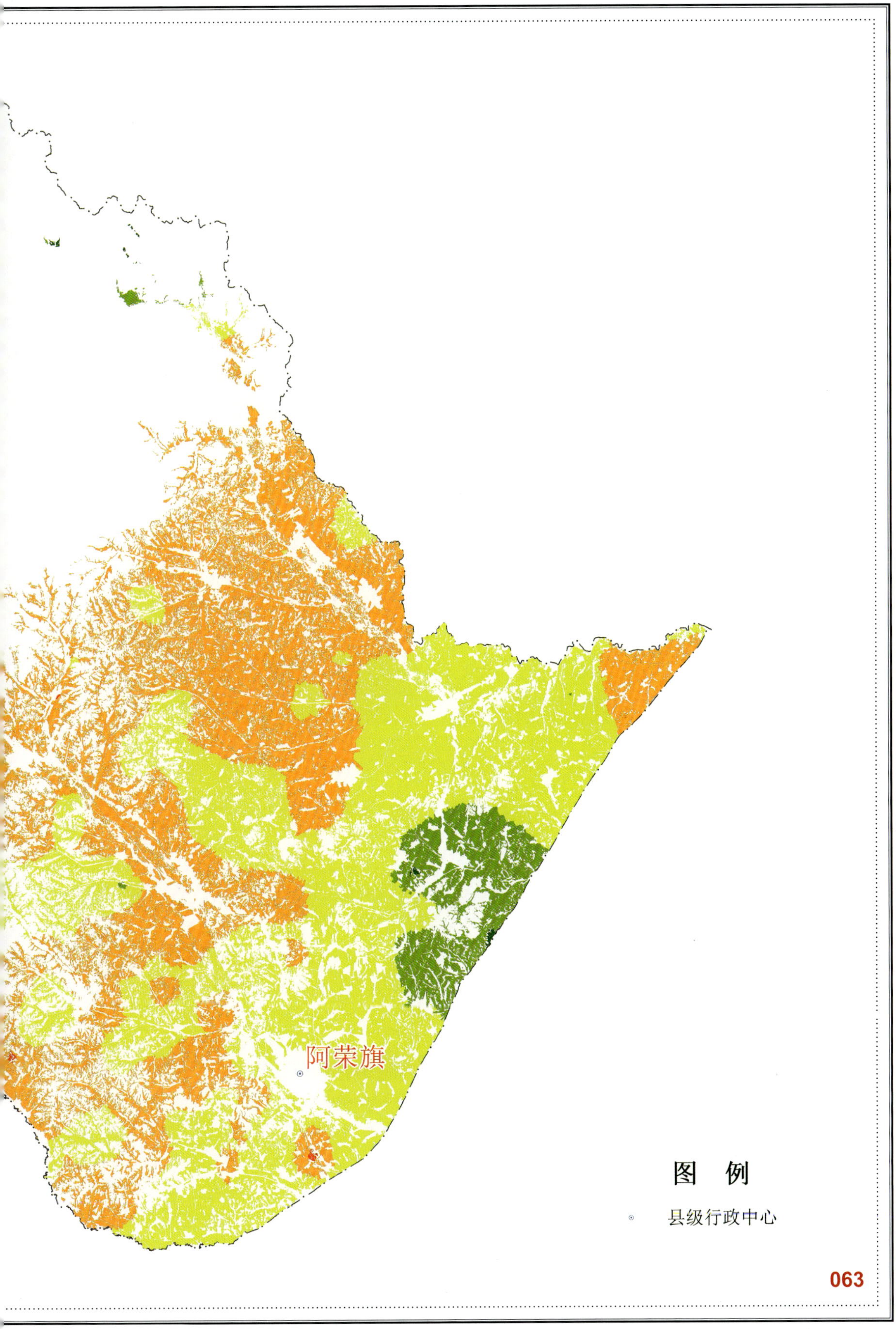

阿荣旗
图　例
县级行政中心

阿荣旗耕地土壤有效钼含量分级图

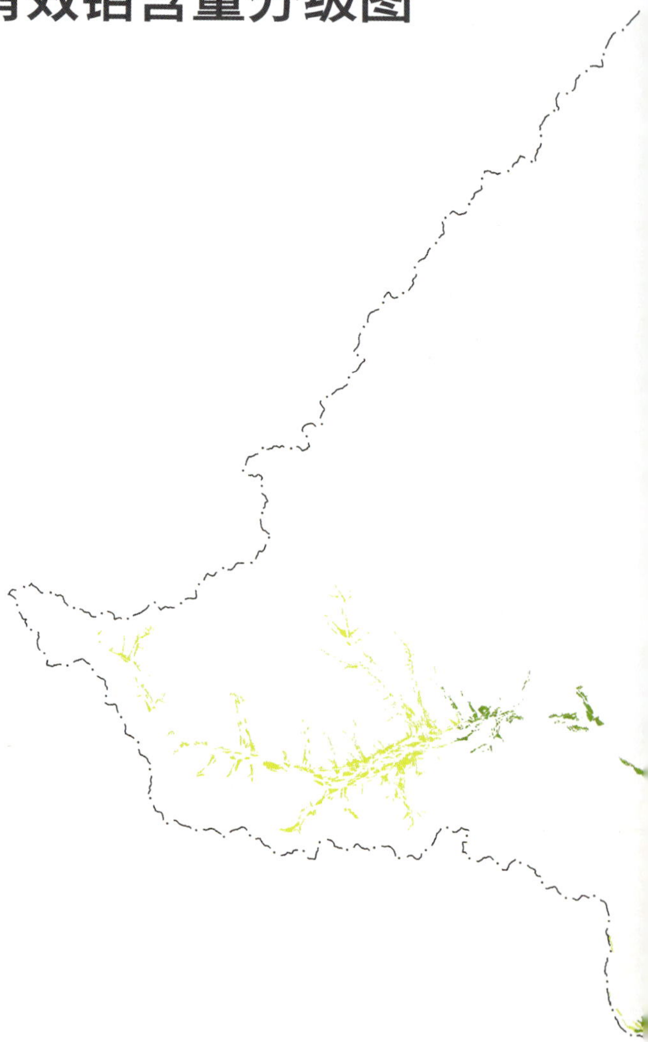

图例	分级标准 /（mg/kg）	面积 /hm^2	比例 /%
1 级（高）	＞0.20	6 480.81	2.07
2 级（较高）	0.15～0.20	55 122.56	17.57
3 级（中）	0.10～0.15	212 337.95	67.69
4 级（较低）	0.05～0.10	39 720.23	12.66
5 级（低）	≤0.05	50.38	0.02

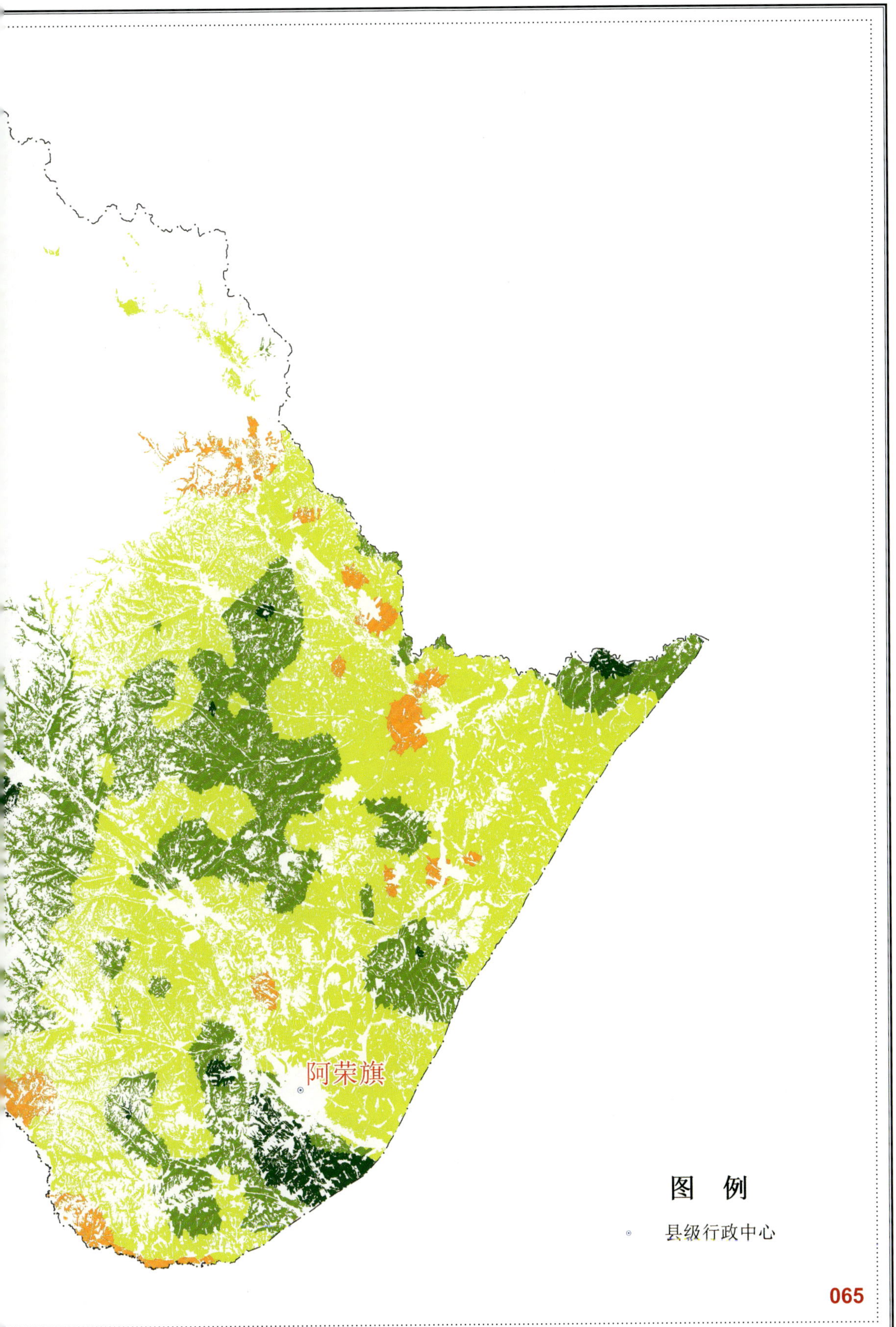
阿荣旗
图 例
县级行政中心

阿荣旗耕地土壤酸碱度（pH）分级图

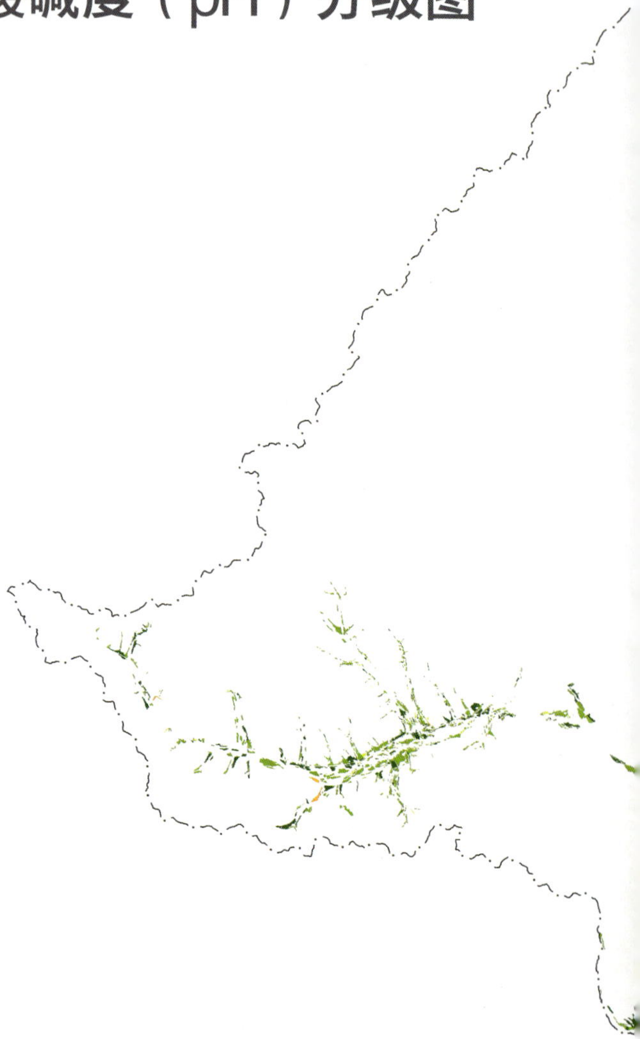

图例	分级标准	面积 /hm²	比例 /%
1 级（高）	6.0～7.5	116 618.93	37.17
2 级（较高）	5.5～6.0	184 957.48	58.96
3 级（中）	7.5～8.0，5.0～5.5	9 906.31	3.16
4 级（较低）	8.0～8.5，4.5～5.0	2 196.83	0.70
5 级（低）	＞8.5，≤4.5	32.39	0.01

图　例

县级行政中心

阿荣旗耕地土壤容重分级图

图例	分级标准 /（g/cm³）	面积 /hm²	比例 /%
1 级（高）	1.10～1.30	251 819.16	80.27
2 级（较高）	1.30～1.40	56 320.58	17.95
3 级（中）	1.40～1.50，1.00～1.10	4 811.82	1.53
4 级（较低）	1.50～1.60，0.90～1.00	—	—
5 级（低）	>1.60，≤0.90	760.38	0.24

阿荣旗
图 例
县级行政中心

阿荣旗耕地耕层厚度分级图

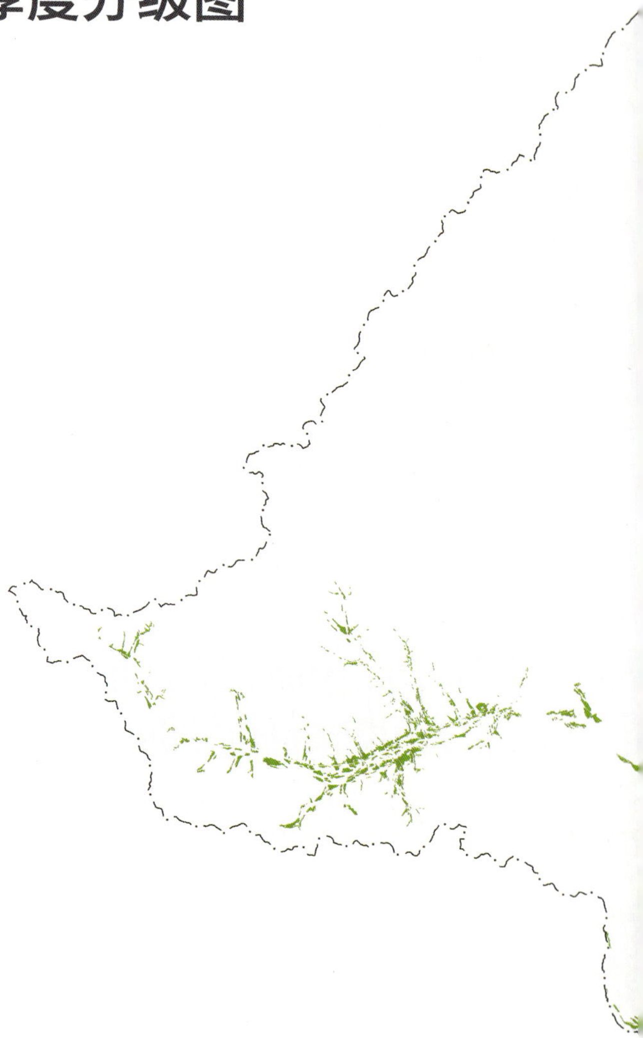

图例	分级标准 /cm	面积 /hm^2	比例 /%
1 级（高）	＞30.0	41 875.14	13.35
2 级（较高）	25.0～30.0	248 373.34	79.17
3 级（中）	20.0～25.0	15 020.15	4.79
4 级（较低）	15.0～20.0	8 443.30	2.69
5 级（低）	≤15.0	—	—

图 例

县级行政中心

扎兰屯市耕地土壤类型图

图例	面积 /hm²	比例 /%
暗棕壤	125 096.48	52.45
草甸土	70 220.38	29.44
粗骨土	4.25	0.002
黑土	41 473.85	17.39
沼泽土	1 684.84	0.71
棕色针叶林土	40.16	0.02

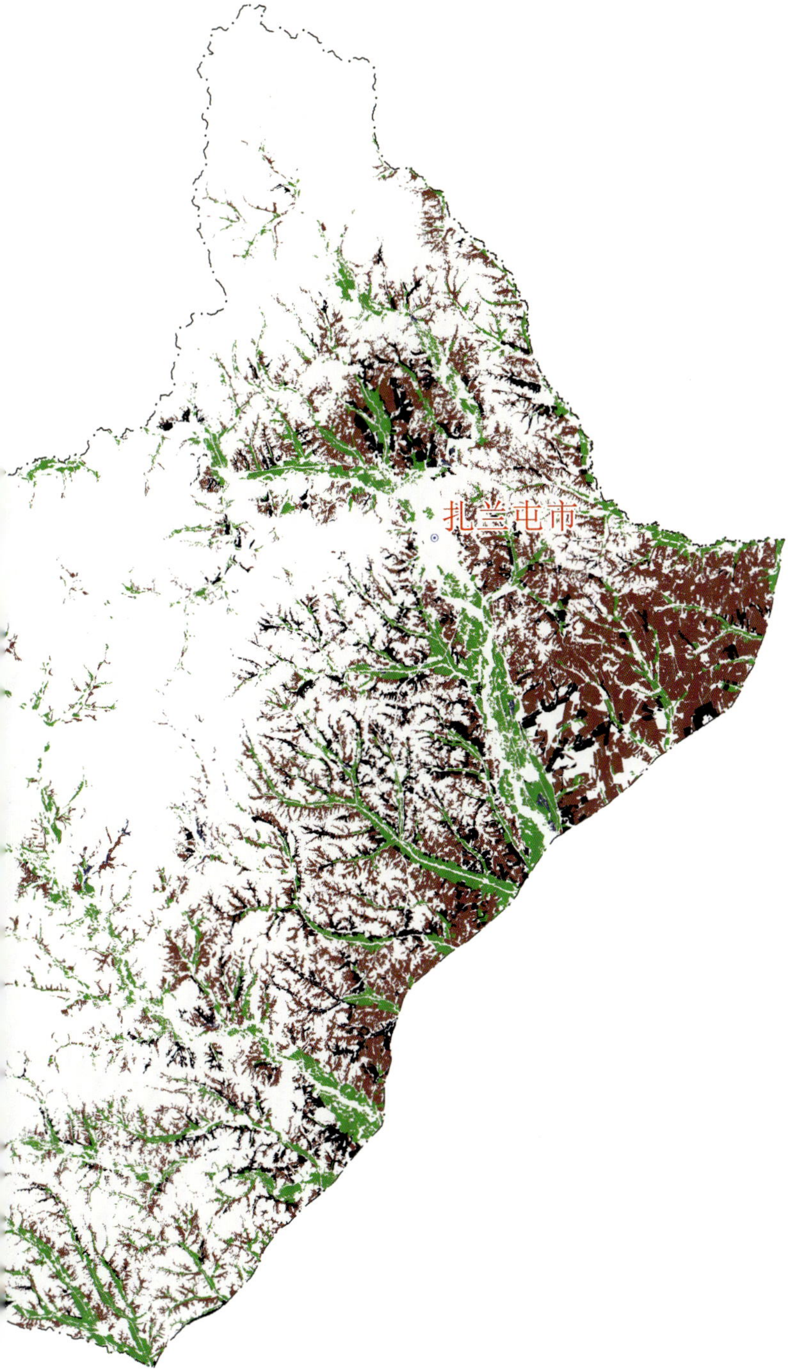

图　例

县级行政中心

扎兰屯市耕地质量等级图

图例	面积 /hm^2	比例 /%
一等	852.54	0.36
二等	37 517.98	15.73
三等	123 707.87	51.86
四等	49 737.27	20.85
五等	22 458.81	9.42
六等	3 755.10	1.57
七等	490.38	0.21
八等	—	—
九等	—	—
十等	—	—

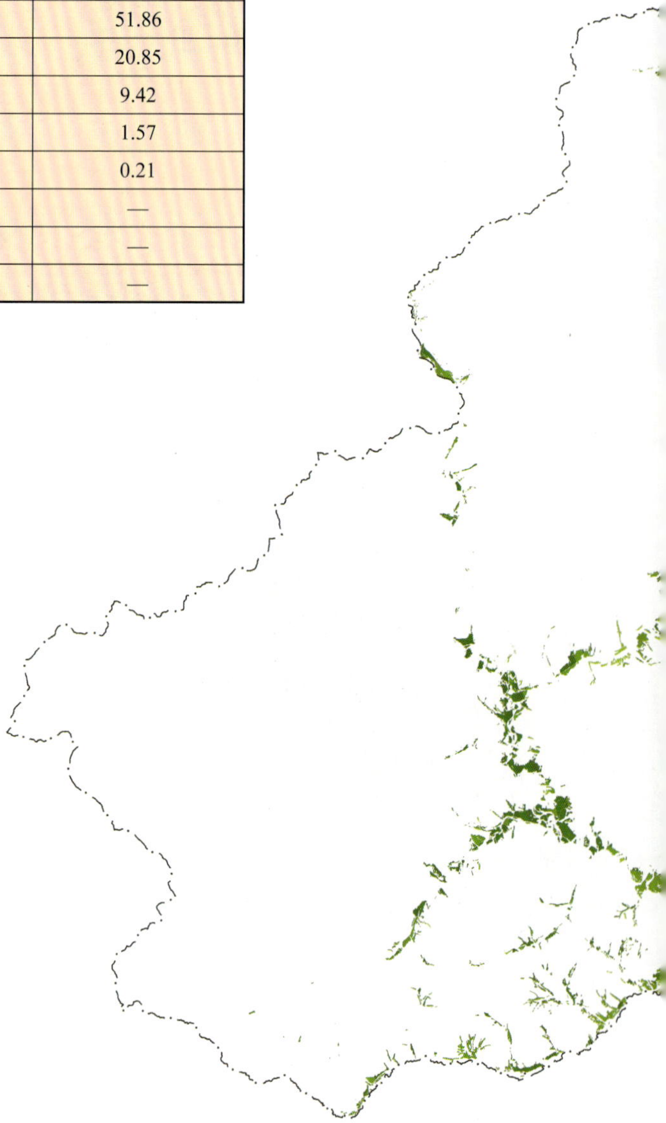

图　例

县级行政中心

扎兰屯市耕地土壤有机质含量分级图

图例	分级标准 /（g/kg）	面积 /hm²	比例 /%
1 级（高）	＞40.0	180 932.04	75.86
2 级（较高）	30.0～40.0	55 227.01	23.15
3 级（中）	20.0～30.0	2 250.85	0.94
4 级（较低）	10.0～20.0	110.07	0.05
5 级（低）	≤10.0	—	—

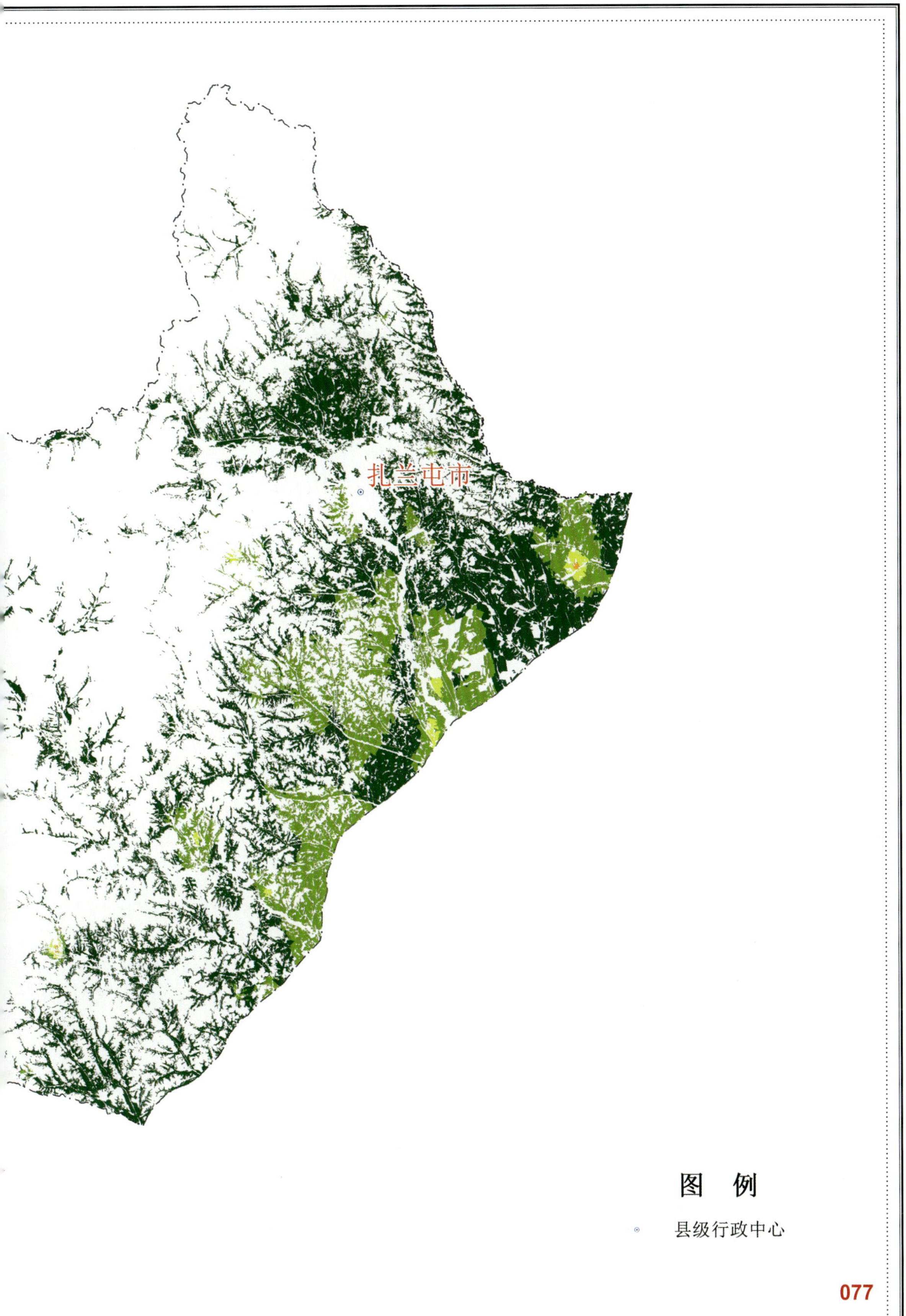

扎兰屯市
图 例
县级行政中心

扎兰屯市耕地土壤全氮含量分级图

图例	分级标准 / (g/kg)	面积 /hm²	比例 /%
1 级（高）	>2.50	48 782.26	20.45
2 级（较高）	1.50～2.50	188 230.89	78.92
3 级（中）	1.00～1.50	1 506.81	0.63
4 级（较低）	0.50～1.00	—	—
5 级（低）	≤0.50	—	—

图　例

县级行政中心

扎兰屯市耕地土壤有效磷含量分级图

图例	分级标准 /（mg/kg）	面积 /hm^2	比例 /%
1 级（高）	＞40.0	79 570.09	33.36
2 级（较高）	30.0～40.0	67 301.38	28.22
3 级（中）	20.0～30.0	42 903.95	17.99
4 级（较低）	10.0～20.0	45 096.32	18.91
5 级（低）	≤10.0	3 648.22	1.53

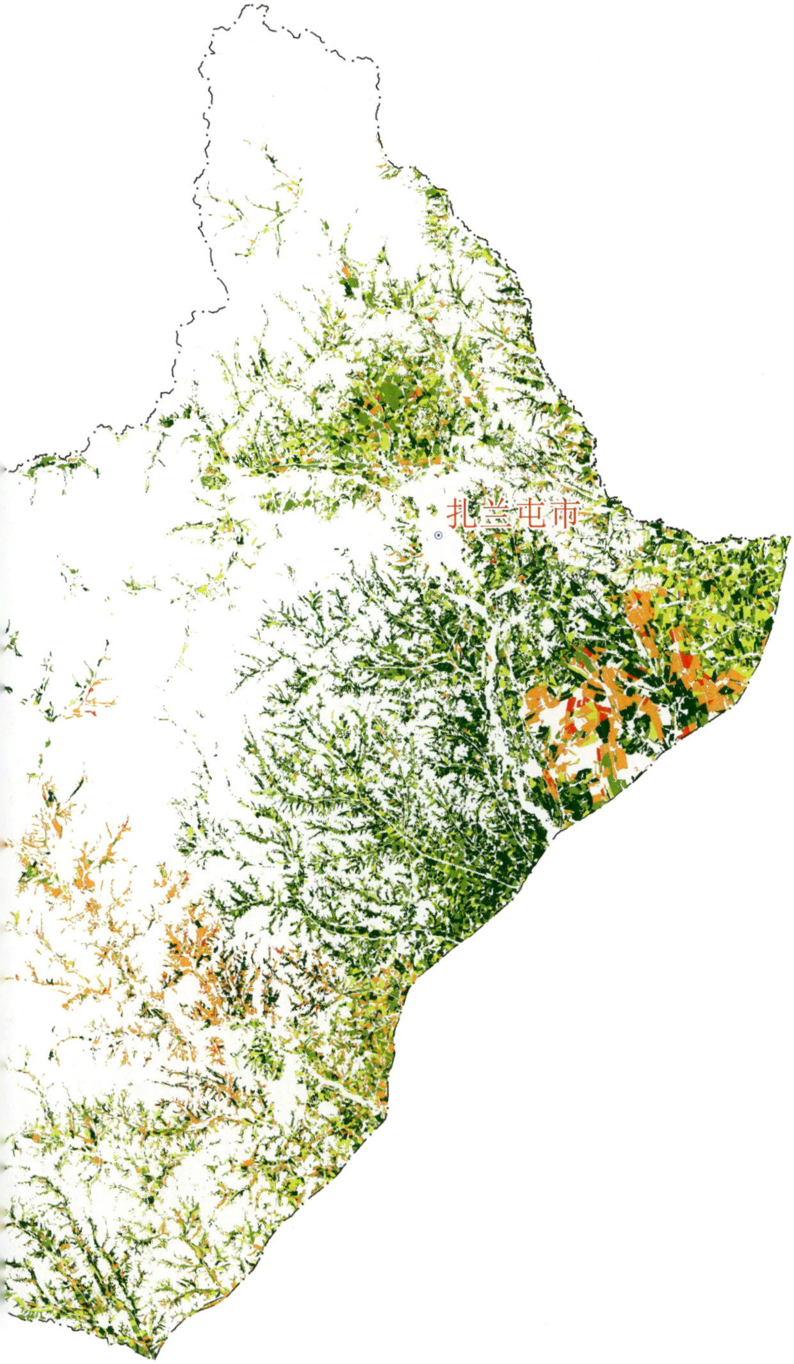

图　例

⊙ 县级行政中心

扎兰屯市耕地土壤速效钾含量分级图

图例	分级标准 /（mg/kg）	面积 /hm²	比例 /%
1 级（高）	＞200	228 995.94	96.01
2 级（较高）	150～200	8 664.15	3.63
3 级（中）	100～150	849.26	0.36
4 级（较低）	50～100	—	—
5 级（低）	≤50	—	—

图 例

⊙ 县级行政中心

扎兰屯市耕地土壤缓效钾含量分级图

图例	分级标准 /（mg/kg）	面积 /hm^2	比例 /%
1 级（高）	＞1 000	174.00	0.07
2 级（较高）	800～1 000	25 534.35	10.71
3 级（中）	500～800	206 374.53	86.52
4 级（较低）	200～500	6 437.08	2.70
5 级（低）	≤200	—	—

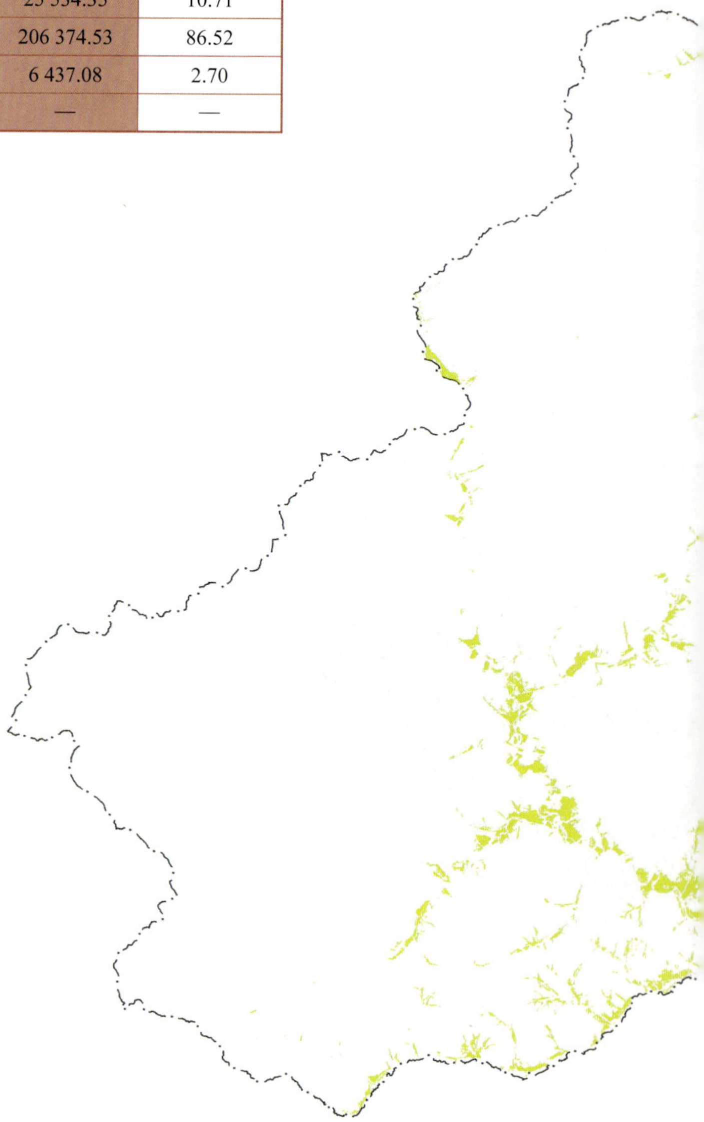

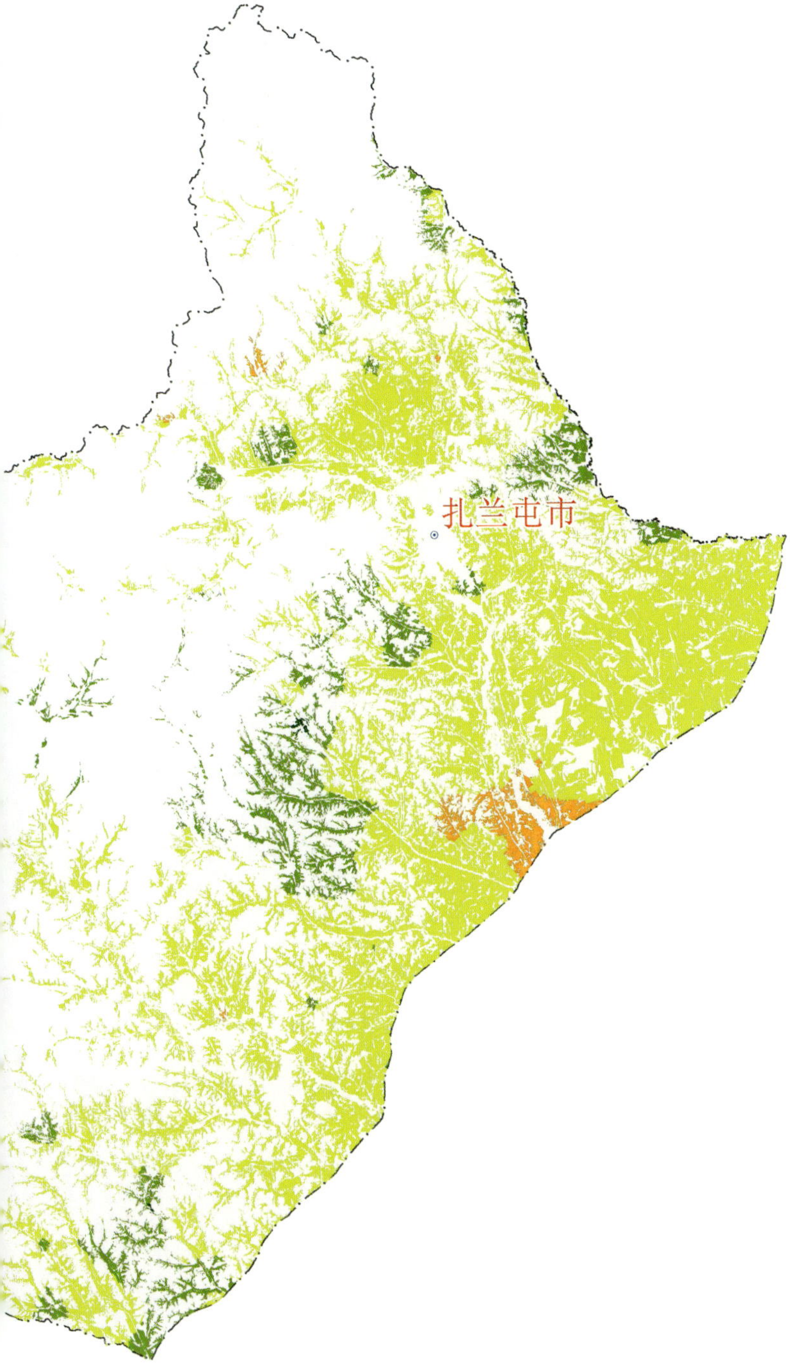

图 例

⊙ 县级行政中心

扎兰屯市耕地土壤有效硫含量分级图

图例	分级标准 /（mg/kg）	面积 /hm²	比例 /%
1 级（高）	＞40.0	94 316.44	39.54
2 级（较高）	30.0～40.0	91 485.09	38.36
3 级（中）	20.0～30.0	49 998.63	20.96
4 级（较低）	10.0～20.0	2 719.80	1.14
5 级（低）	≤10.0	—	—

图 例

县级行政中心

扎兰屯市耕地土壤有效硅含量分级图

图例	分级标准 /（mg/kg）	面积 /hm^2	比例 /%
1 级（高）	＞250	8 744.08	3.67
2 级（较高）	200～250	31 006.59	13.00
3 级（中）	100～200	184 764.31	77.46
4 级（较低）	50～100	14 004.99	5.87
5 级（低）	≤50	—	—

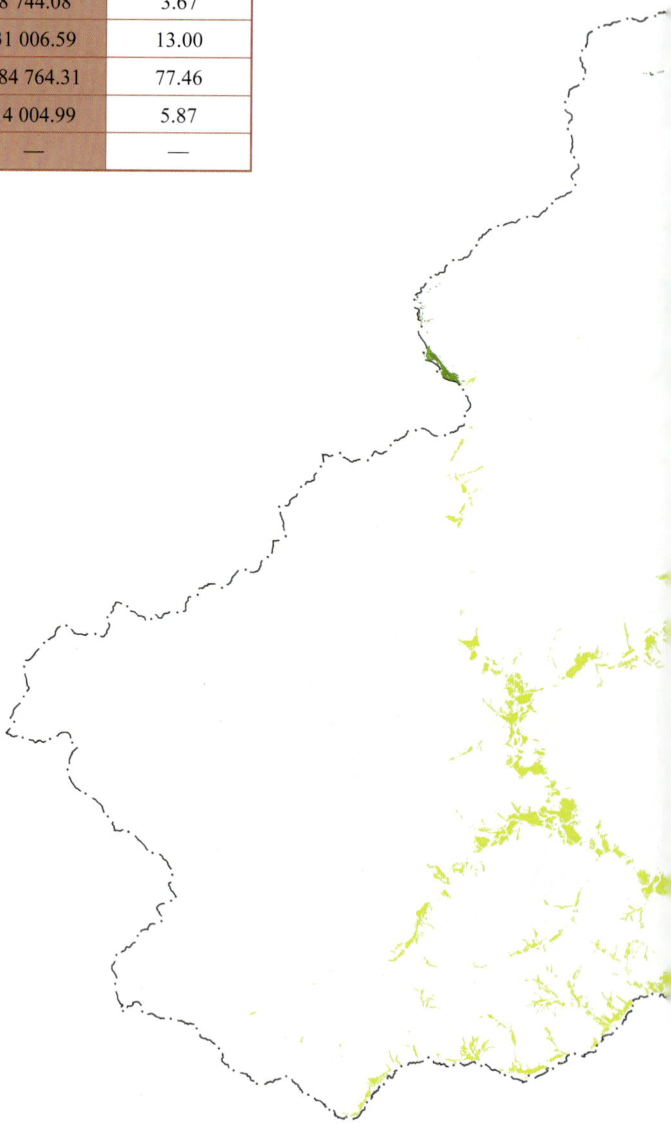

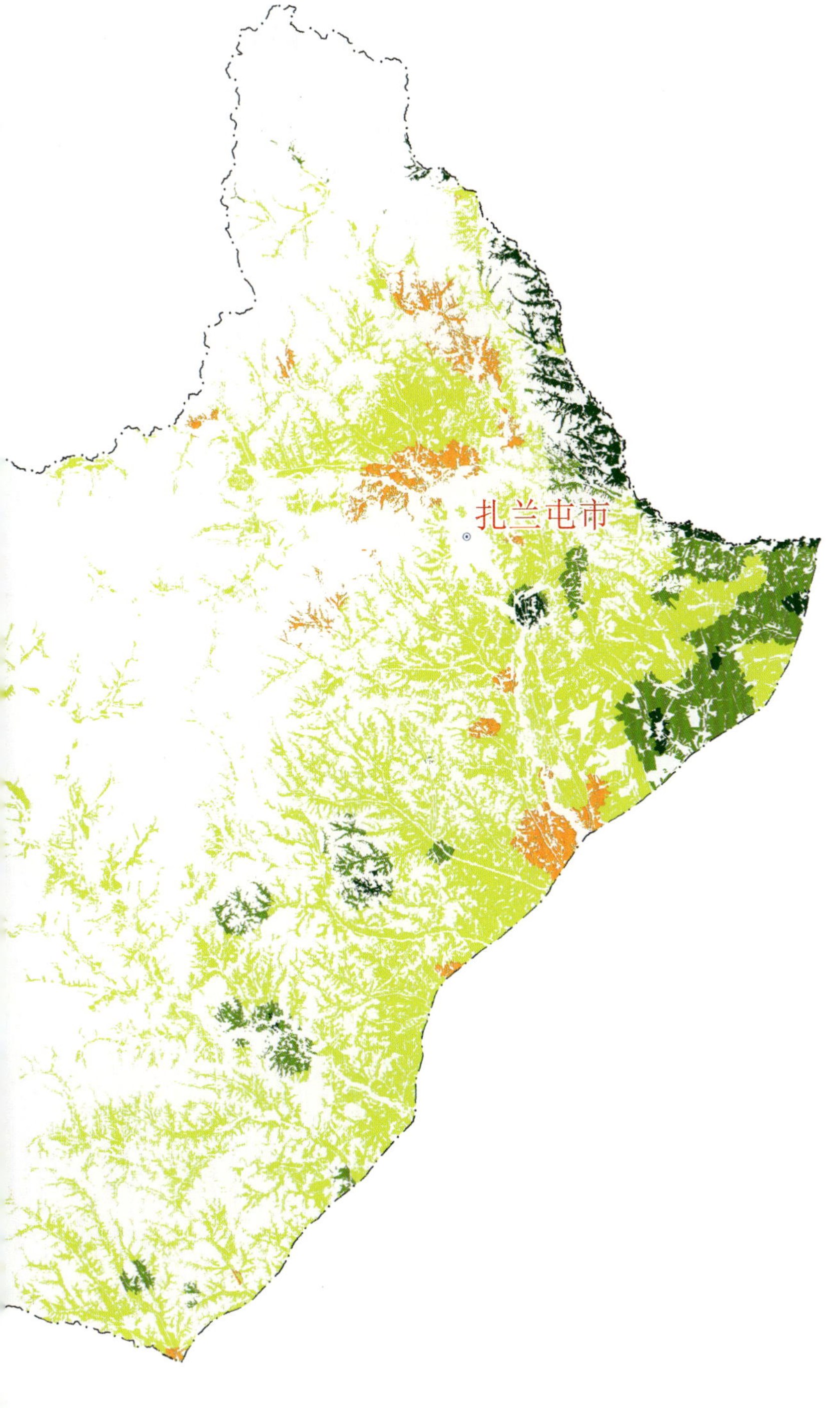

图 例

县级行政中心

扎兰屯市耕地土壤有效铜含量分级图

图例	分级标准 /（mg/kg）	面积 /hm²	比例 /%
1 级（高）	＞2.00	44 216.77	18.54
2 级（较高）	1.00～2.00	193 274.71	81.03
3 级（中）	0.50～1.00	1 028.48	0.43
4 级（较低）	0.20～0.50	—	—
5 级（低）	≤0.20	—	—

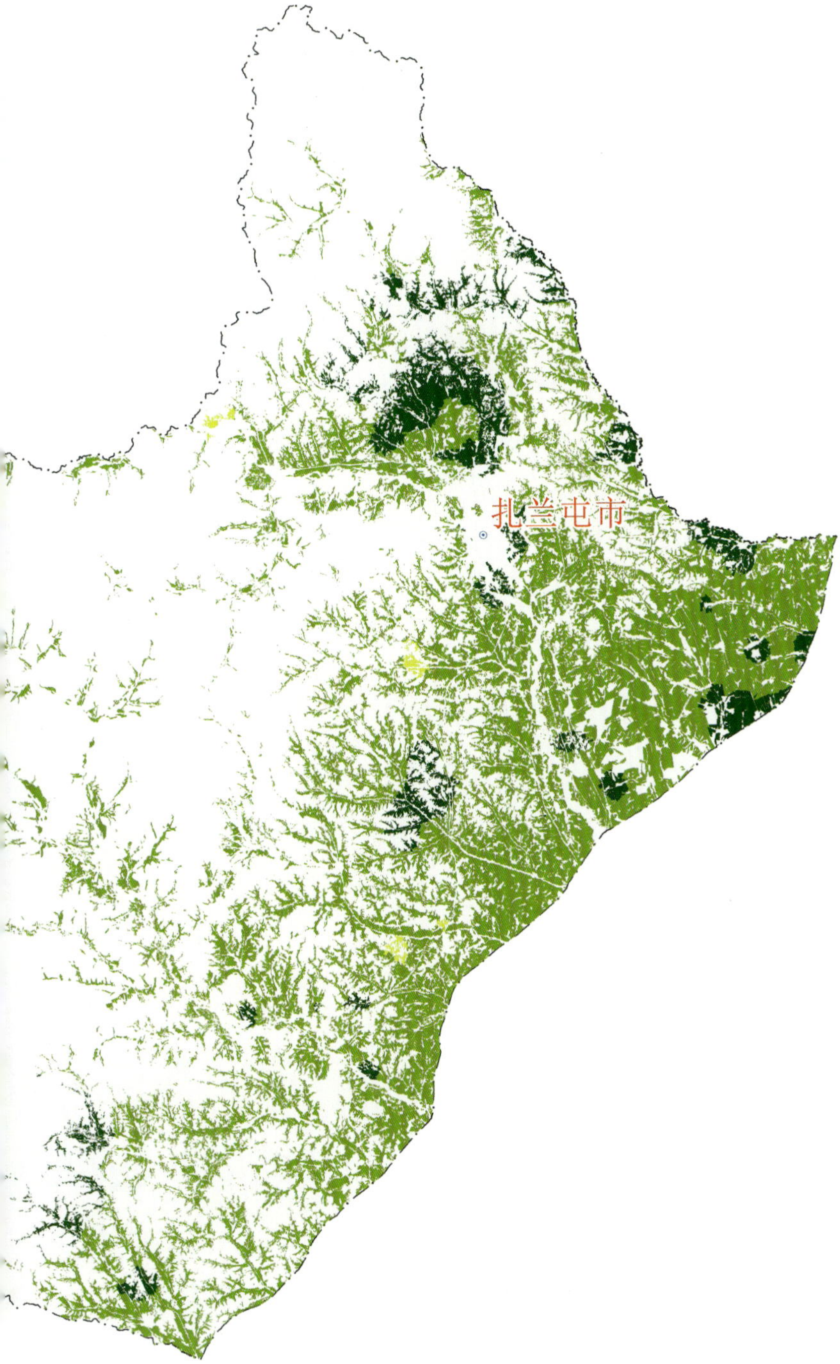

图 例

⊙ 县级行政中心

扎兰屯市耕地土壤有效锌含量分级图

图例	分级标准 /（mg/kg）	面积 /hm²	比例 /%
1 级（高）	＞2.00	61 717.35	25.88
2 级（较高）	1.50～2.00	94 772.80	39.73
3 级（中）	1.00～1.50	81 178.79	34.03
4 级（较低）	0.50～1.00	851.02	0.36
5 级（低）	≤0.50	—	—

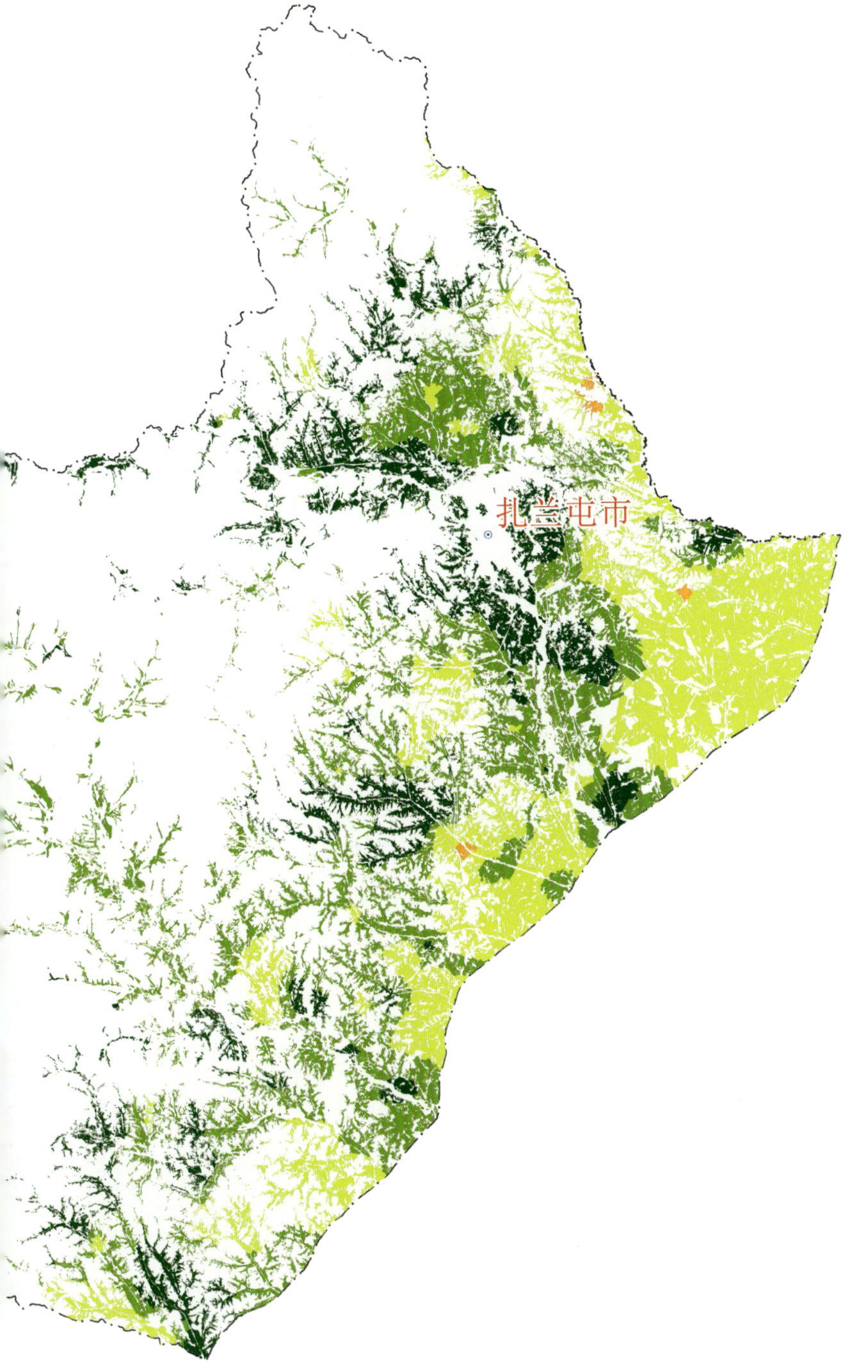

图　例

县级行政中心

扎兰屯市耕地土壤有效硼含量分级图

图例	分级标准 /（mg/kg）	面积 /hm^2	比例 /%
1 级（高）	＞1.00	3 754.02	1.57
2 级（较高）	0.80～1.00	14 949.81	6.27
3 级（中）	0.50～0.80	139 972.12	58.68
4 级（较低）	0.20～0.50	79 844.01	33.47
5 级（低）	≤0.20	—	—

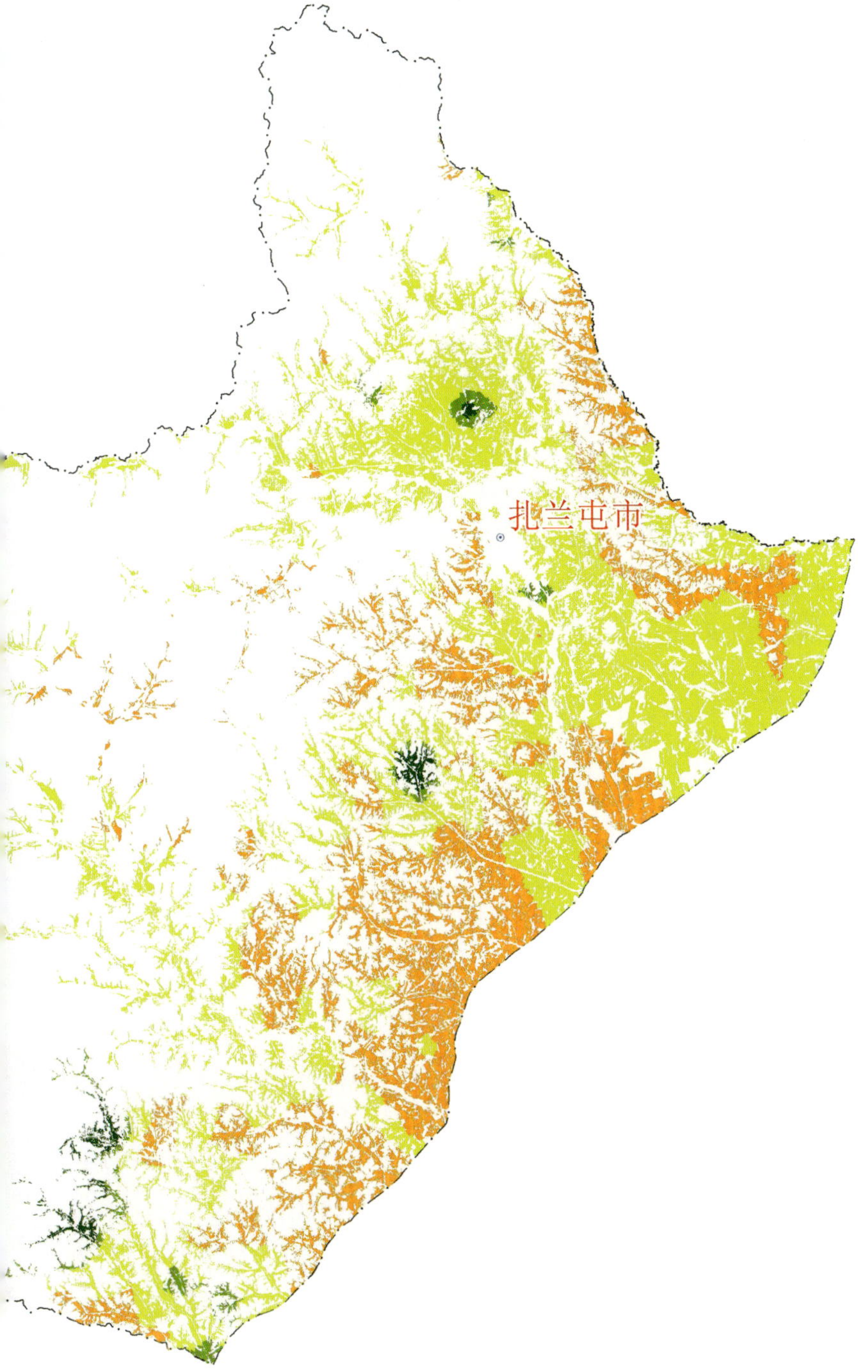

图 例

⊙ 县级行政中心

扎兰屯市耕地土壤有效钼含量分级图

图例	分级标准 /（mg/kg）	面积 /hm^2	比例 /%
1 级（高）	＞0.20	0.21	0.000 1
2 级（较高）	0.15～0.20	243.65	0.10
3 级（中）	0.10～0.15	4 386.37	1.84
4 级（较低）	0.05～0.10	215 975.08	90.55
5 级（低）	≤0.05	17 914.65	7.51

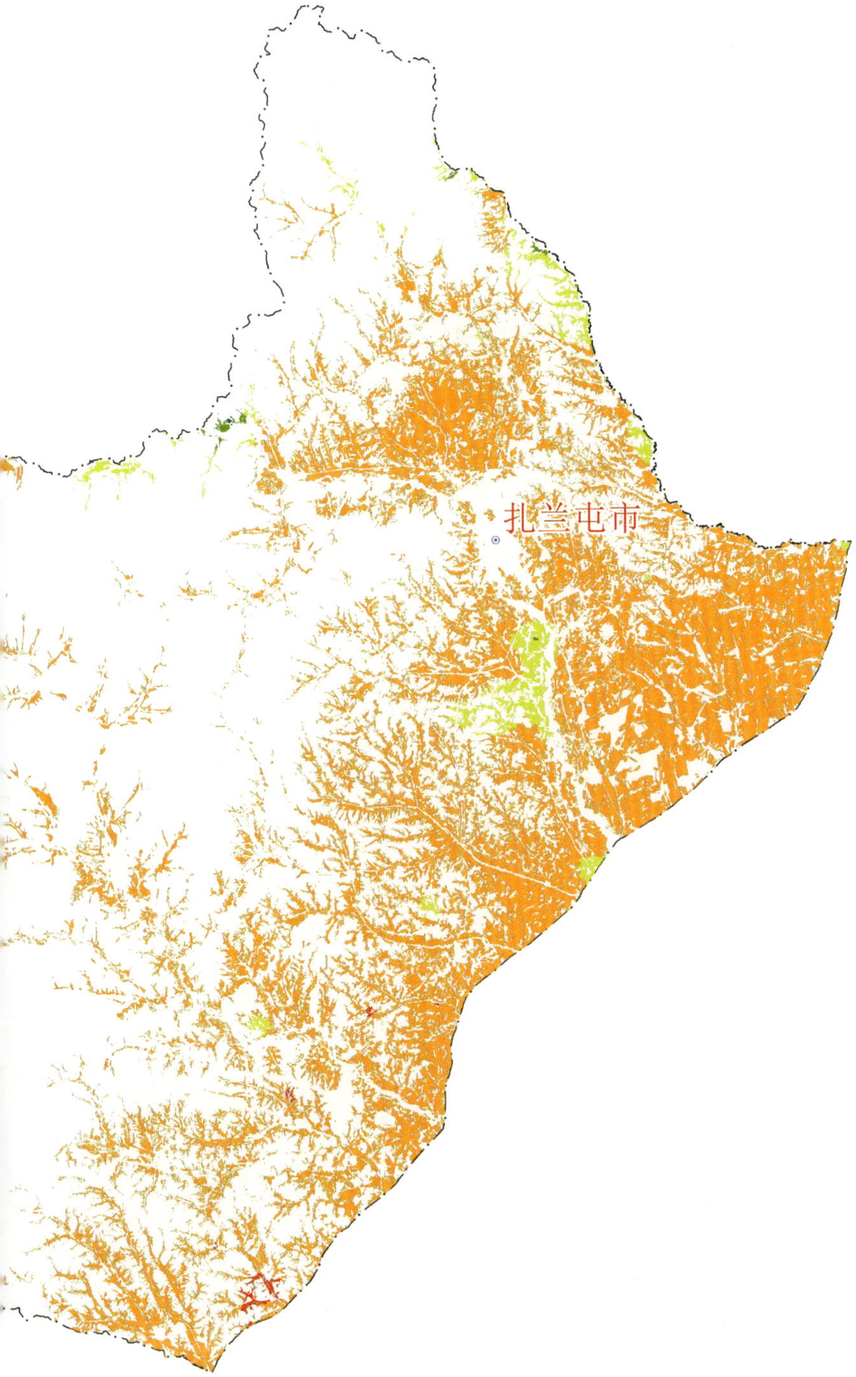

图 例

县级行政中心

扎兰屯市耕地土壤酸碱度（pH）分级图

图例	分级标准	面积 /hm^2	比例 /%
1 级（高）	6.0～7.5	75 588.48	31.69
2 级（较高）	5.5～6.0	154 352.43	64.71
3 级（中）	7.5～8.0，5.0～5.5	8 578.96	3.60
4 级（较低）	8.0～8.5，4.5～5.0	0.09	0.000 04
5 级（低）	＞8.5，≤4.5	—	—

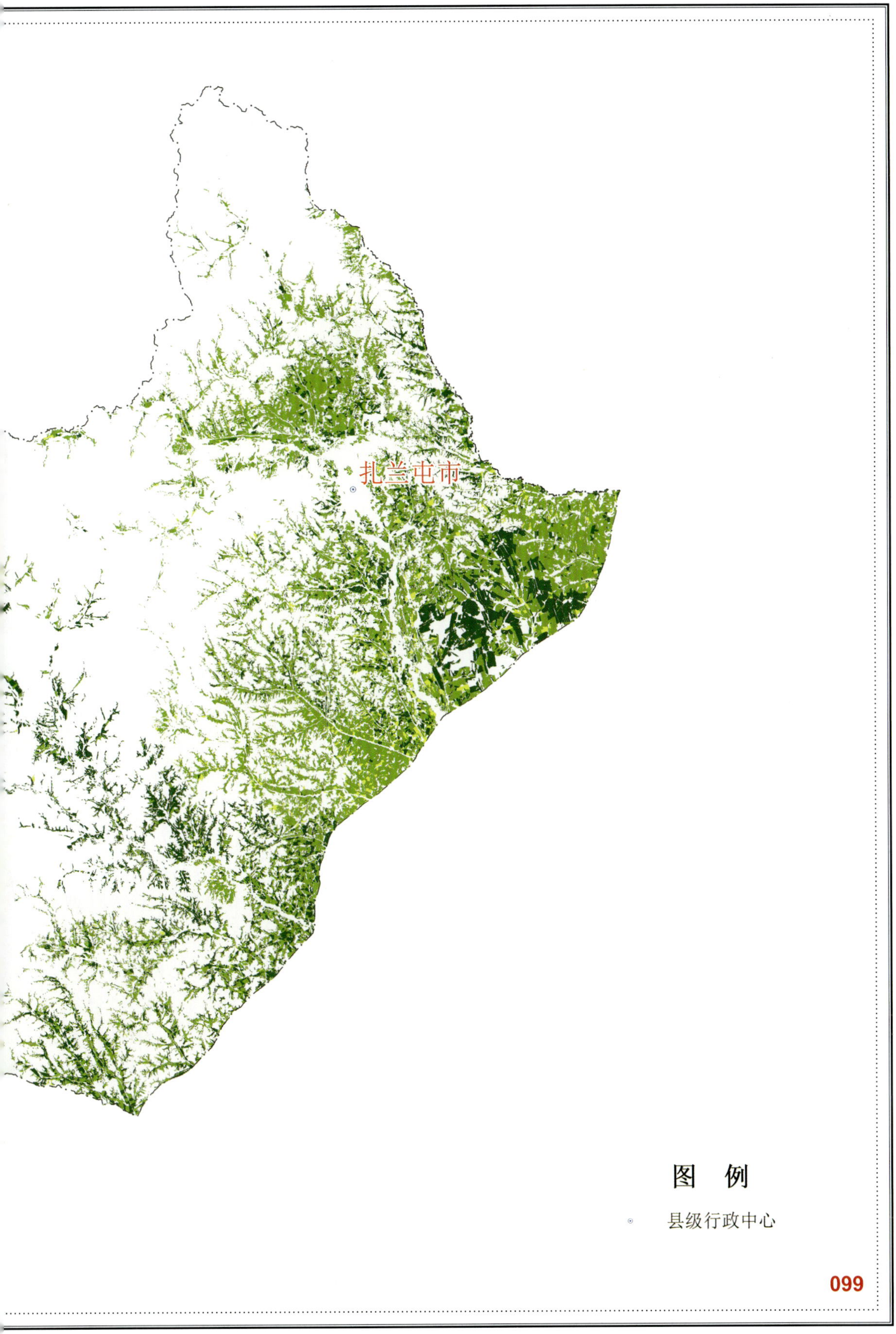
扎兰屯市
图 例
县级行政中心

扎兰屯市耕地土壤容重分级图

图例	分级标准 /（g/cm³）	面积 /hm²	比例 /%
1 级（高）	1.10～1.30	190 181.82	79.73
2 级（较高）	1.30～1.40	44 283.07	18.57
3 级（中）	1.40～1.50，1.00～1.10	4 055.07	1.70
4 级（较低）	1.50～1.60，0.90～1.00	—	—
5 级（低）	>1.60，≤0.90	—	—

图　例

⊙ 县级行政中心

扎兰屯市耕地土壤耕层厚度分级图

图例	分级标准 /cm	面积 /hm^2	比例 /%
1 级（高）	＞30.0	—	—
2 级（较高）	25.0～30.0	2 518.69	1.06
3 级（中）	20.0～25.0	11 395.50	4.78
4 级（较低）	15.0～20.0	224 605.78	94.17
5 级（低）	≤15.0	—	—

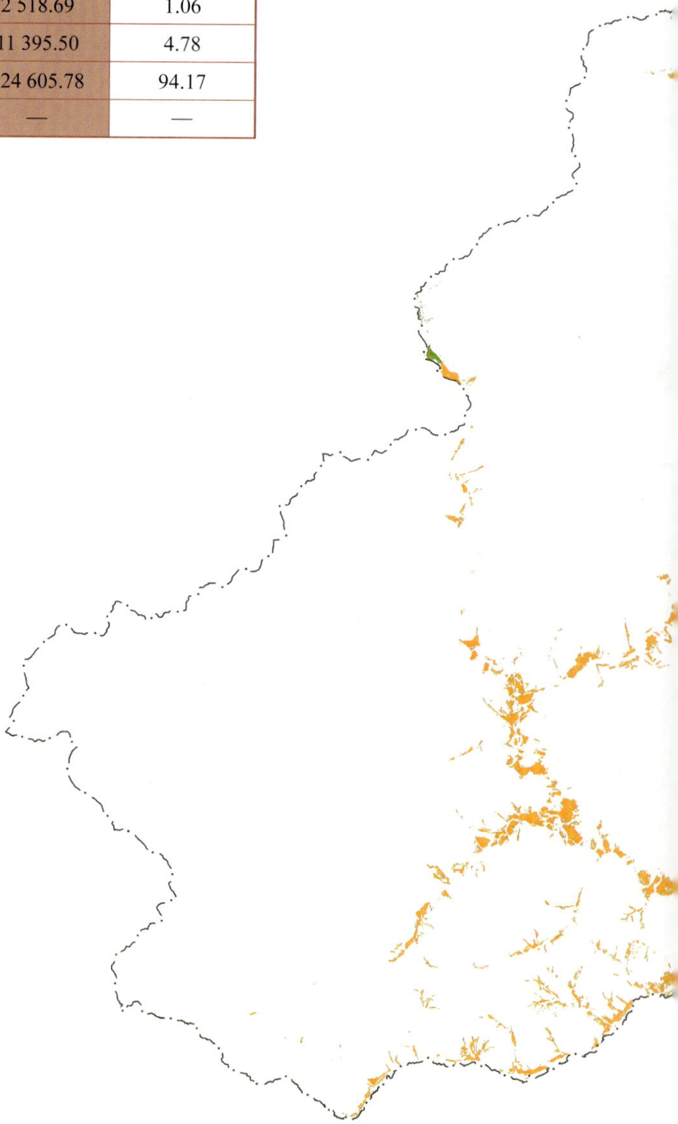

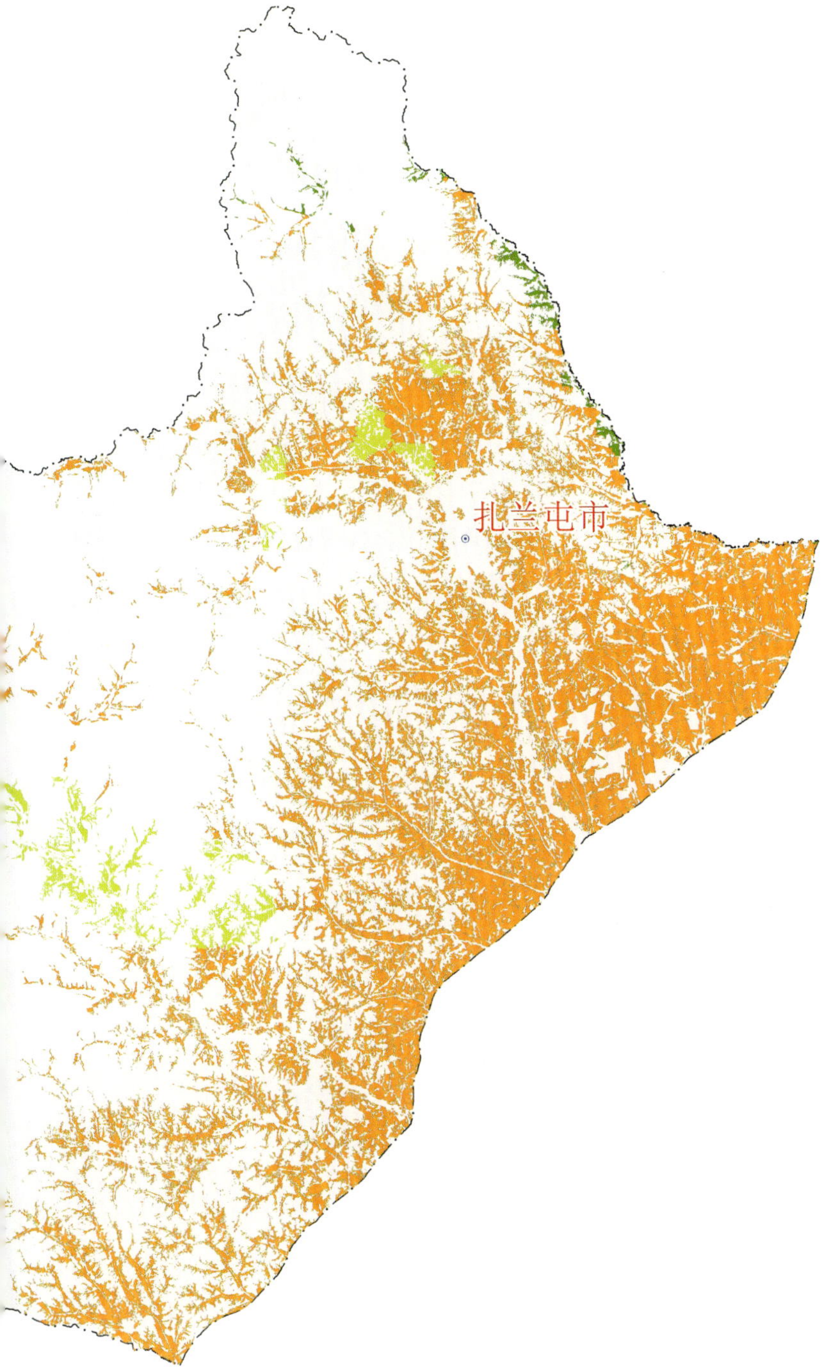

图 例

⊙ 县级行政中心

莫力达瓦达斡尔族自治旗
耕地土壤类型图

图例	面积 /hm²	比例 /%
暗棕壤	233 848.38	47.00
草甸土	43 800.30	8.80
黑土	204 333.62	41.07
沼泽土	15 539.82	3.12

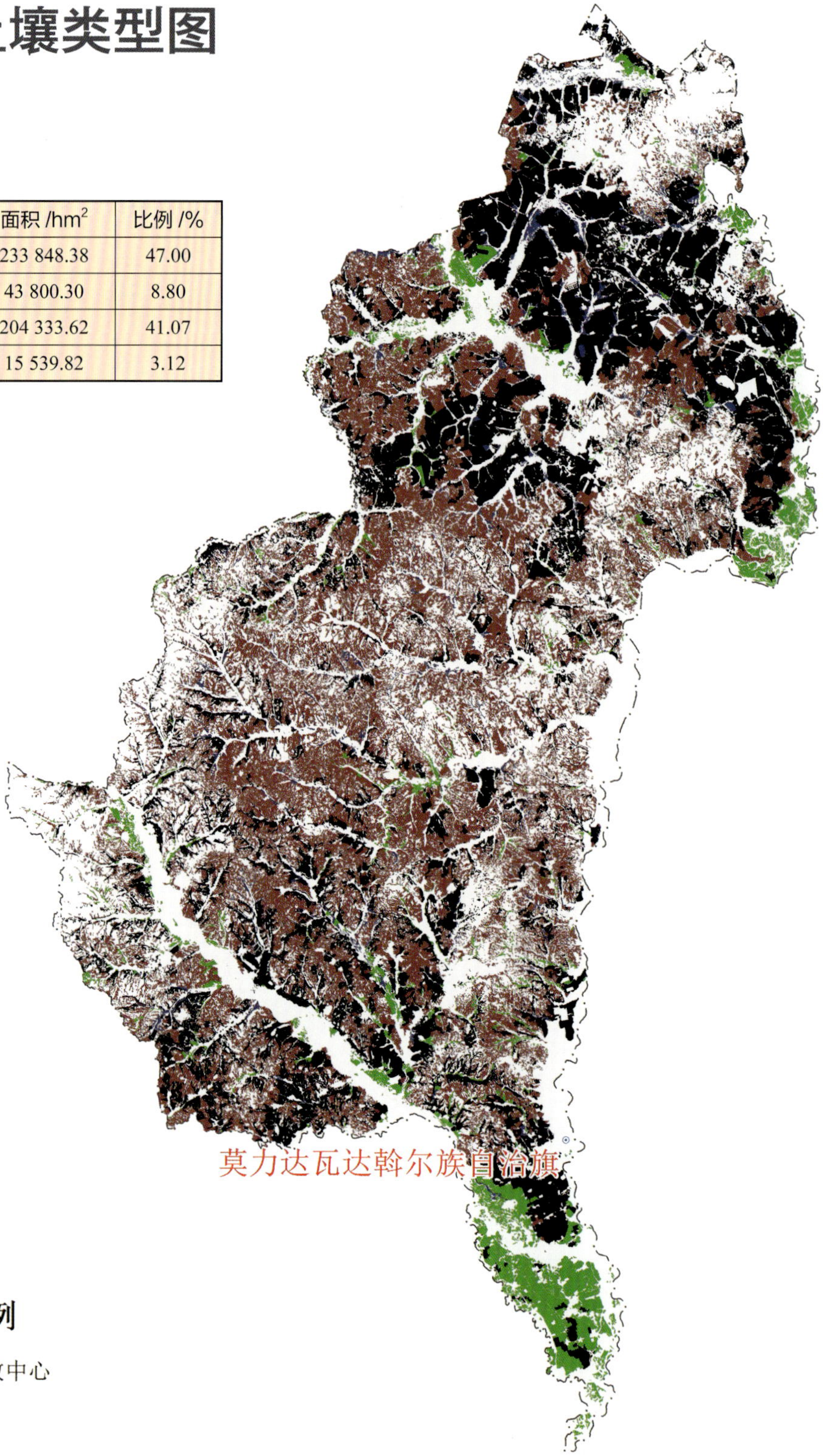

图　例

⊙ 县级行政中心

莫力达瓦达斡尔族自治旗耕地质量等级图

图例	面积 /hm²	比例 /%
一等	4 233.66	0.85
二等	215 660.78	43.35
三等	235 099.02	47.25
四等	30 850.73	6.20
五等	9 836.95	1.98
六等	1 840.98	0.37
七等	—	—
八等	—	—
九等	—	—
十等	—	—

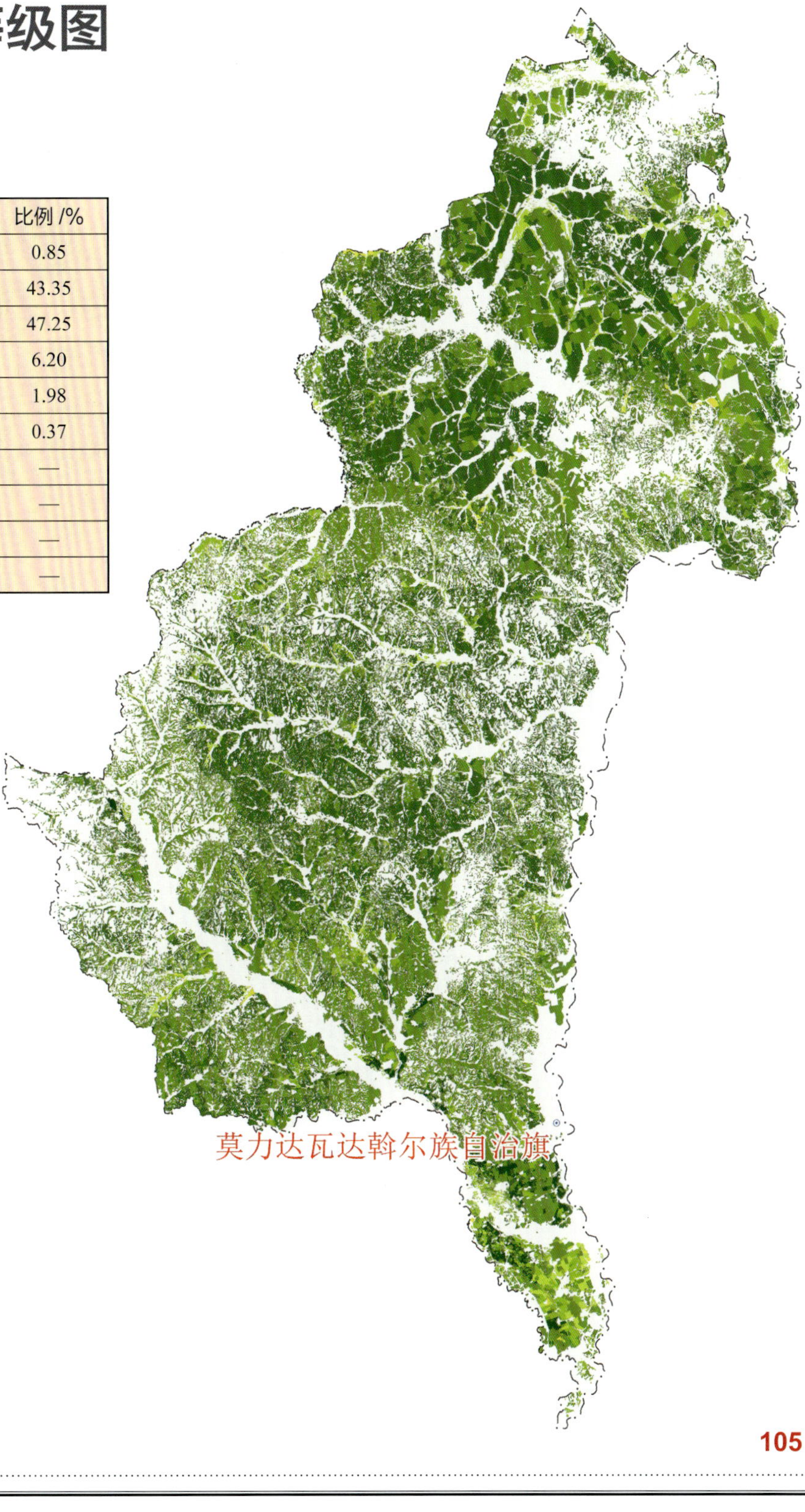

图　例

县级行政中心

莫力达瓦达斡尔族自治旗
耕地土壤有机质含量分级图

图例	分级标准 /（g/kg）	面积 /hm^2	比例 /%
1 级（高）	＞40.0	476 240.00	95.72
2 级（较高）	30.0～40.0	11 928.41	2.40
3 级（中）	20.0～30.0	9 353.70	1.88
4 级（较低）	10.0～20.0	—	—
5 级（低）	≤10.0	—	—

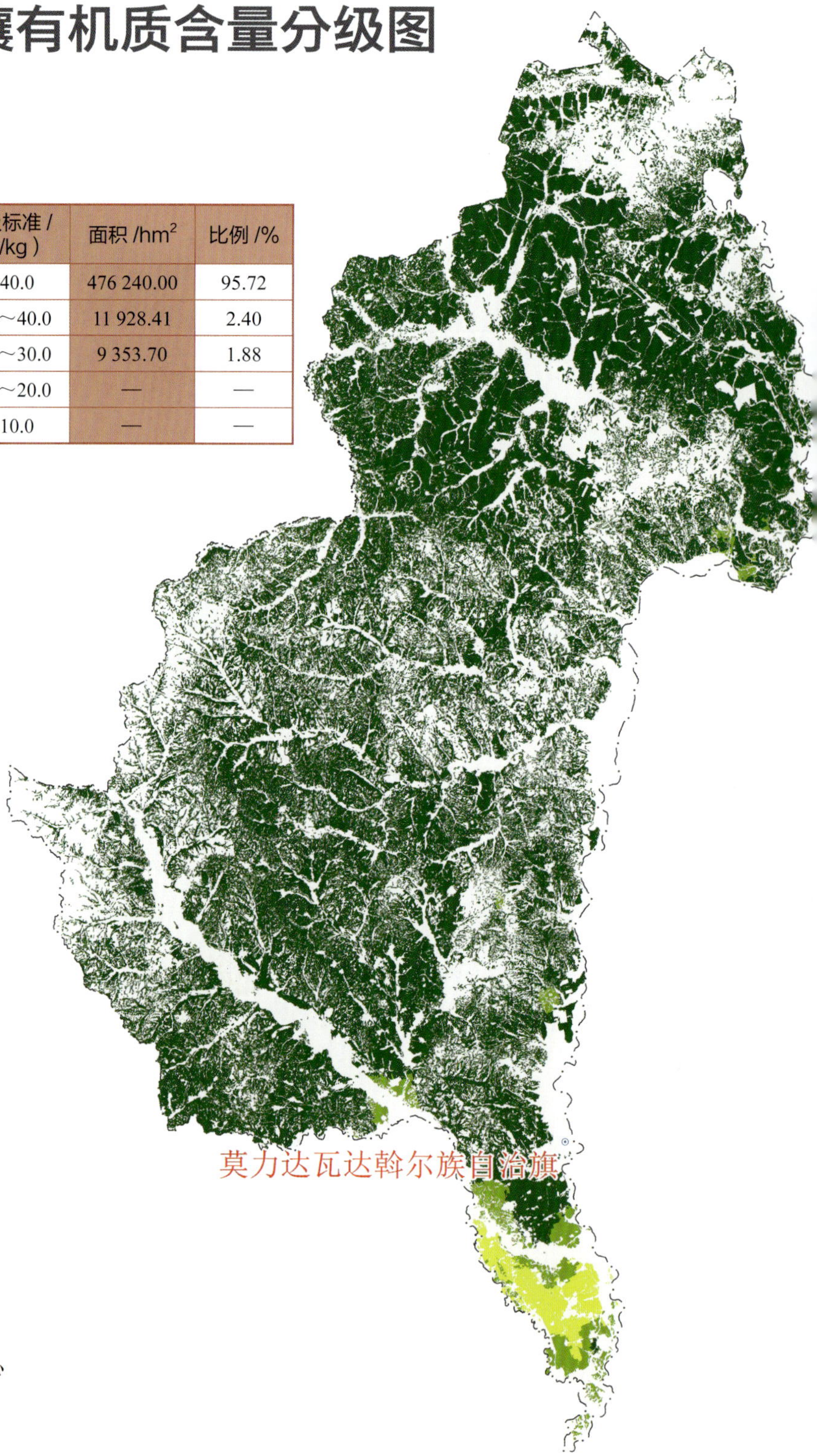

图　例

◎ 县级行政中心

莫力达瓦达斡尔族自治旗耕地土壤全氮含量分级图

图例	分级标准 /（g/kg）	面积 /hm^2	比例 /%
1 级（高）	＞2.50	347 302.38	69.81
2 级（较高）	1.50～2.50	137 233.03	27.58
3 级（中）	1.00～1.50	12 696.54	2.55
4 级（较低）	0.50～1.00	290.17	0.06
5 级（低）	≤0.50	—	—

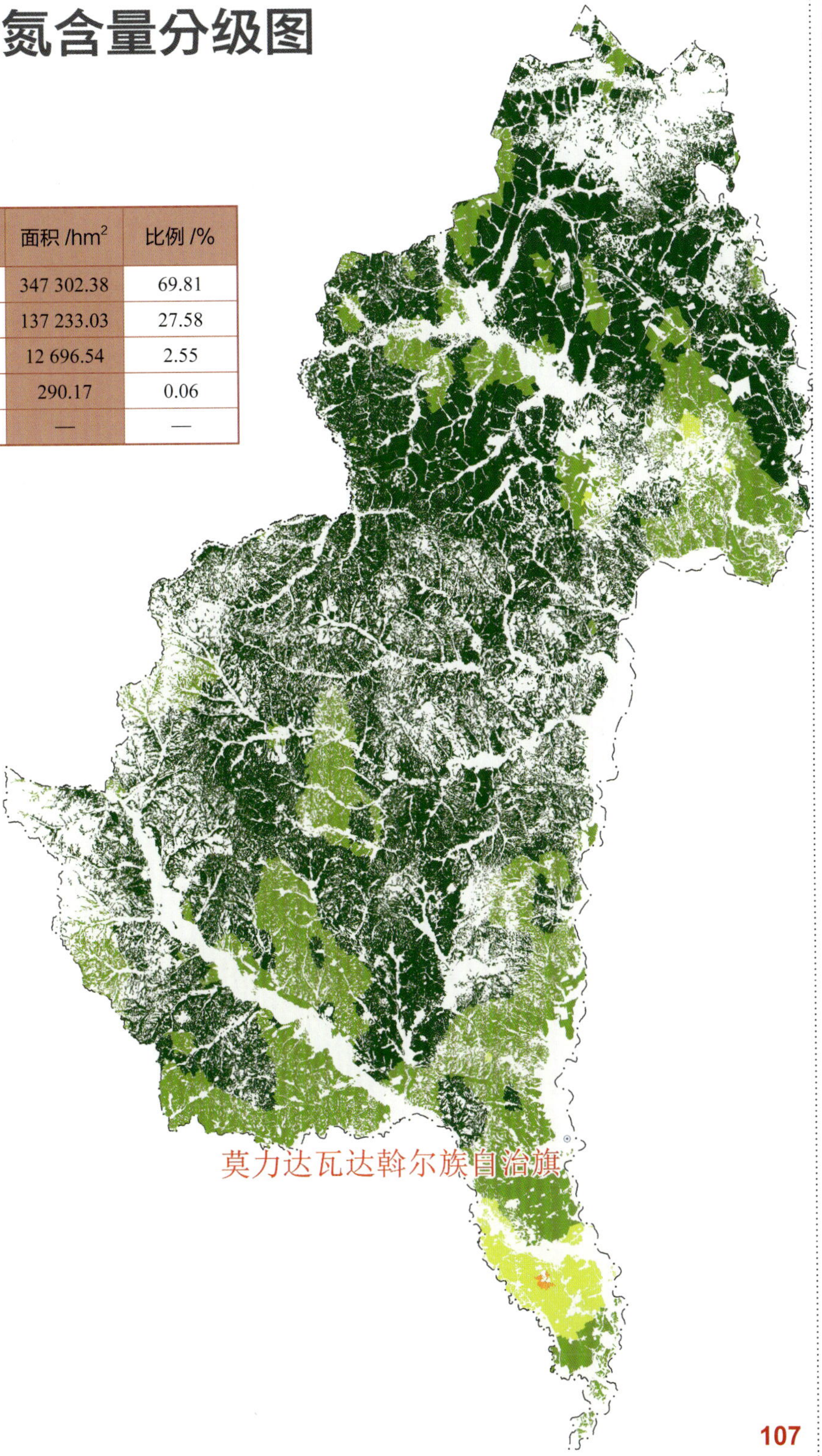

图　例

◎ 县级行政中心

莫力达瓦达斡尔族自治旗
耕地土壤有效磷含量分级图

图例	分级标准 /（mg/kg）	面积 /hm²	比例 /%
1 级（高）	＞40.0	68 106.69	13.69
2 级（较高）	30.0～40.0	126 686.15	25.46
3 级（中）	20.0～30.0	116 772.51	23.47
4 级（较低）	10.0～20.0	184 774.04	37.14
5 级（低）	≤10.0	1 182.73	0.24

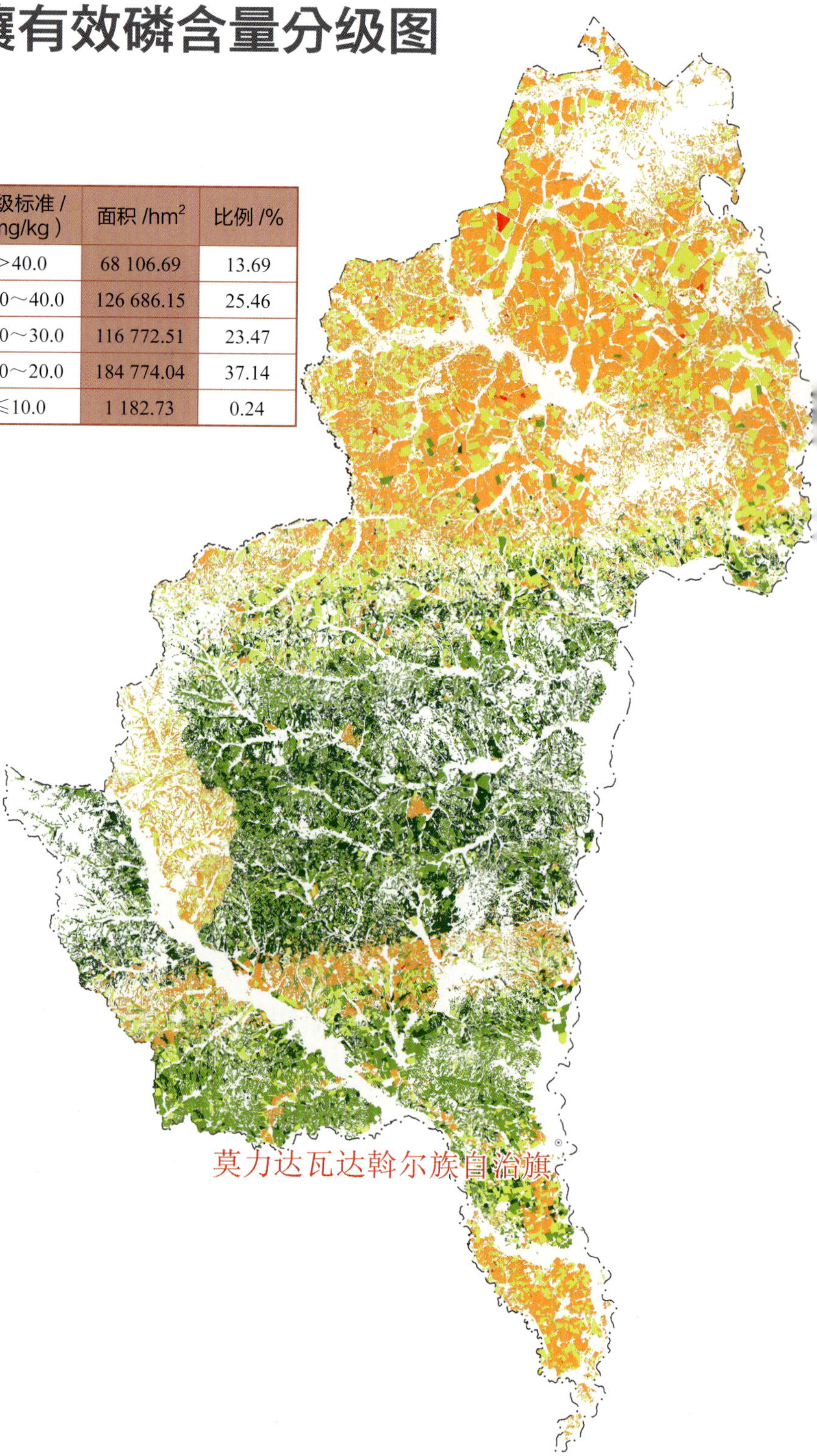

图　例

◎ 县级行政中心

莫力达瓦达斡尔族自治旗
耕地土壤速效钾含量分级图

图例	分级标准 /（mg/kg）	面积 /hm²	比例 /%
1 级（高）	＞200	397 638.45	79.92
2 级（较高）	150～200	85 120.71	17.11
3 级（中）	100～150	14 551.89	2.92
4 级（较低）	50～100	211.07	0.04
5 级（低）	≤50	—	—

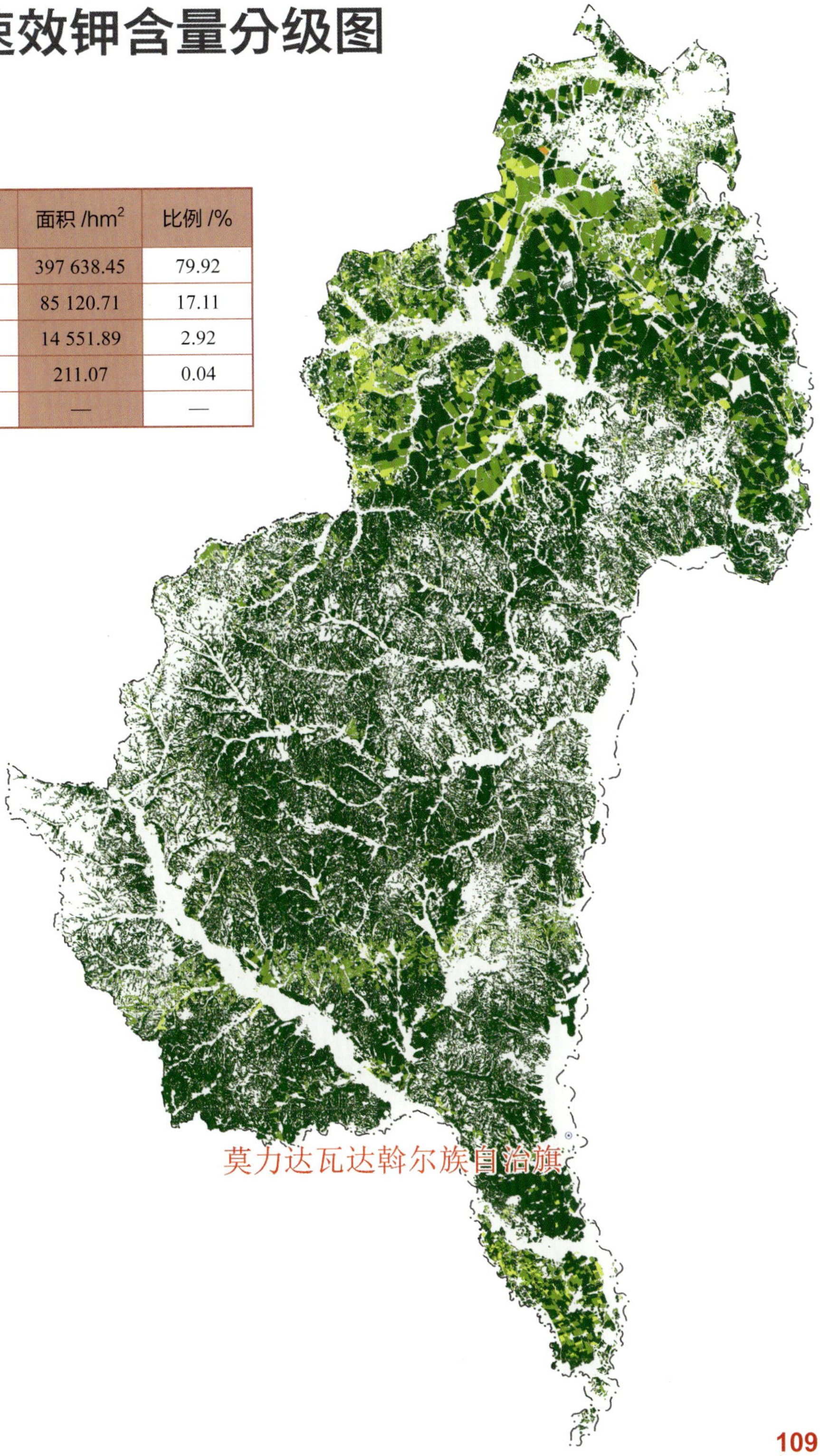

图　例

⊙ 县级行政中心

莫力达瓦达斡尔族自治旗
耕地土壤缓效钾含量分级图

图例	分级标准 /（mg/kg）	面积 /hm²	比例 /%
1 级（高）	＞1 000	95 936.11	19.28
2 级（较高）	800～1 000	248 175.56	49.88
3 级（中）	500～800	138 803.85	27.90
4 级（较低）	200～500	14 606.60	2.94
5 级（低）	≤200	—	—

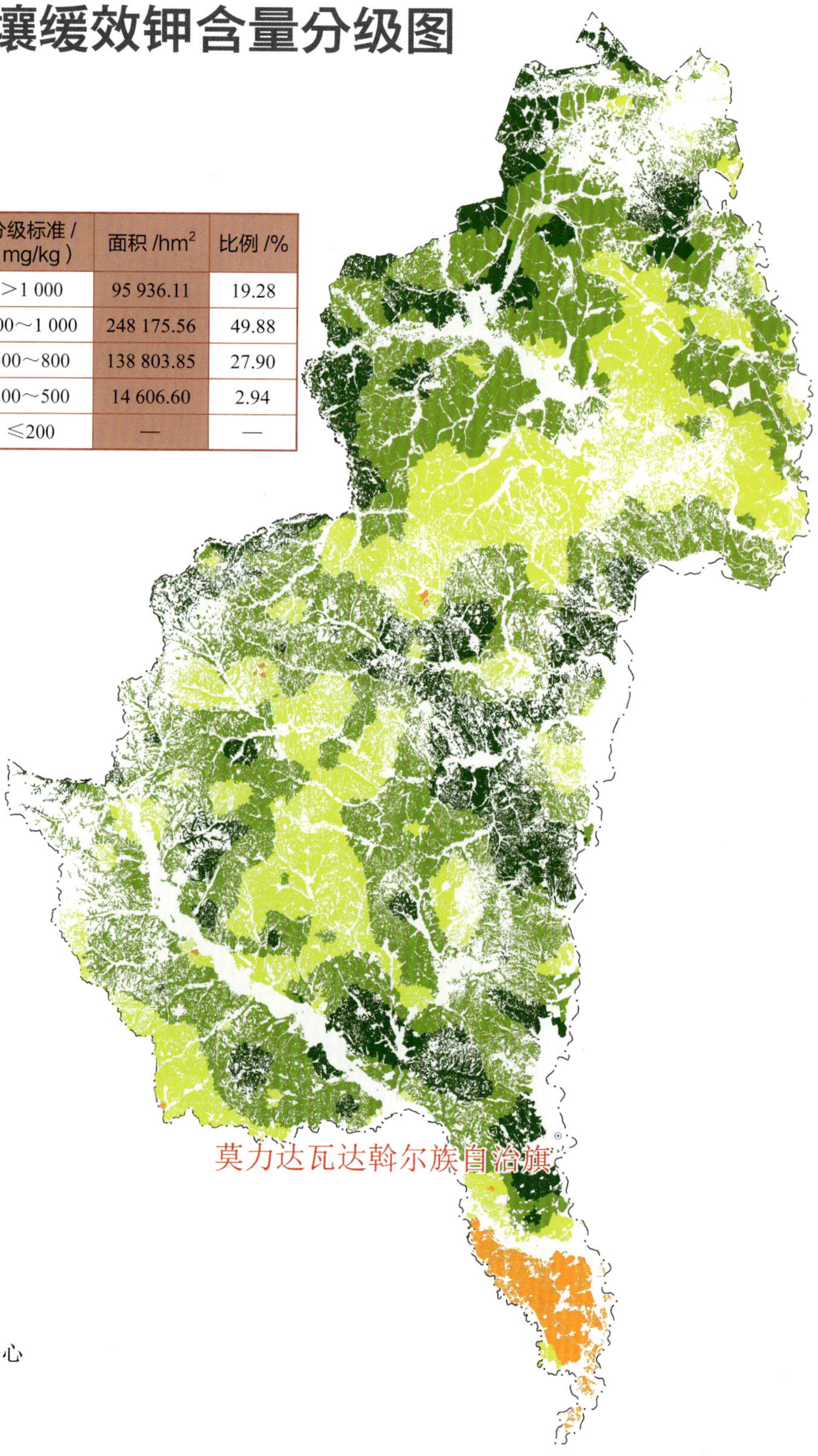

图　例

⊙ 县级行政中心

莫力达瓦达斡尔族自治旗
耕地土壤有效硫含量分级图

图例	分级标准 /（mg/kg）	面积 /hm^2	比例 /%
1 级（高）	＞40.0	147 725.65	29.69
2 级（较高）	30.0～40.0	130 767.24	26.28
3 级（中）	20.0～30.0	188 147.45	37.82
4 级（较低）	10.0～20.0	30 881.79	6.21
5 级（低）	≤10.0	—	—

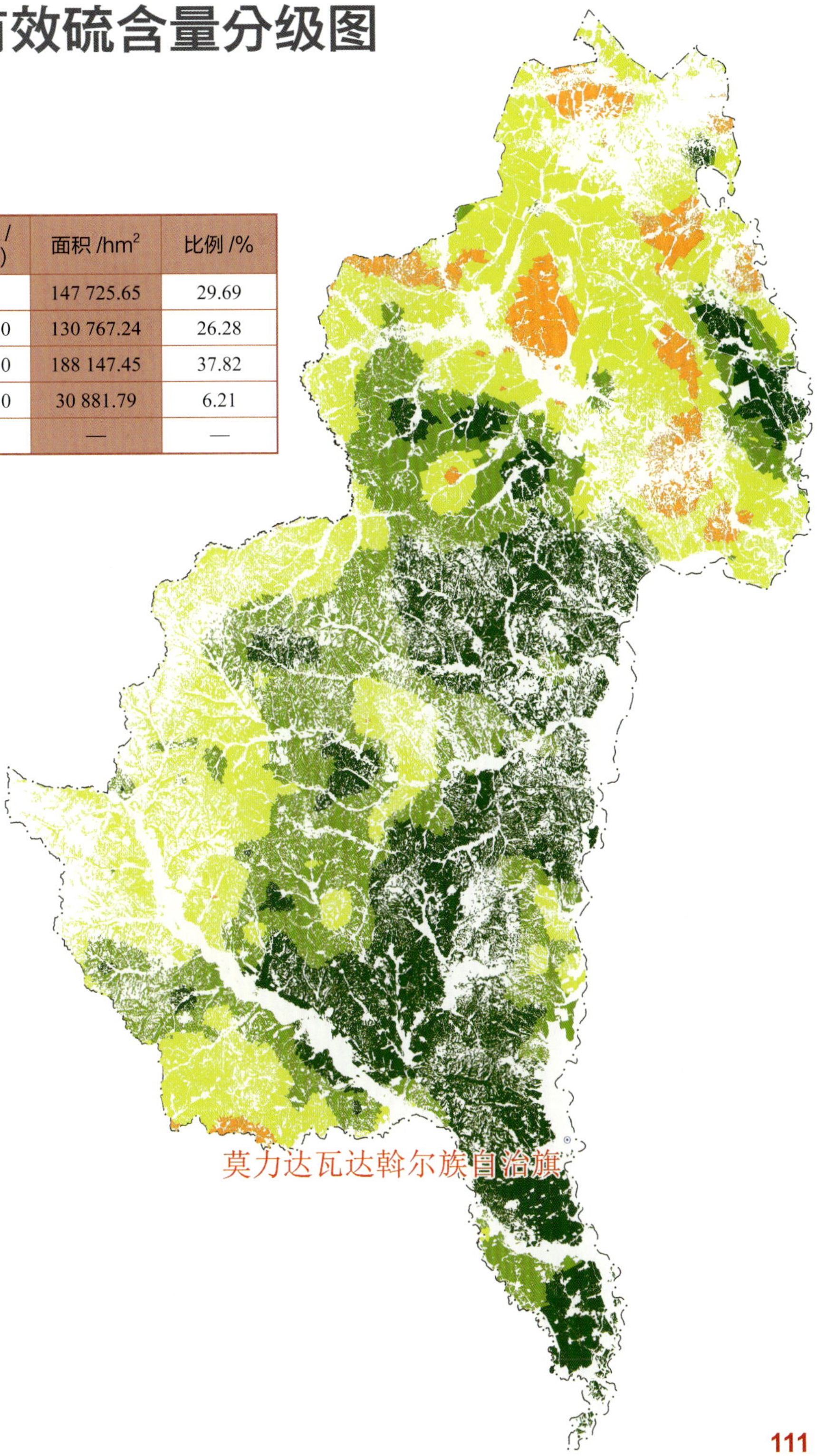

图　例

⊙ 县级行政中心

莫力达瓦达斡尔族自治旗耕地土壤有效硅含量分级图

图例	分级标准 /（mg/kg）	面积 /hm^2	比例 /%
1 级（高）	＞250	10 777.92	2.17
2 级（较高）	200～250	30 643.13	6.16
3 级（中）	100～200	371 510.63	74.67
4 级（较低）	50～100	84 590.44	17.00
5 级（低）	≤50	—	—

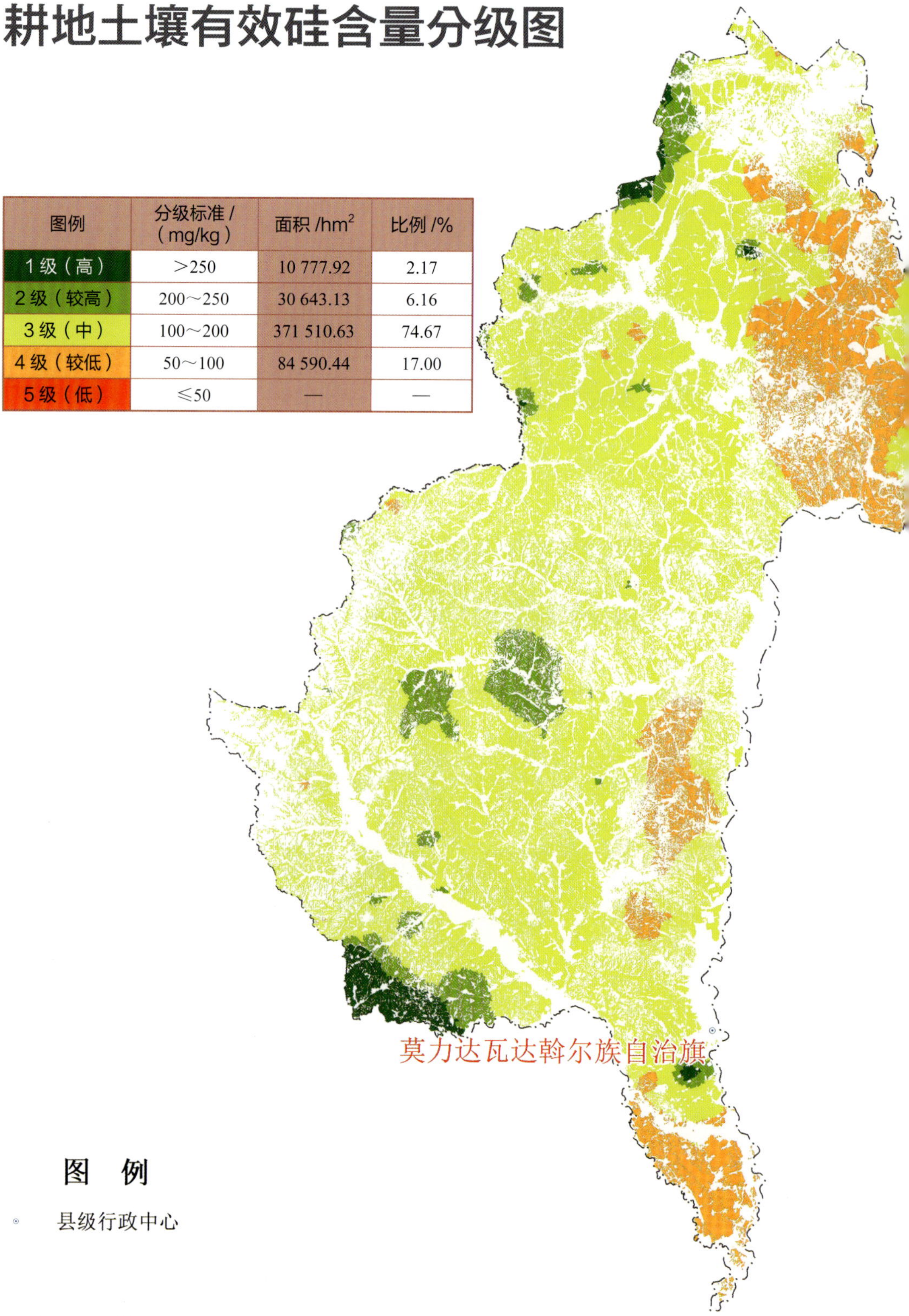

莫力达瓦达斡尔族自治旗
耕地土壤有效锰含量分级图

图例	分级标准 /（mg/kg）	面积 /hm²	比例 /%
1 级（高）	>20.0	166 056.64	33.38
2 级（较高）	10.0～20.0	315 708.35	63.46
3 级（中）	5.0～10.0	15 757.14	3.17
4 级（较低）	1.0～5.0	—	—
5 级（低）	≤1.0	—	—

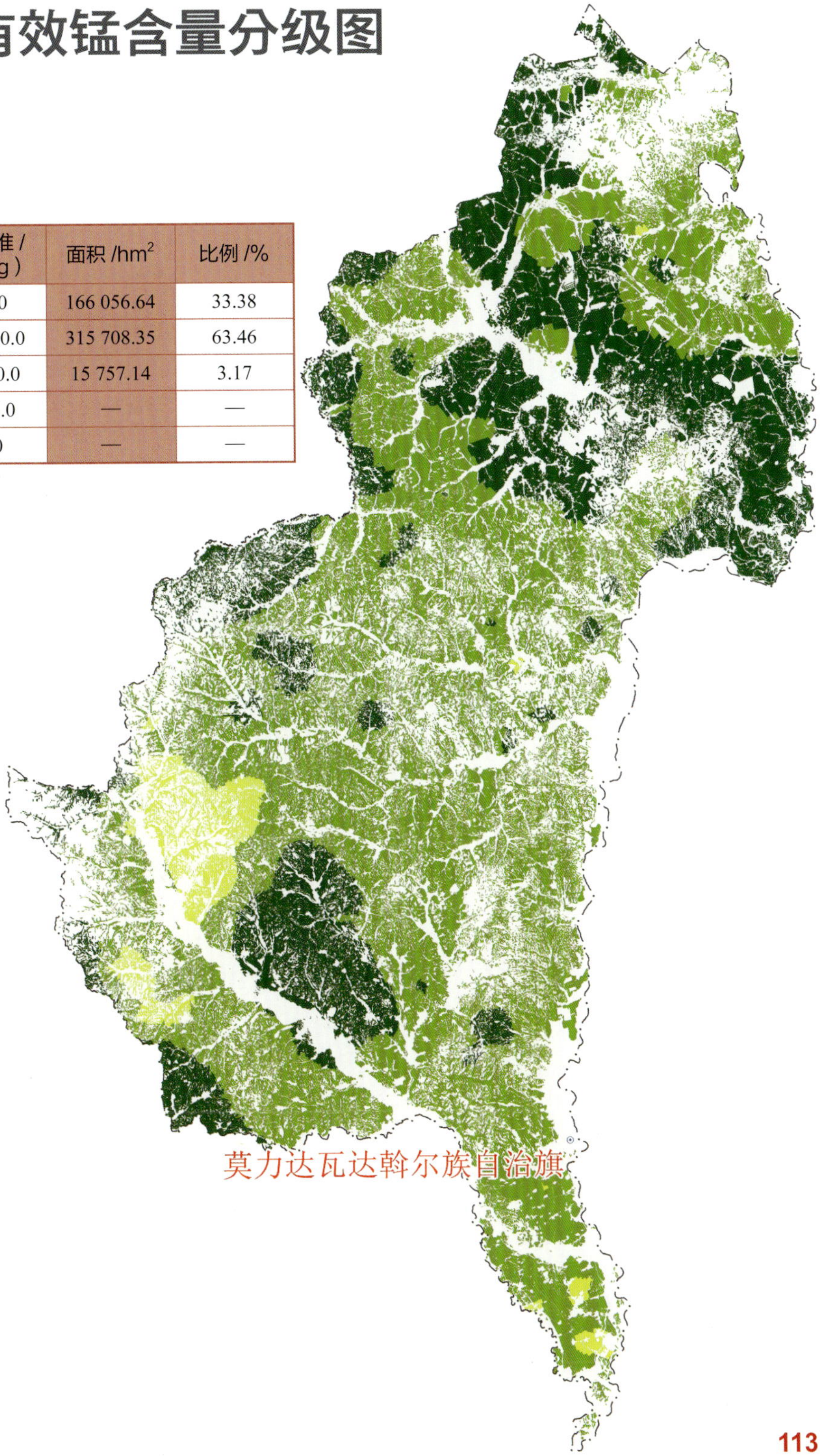

图　例

◎ 县级行政中心

莫力达瓦达斡尔族自治旗耕地土壤有效铜含量分级图

图例	分级标准 /（mg/kg）	面积 /hm²	比例 /%
1 级（高）	＞2.00	9 326.53	1.87
2 级（较高）	1.00～2.00	316 608.50	63.64
3 级（中）	0.50～1.00	170 848.71	34.34
4 级（较低）	0.20～0.50	738.39	0.15
5 级（低）	≤0.20	—	—

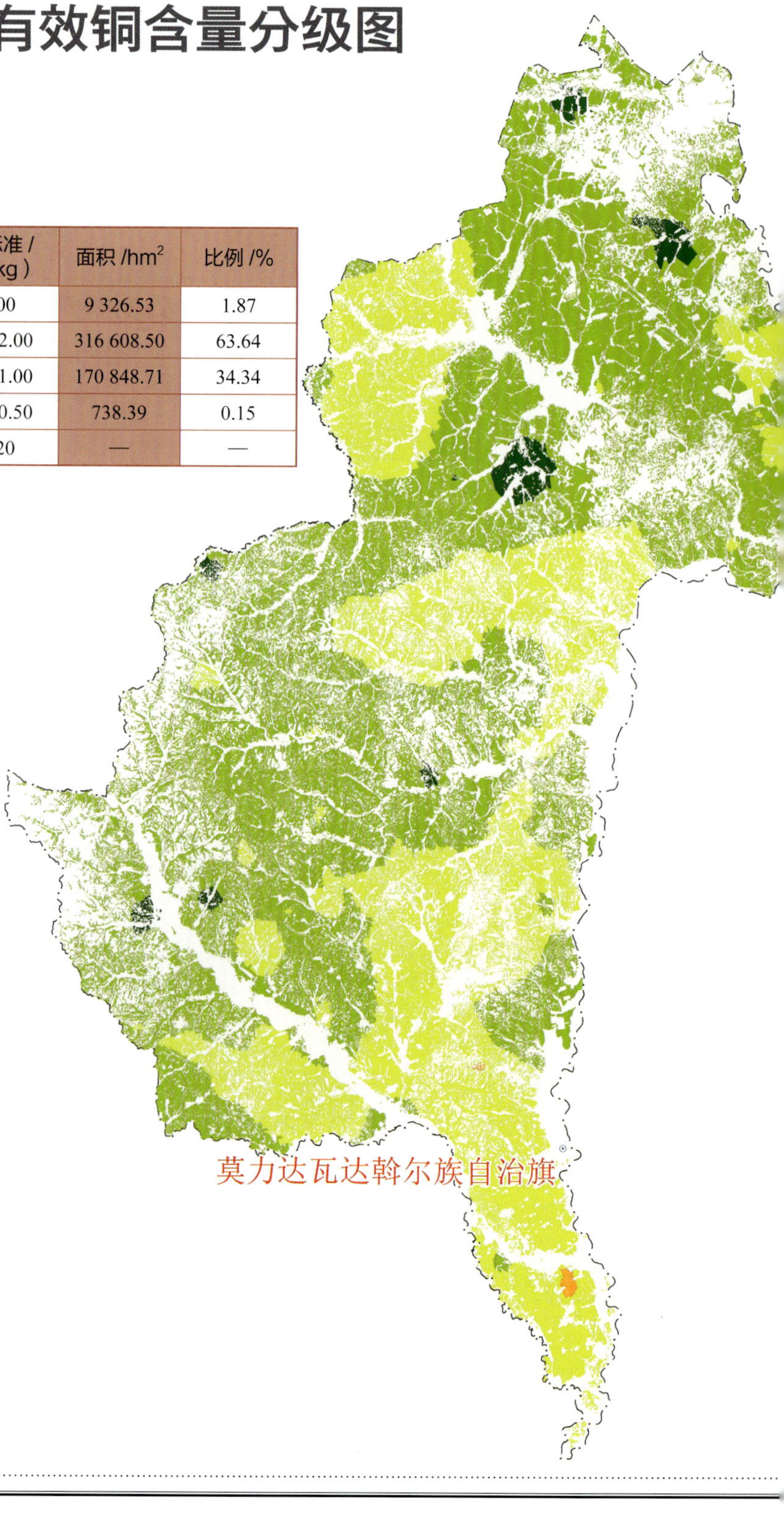

图　例

◎ 县级行政中心

莫力达瓦达斡尔族自治旗
耕地土壤有效锌含量分级图

图例	分级标准 /（mg/kg）	面积 /hm²	比例 /%
1 级（高）	＞2.00	10 031.26	2.02
2 级（较高）	1.50～2.00	49 912.64	10.03
3 级（中）	1.00～1.50	238 508.06	47.94
4 级（较低）	0.50～1.00	188 905.17	37.97
5 级（低）	≤0.50	10 164.98	2.04

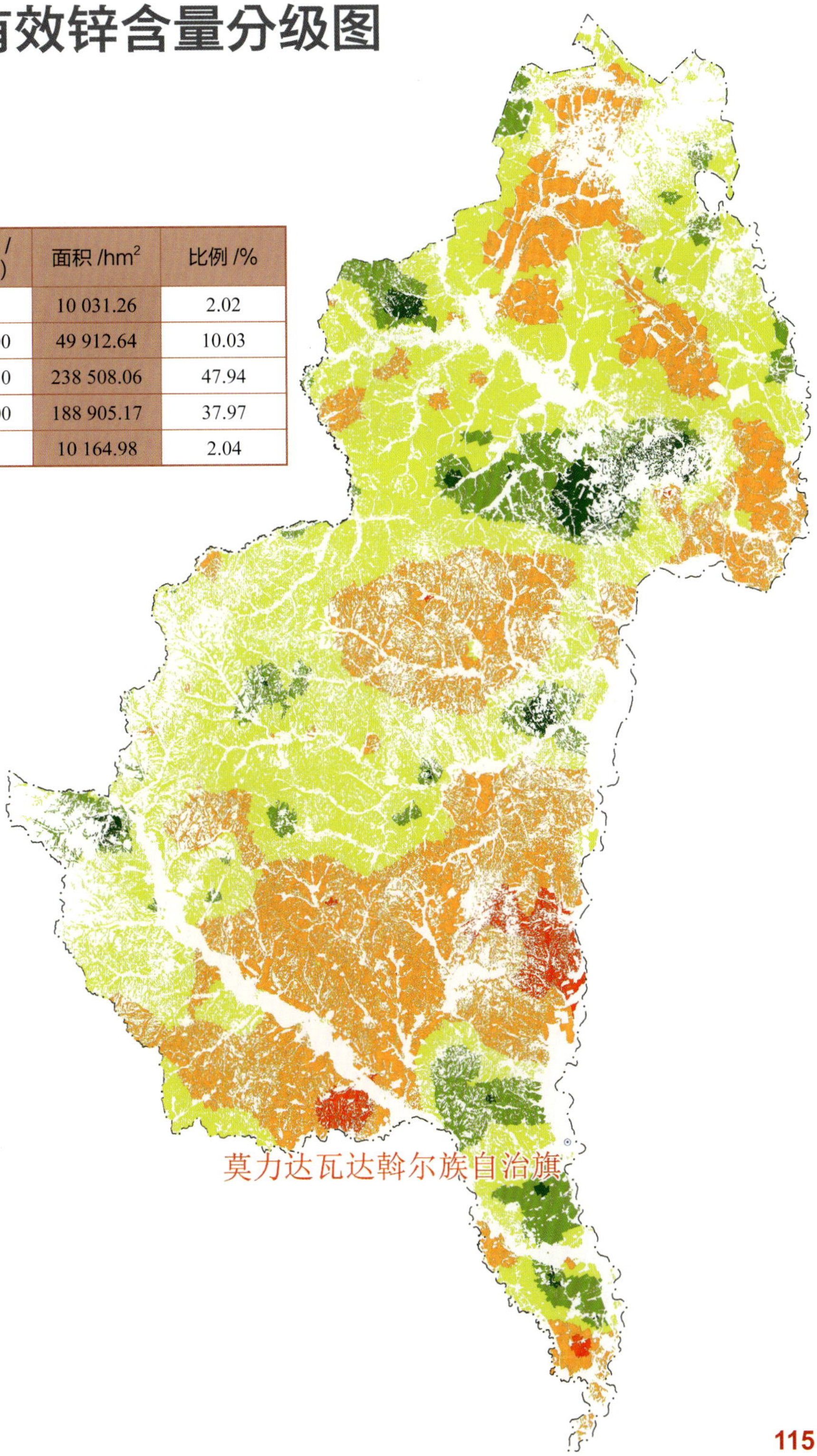

图 例

◎ 县级行政中心

莫力达瓦达斡尔族自治旗
耕地土壤有效硼含量分级图

图例	分级标准 /（mg/kg）	面积 /hm^2	比例 /%
1 级（高）	＞1.00	35 908.93	7.22
2 级（较高）	0.80～1.00	51 283.95	10.31
3 级（中）	0.50～0.80	219 913.97	44.20
4 级（较低）	0.20～0.50	185 646.90	37.31
5 级（低）	≤0.20	4 768.37	0.96

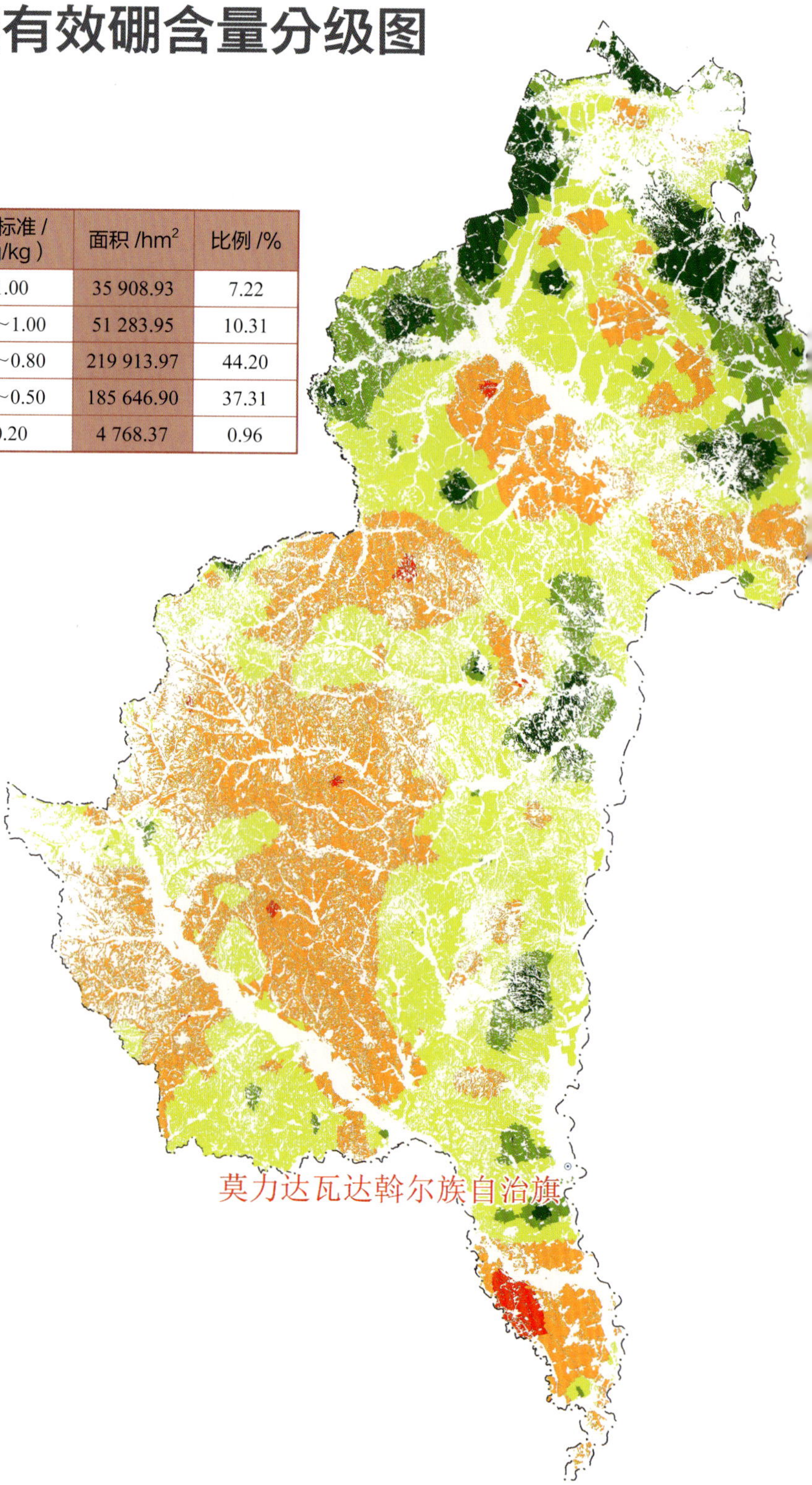

图　例

县级行政中心

莫力达瓦达斡尔族自治旗耕地土壤有效钼含量分级图

图例	分级标准 /（mg/kg）	面积 /hm²	比例 /%
1 级（高）	>0.20	250 806.72	50.41
2 级（较高）	0.15～0.20	143 235.90	28.79
3 级（中）	0.10～0.15	81 416.23	16.36
4 级（较低）	0.05～0.10	22 063.28	4.43
5 级（低）	≤0.05	—	—

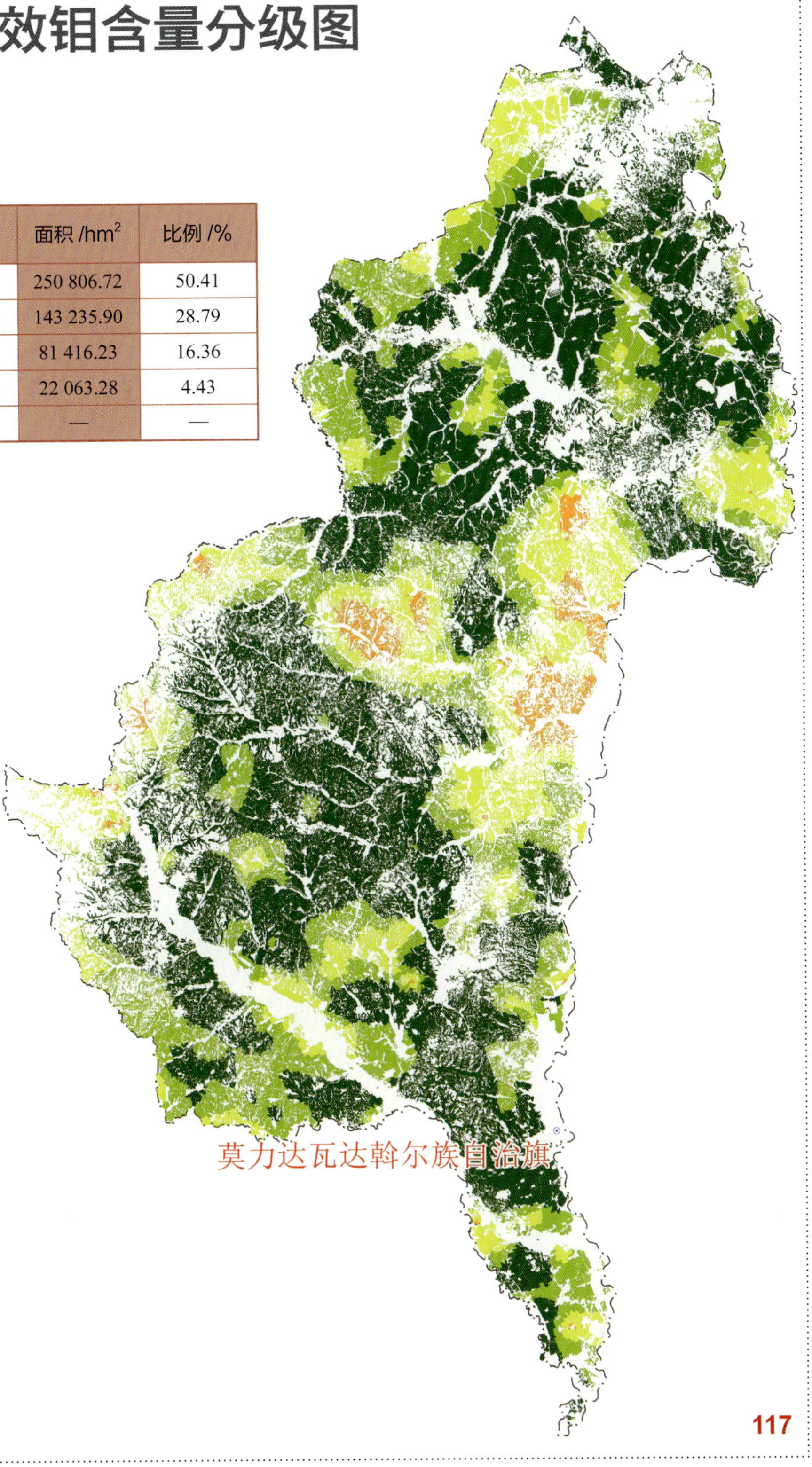

图　例

县级行政中心

莫力达瓦达斡尔族自治旗
耕地土壤酸碱度（pH）分级图

图例	分级标准	面积 /hm^2	比例 /%
1 级（高）	6.0～7.5	183 086.37	36.80
2 级（较高）	5.5～6.0	265 154.43	53.30
3 级（中）	7.5～8.0，5.0～5.5	48 425.09	9.73
4 级（较低）	8.0～8.5，4.5～5.0	—	—
5 级（低）	＞8.5，≤4.5	856.23	0.17

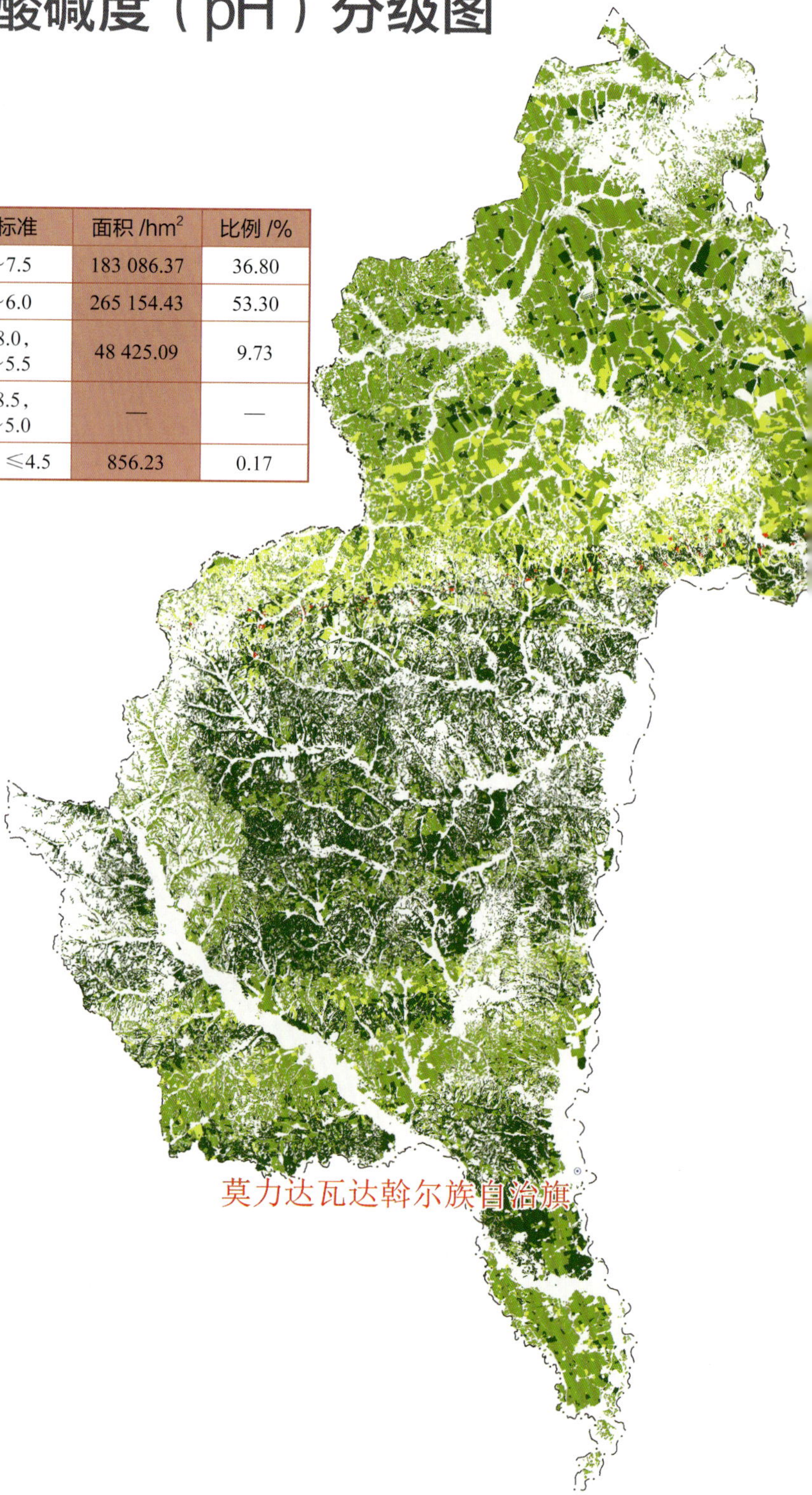

图　例

⊙ 县级行政中心

莫力达瓦达斡尔族自治旗耕地土壤容重分级图

图例	分级标准 /（g/cm^3）	面积 /hm^2	比例 /%
1 级（高）	1.10～1.30	483 185.89	97.12
2 级（较高）	1.30～1.40	11 815.38	2.37
3 级（中）	1.40～1.50，1.00～1.10	2 383.10	0.48
4 级（较低）	1.50～1.60，0.90～1.00	137.75	0.03
5 级（低）	>1.60，≤0.90	—	—

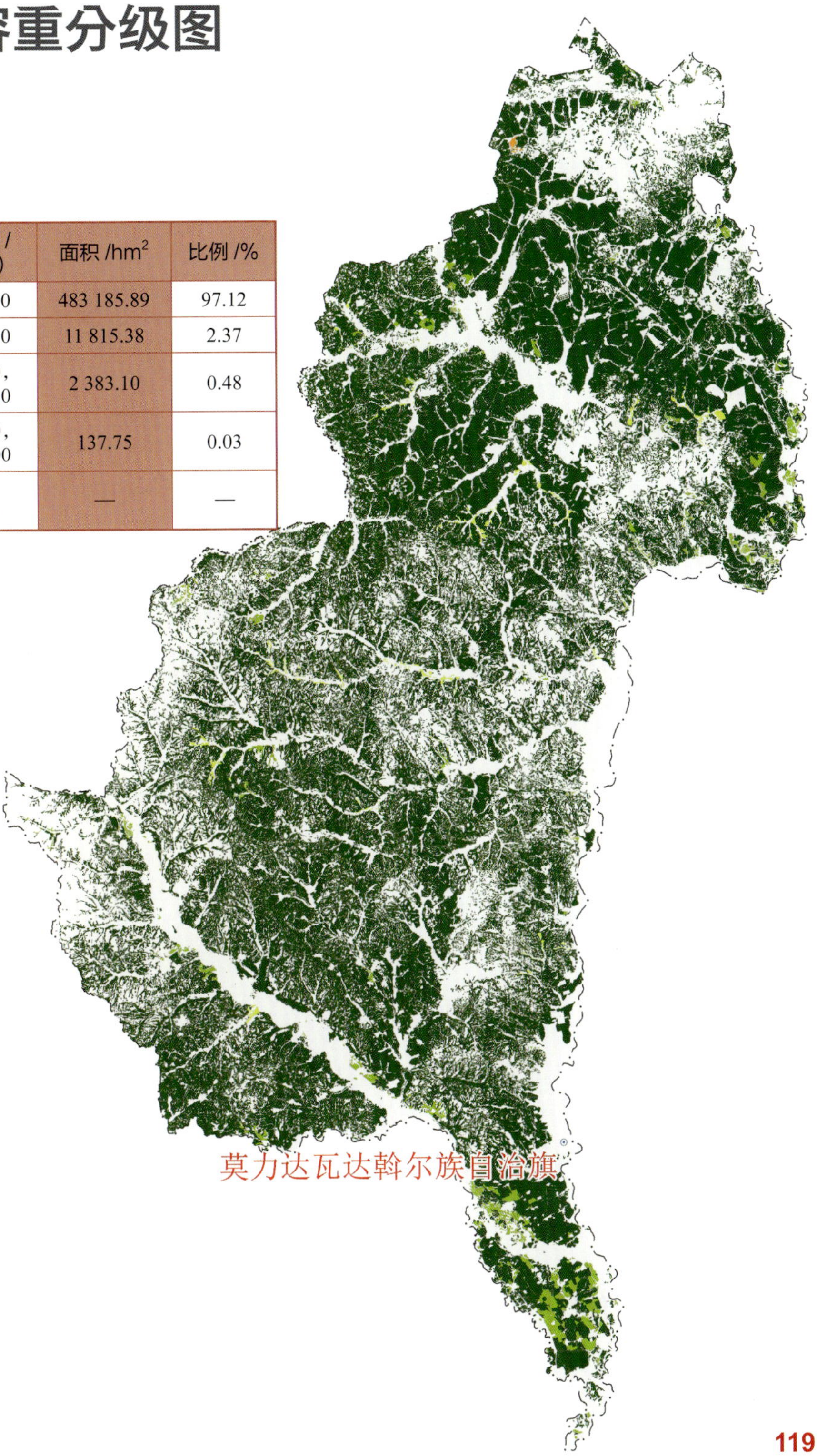

图　例

◎ 县级行政中心

莫力达瓦达斡尔族自治旗
耕地耕层厚度分级图

图例	分级标准 /cm	面积 /hm²	比例 /%
1 级（高）	＞30.0	69.83	0.01
2 级（较高）	25.0～30.0	2 783.38	0.56
3 级（中）	20.0～25.0	—	—
4 级（较低）	15.0～20.0	494 668.91	99.43
5 级（低）	≤15.0	—	—

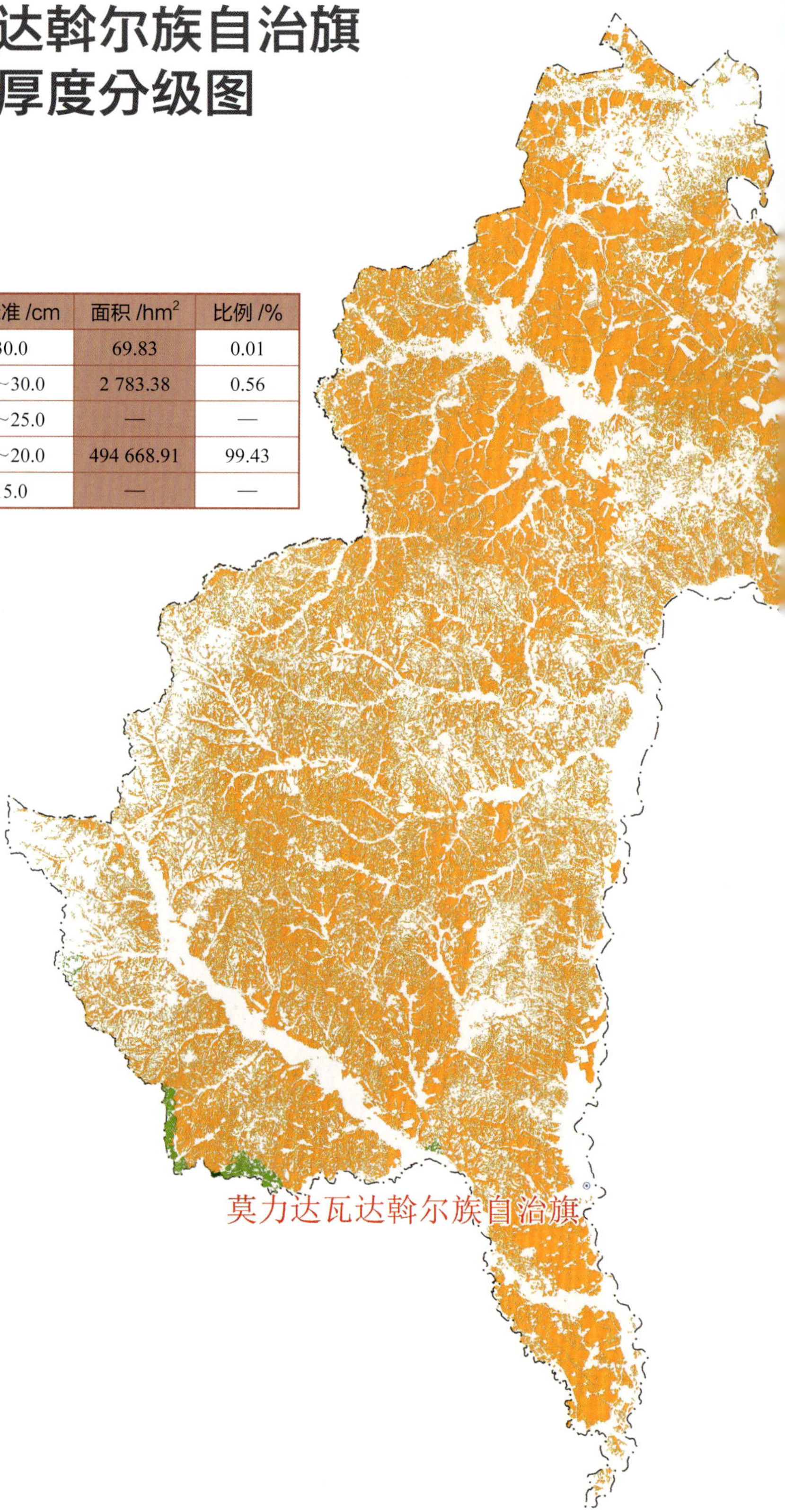

图　例

⊙ 县级行政中心

莫力达瓦达斡尔族自治旗耕地田面坡度分级图

图例	面积 /hm²	比例 /%
≤2°	24 588.37	4.94
2°～6°	359 343.63	72.23
6°～10°	102 281.34	20.56
10°～15°	9 917.03	1.99
＞15°	1 391.74	0.28

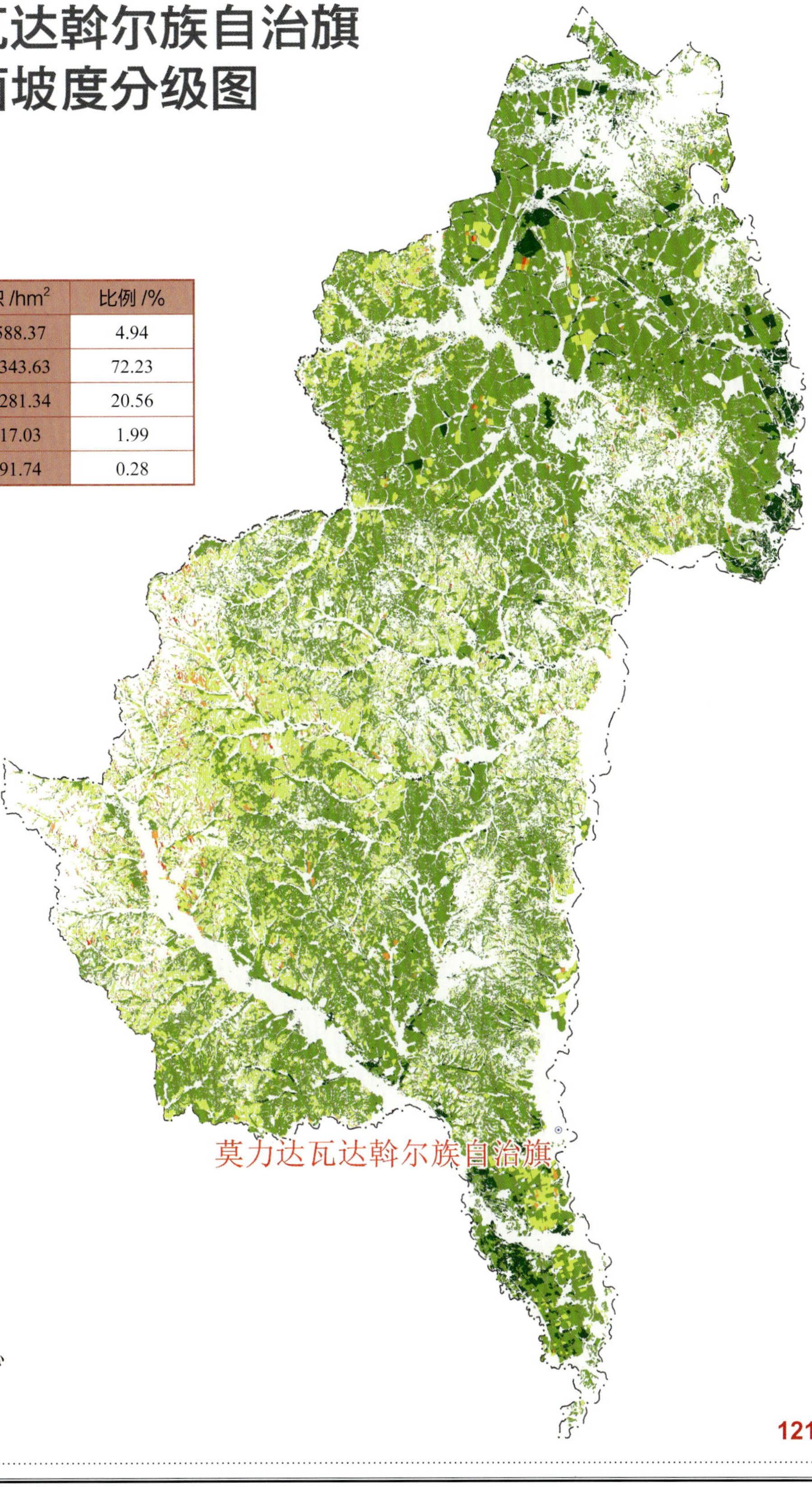

图　例

⊙ 县级行政中心

鄂伦春自治旗耕地土壤类型图

图例	面积 /hm²	比例 /%
暗棕壤	140 339.62	50.90
草甸土	31 779.50	11.53
粗骨土	46.94	0.02
黑土	66 158.52	24.00
石质土	65.13	0.02
沼泽土	37 291.61	13.53
棕色针叶林土	8.53	0.003

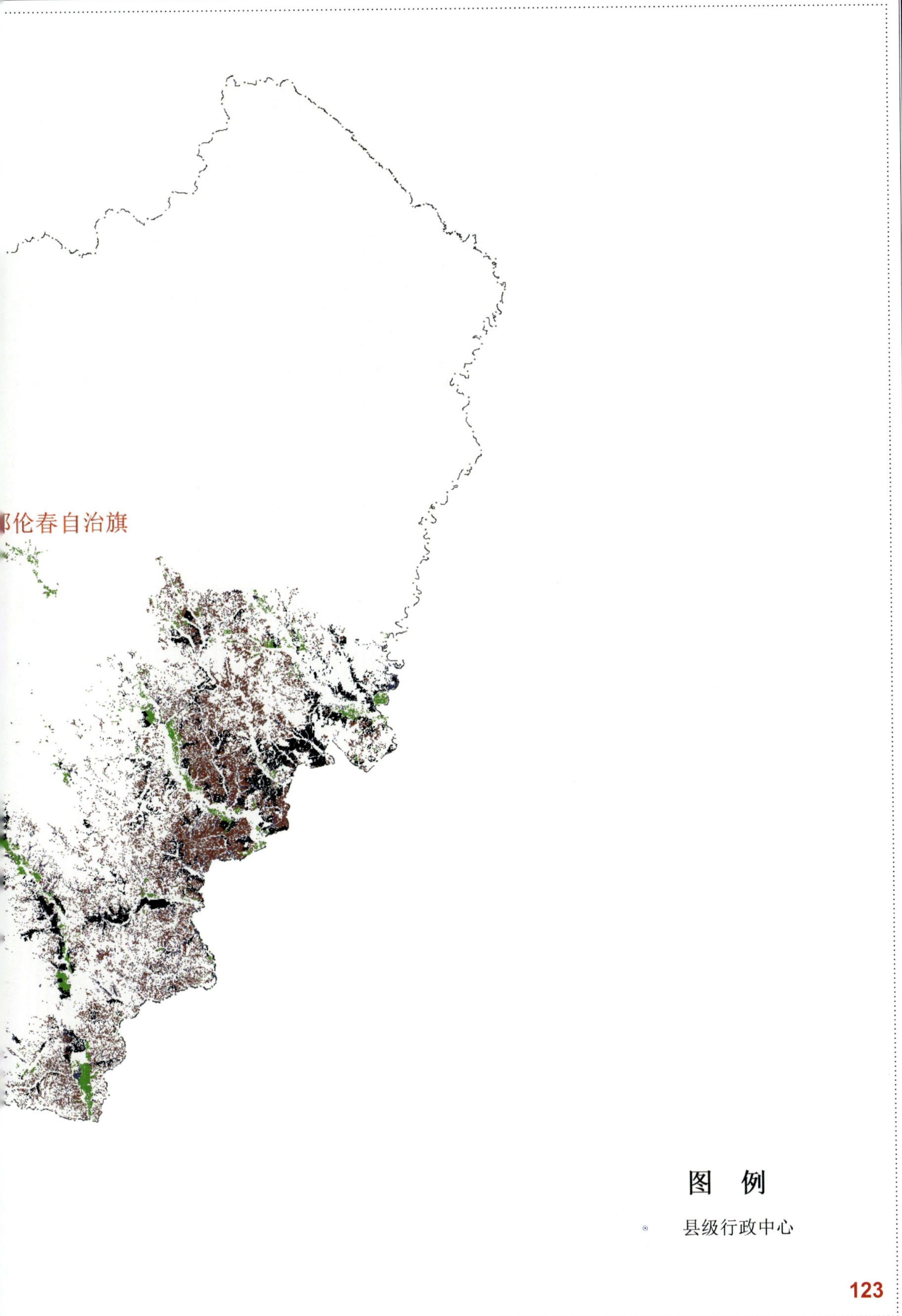
伦春自治旗
图 例
县级行政中心

鄂伦春自治旗耕地质量等级图

图例	面积 /hm²	比例 /%
一等	812.32	0.29
二等	27 645.22	10.03
三等	84 614.13	30.69
四等	71 126.71	25.80
五等	45 750.32	16.59
六等	37 731.30	13.69
七等	7 945.56	2.88
八等	64.27	0.02
九等	—	—
十等	—	—

图　例

县级行政中心

鄂伦春自治旗
耕地土壤有机质含量分级图

图例	分级标准 /（g/kg）	面积 /hm^2	比例 /%
1 级（高）	＞40.0	272 490.45	98.84
2 级（较高）	30.0～40.0	2 830.20	1.03
3 级（中）	20.0～30.0	369.20	0.13
4 级（较低）	10.0～20.0	—	—
5 级（低）	≤10.0	—	—

图　例

⊙ 县级行政中心

鄂伦春自治旗
耕地土壤全氮含量分级图

图例	分级标准 /（g/kg）	面积 /hm^2	比例 /%
1 级（高）	＞2.50	204 236.19	74.08
2 级（较高）	1.50～2.50	71 074.58	25.78
3 级（中）	1.00～1.50	379.07	0.14
4 级（较低）	0.50～1.00	—	—
5 级（低）	≤0.50	—	—

图 例

◎ 县级行政中心

鄂伦春自治旗
耕地土壤有效磷含量分级图

图例	分级标准 /（mg/kg）	面积 /hm²	比例 /%
1 级（高）	＞40.0	77 650.45	28.17
2 级（较高）	30.0～40.0	33 119.56	12.01
3 级（中）	20.0～30.0	40 277.00	14.61
4 级（较低）	10.0～20.0	118 173.54	42.86
5 级（低）	≤10.0	6 469.29	2.35

图　例

县级行政中心

鄂伦春自治旗
耕地土壤速效钾含量分级图

图例	分级标准 /（mg/kg）	面积 /hm²	比例 /%
1 级（高）	＞200	149 940.82	54.39
2 级（较高）	150～200	120 684.78	43.78
3 级（中）	100～150	5 064.24	1.84
4 级（较低）	50～100	—	—
5 级（低）	≤50	—	—

阝伦春自治旗
图 例
县级行政中心

鄂伦春自治旗
耕地土壤缓效钾含量分级图

图例	分级标准 /（mg/kg）	面积 /hm^2	比例 /%
1 级（高）	＞1 000	263 373.25	95.53
2 级（较高）	800～1 000	7 402.14	2.68
3 级（中）	500～800	4 901.88	1.78
4 级（较低）	200～500	12.57	0.005
5 级（低）	≤200	—	—

图 例

⊙ 县级行政中心

鄂伦春自治旗
耕地土壤有效硫含量分级图

图例	分级标准 /（mg/kg）	面积 /hm^2	比例 /%
1 级（高）	＞40.0	—	—
2 级（较高）	30.0～40.0	8 247.18	2.99
3 级（中）	20.0～30.0	221 996.02	80.52
4 级（较低）	10.0～20.0	45 036.47	16.34
5 级（低）	≤10.0	410.18	0.15

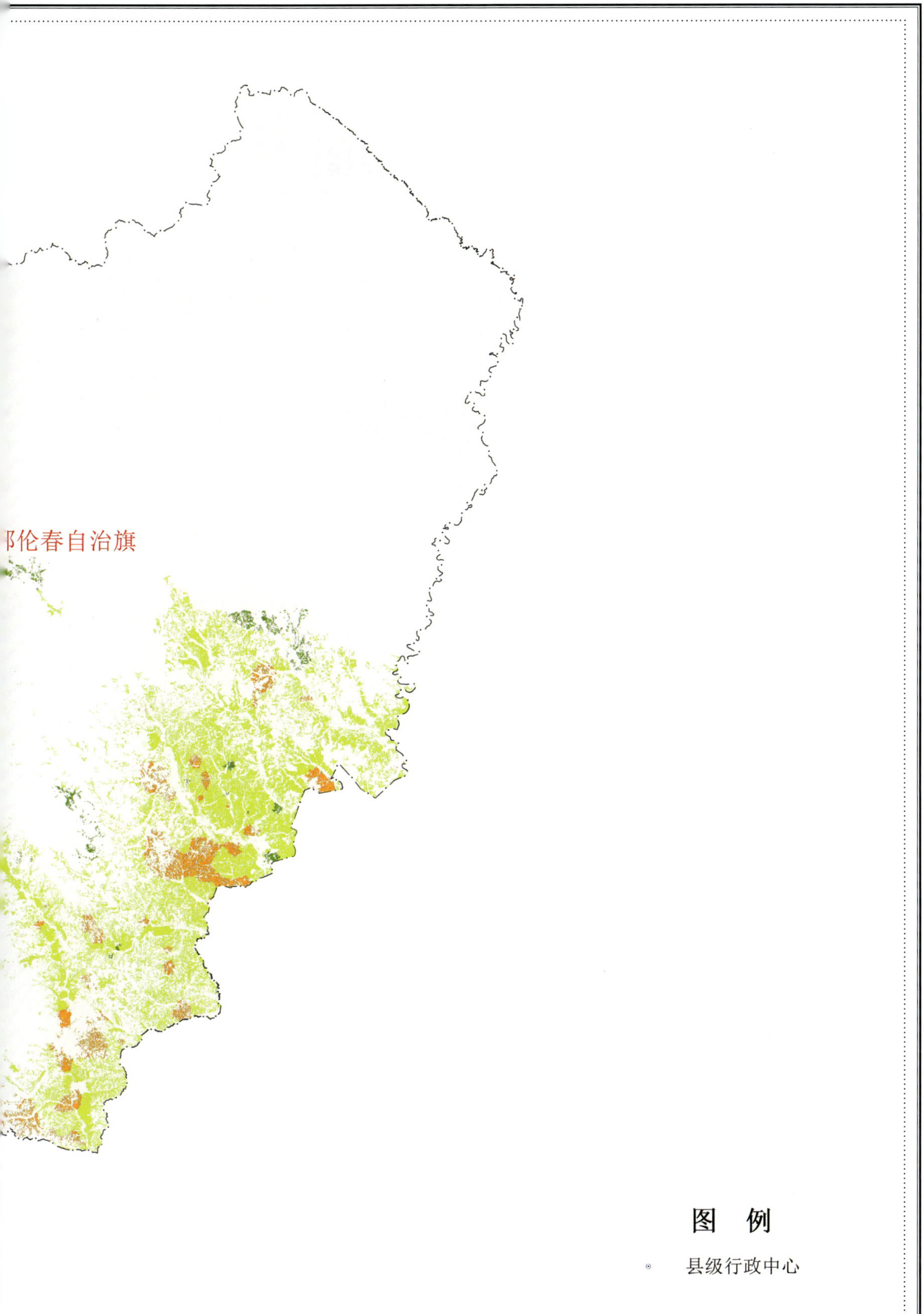
伦春自治旗
图 例
县级行政中心

鄂伦春自治旗
耕地土壤有效硅含量分级图

图例	分级标准 /（mg/kg）	面积 /hm²	比例 /%
1 级（高）	＞250	80 677.58	29.26
2 级（较高）	200～250	79 193.28	28.73
3 级（中）	100～200	113 991.00	41.35
4 级（较低）	50～100	1 827.97	0.66
5 级（低）	≤50	—	—

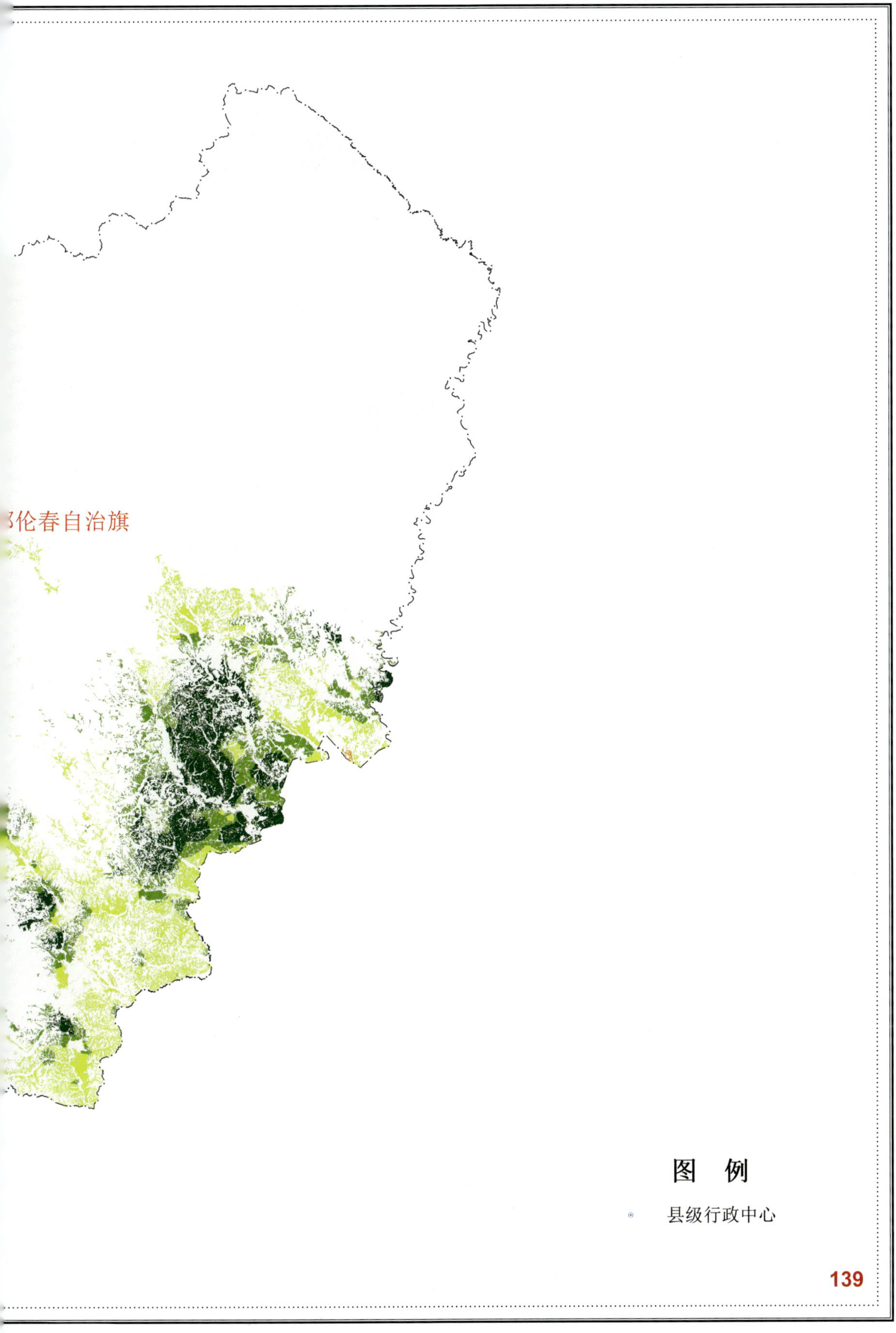

伦春自治旗
图 例
县级行政中心

鄂伦春自治旗
耕地土壤有效锰含量分级图

图例	分级标准 /（mg/kg）	面积 /hm^2	比例 /%
1 级（高）	＞20.0	268 579.27	97.42
2 级（较高）	10.0～20.0	6 430.41	2.33
3 级（中）	5.0～10.0	377.94	0.14
4 级（较低）	1.0～5.0	302.23	0.11
5 级（低）	≤1.0	—	—

图 例

◎ 县级行政中心

鄂伦春自治旗
耕地土壤有效铜含量分级图

图例	分级标准 /（mg/kg）	面积 /hm²	比例 /%
1 级（高）	＞2.00	5 035.14	1.83
2 级（较高）	1.00～2.00	244 509.83	88.69
3 级（中）	0.50～1.00	25 539.69	9.26
4 级（较低）	0.20～0.50	605.18	0.22
5 级（低）	≤0.20	—	—

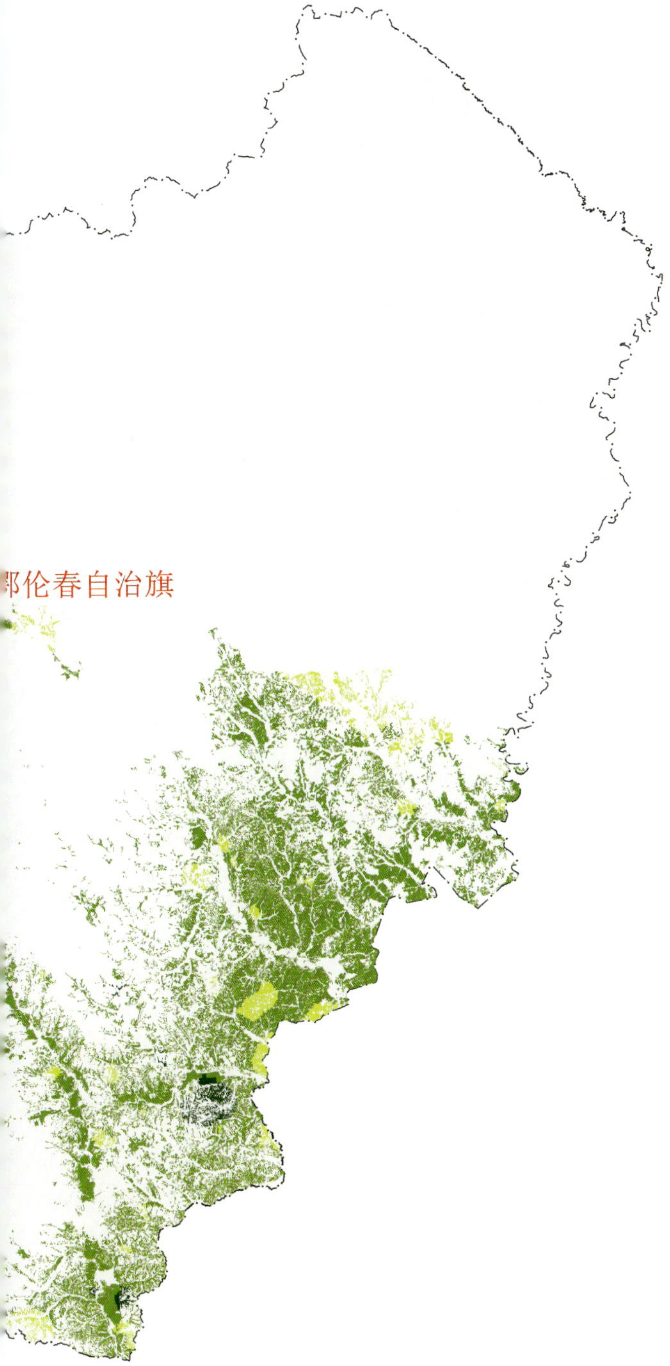

图　例

◦ 县级行政中心

鄂伦春自治旗
耕地土壤有效锌含量分级图

图例	分级标准 /（mg/kg）	面积 /hm^2	比例 /%
1 级（高）	＞2.00	29 810.90	10.81
2 级（较高）	1.50～2.00	95 644.50	34.69
3 级（中）	1.00～1.50	136 298.59	49.44
4 级（较低）	0.50～1.00	13 935.85	5.05
5 级（低）	≤0.50	—	—

图 例

县级行政中心

鄂伦春自治旗
耕地土壤有效硼含量分级图

图例	分级标准 /（mg/kg）	面积 /hm^2	比例 /%
1 级（高）	＞1.00	120 447.89	43.69
2 级（较高）	0.80～1.00	81 470.33	29.55
3 级（中）	0.50～0.80	69 523.80	25.22
4 级（较低）	0.20～0.50	4 247.82	1.54
5 级（低）	≤0.20	—	—

图 例

⊙ 县级行政中心

鄂伦春自治旗
耕地土壤有效钼含量分级图

图例	分级标准 /（mg/kg）	面积 /hm²	比例 /%
1 级（高）	>0.20	6 655.93	2.41
2 级（较高）	0.15～0.20	39 729.62	14.41
3 级（中）	0.10～0.15	214 694.36	77.88
4 级（较低）	0.05～0.10	14 609.93	5.30
5 级（低）	≤0.05	—	—

图 例

县级行政中心

鄂伦春自治旗
耕地土壤酸碱度（pH）分级图

图例	分级标准	面积 /hm²	比例 /%
1 级（高）	6.0～7.5	107 132.00	38.86
2 级（较高）	5.5～6.0	107 141.67	38.86
3 级（中）	7.5～8.0，5.0～5.5	60 412.54	21.91
4 级（较低）	8.0～8.5，4.5～5.0	1 003.64	0.36
5 级（低）	＞8.5，≤4.5	—	—

图 例

县级行政中心

鄂伦春自治旗耕地土壤容重分级图

图例	分级标准 /（g/cm^3）	面积 /hm^2	比例 /%
1 级（高）	1.10～1.30	191 191.94	69.35
2 级（较高）	1.30～1.40	77 099.42	27.97
3 级（中）	1.40～1.50，1.00～1.10	7 314.38	2.65
4 级（较低）	1.50～1.60，0.90～1.00	84.10	0.03
5 级（低）	＞1.60，≤0.90	—	—

图　例

县级行政中心

鄂伦春自治旗耕地耕层厚度分级图

图例	分级标准 /cm	面积 /hm^2	比例 /%
1 级（高）	＞30.0	—	—
2 级（较高）	25.0～30.0	5 441.30	1.97
3 级（中）	20.0～25.0	371.31	0.13
4 级（较低）	15.0～20.0	269 877.24	97.89
5 级（低）	≤15.0	—	—

图 例

⊙ 县级行政中心

额尔古纳市耕地土壤类型图

图例	面积 /hm^2	比例 /%
草甸土	7 861.44	4.25
粗骨土	2 809.48	1.52
黑钙土	169 689.70	91.74
灰色森林土	1 777.45	0.96
沼泽土	1 111.60	0.60
棕色针叶林土	1 721.60	0.93

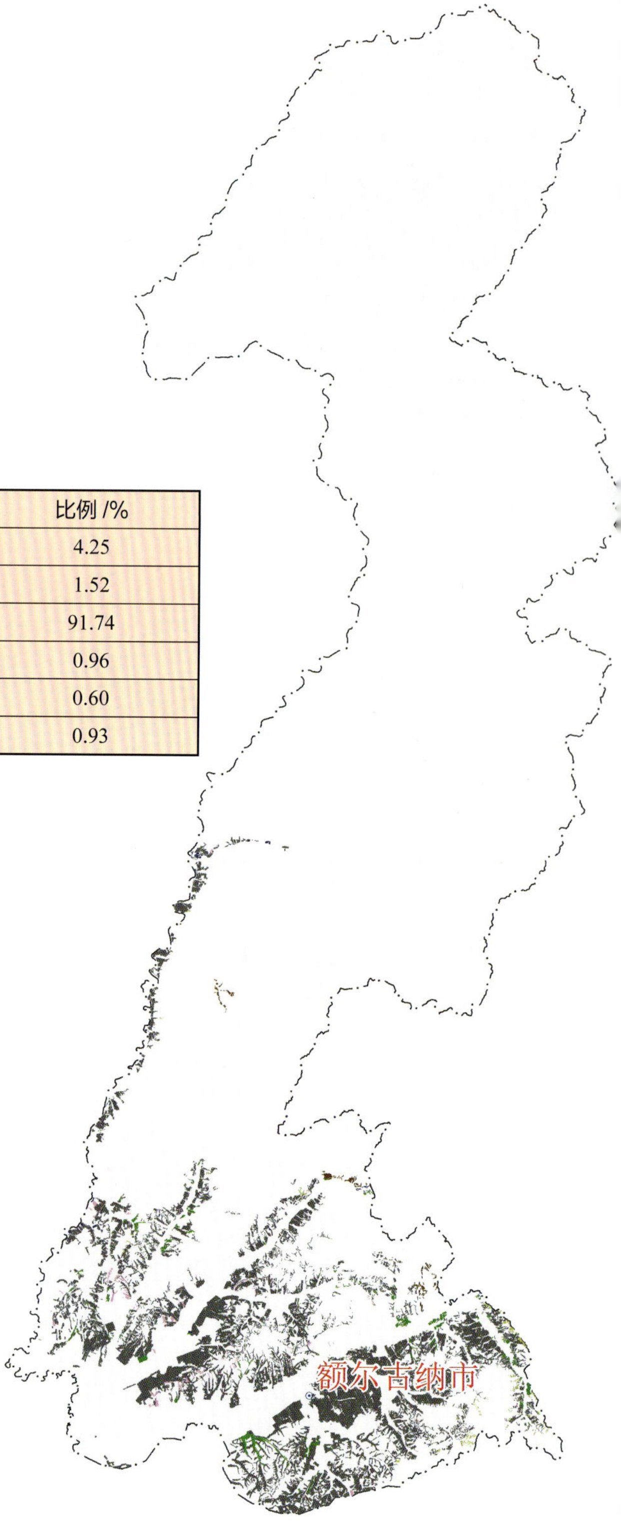

图　例

⊙ 县级行政中心

额尔古纳市耕地质量等级图

图例	面积 /hm²	比例 /%
一等	22 875.00	12.37
二等	40 301.95	21.79
三等	113 773.23	61.51
四等	4 552.19	2.46
五等	2 960.33	1.60
六等	508.58	0.27
七等	—	—
八等	—	—
九等	—	—
十等	—	—

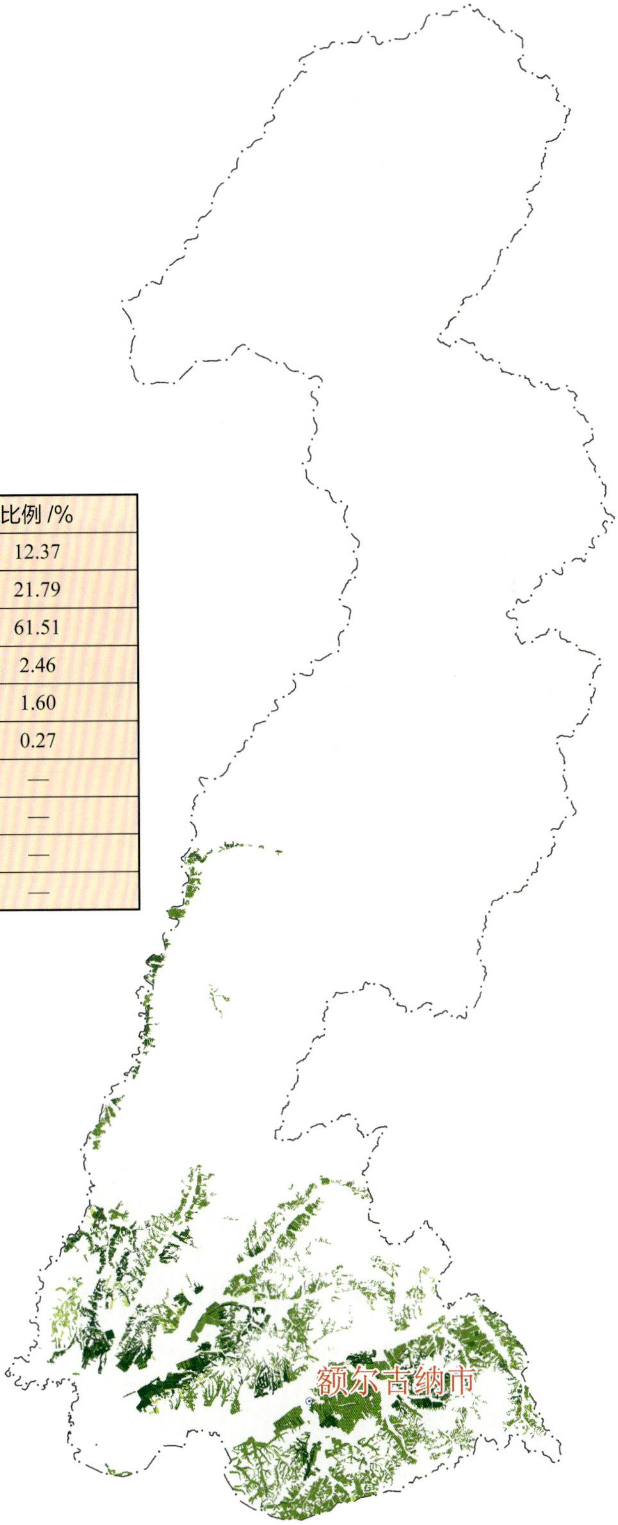

图　例

◎ 县级行政中心

额尔古纳市耕地
土壤有机质含量分级图

图例	分级标准 /（g/kg）	面积 /hm^2	比例 /%
1 级（高）	＞40.0	184 971.28	100.00
2 级（较高）	30.0～40.0	—	—
3 级（中）	20.0～30.0	—	—
4 级（较低）	10.0～20.0	—	—
5 级（低）	≤10.0	—	—

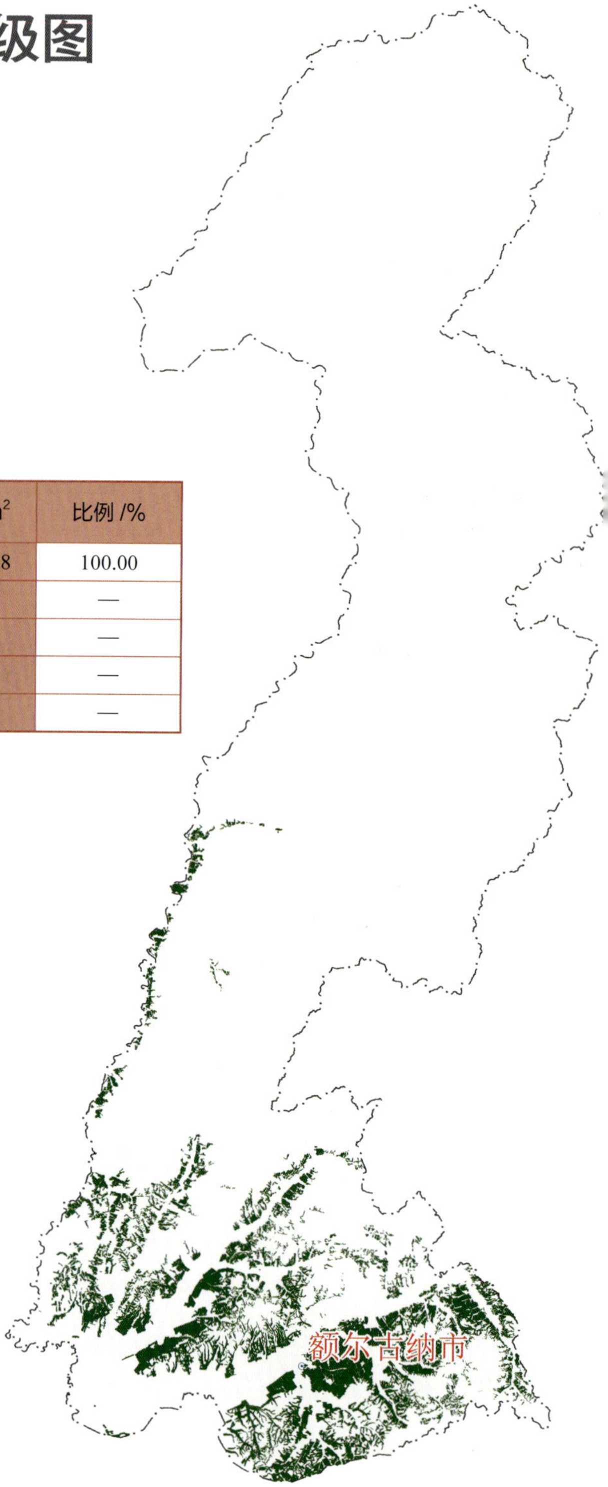

图　例

◎ 县级行政中心

额尔古纳市耕地土壤全氮含量分级图

图例	分级标准 /（g/kg）	面积 /hm²	比例 /%
1 级（高）	＞2.50	177 508.45	95.97
2 级（较高）	1.50～2.50	7 462.82	4.03
3 级（中）	1.00～1.50	—	—
4 级（较低）	0.50～1.00	—	—
5 级（低）	≤0.50	—	—

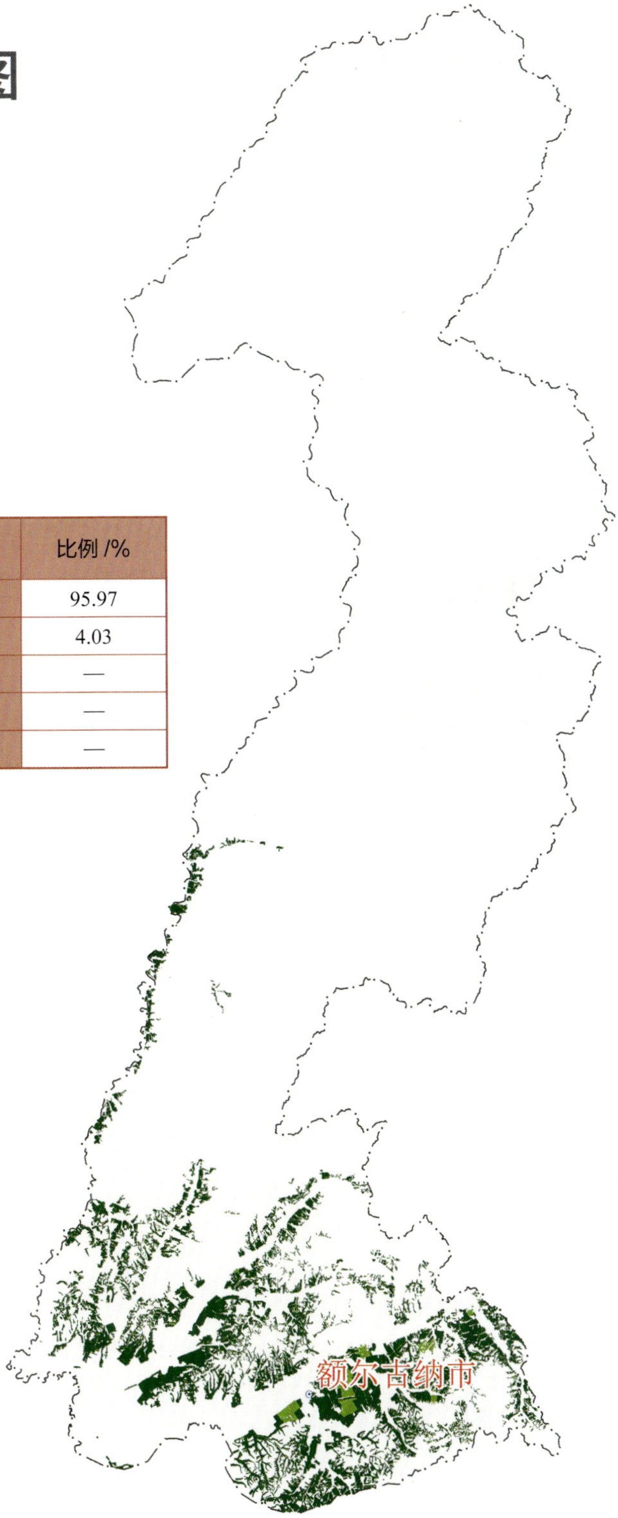

图　例

⊙ 县级行政中心

额尔古纳市耕地土壤速效钾含量分级图

图例	分级标准 /（mg/kg）	面积 /hm^2	比例 /%
1 级（高）	＞200	171 933.00	92.95
2 级（较高）	150～200	12 391.98	6.70
3 级（中）	100～150	468.12	0.25
4 级（较低）	50～100	178.18	0.10
5 级（低）	≤50	—	—

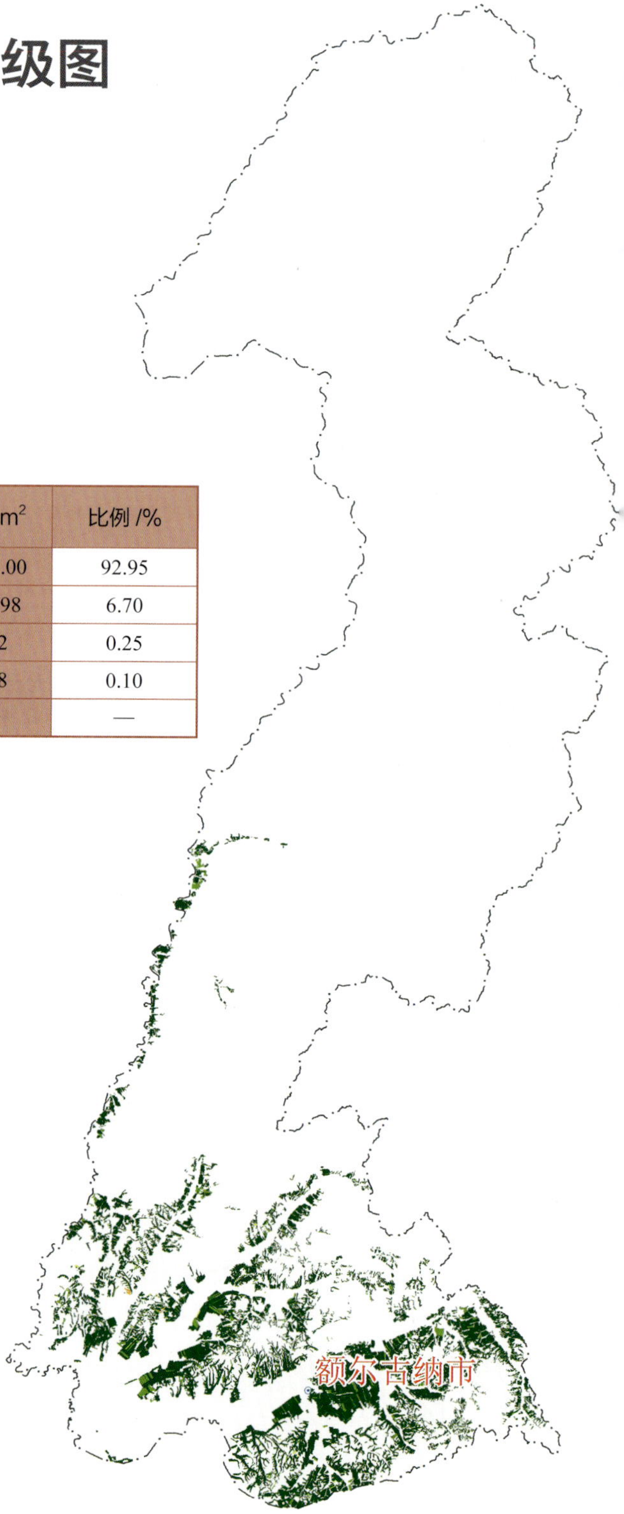

图　例

◎ 县级行政中心

额尔古纳市耕地
土壤缓效钾含量分级图

图例	分级标准 /（mg/kg）	面积 /hm²	比例 /%
1 级（高）	＞1 000	162 912.97	88.07
2 级（较高）	800～1 000	21 858.42	11.82
3 级（中）	500～800	199.88	0.11
4 级（较低）	200～500	—	—
5 级（低）	≤200	—	—

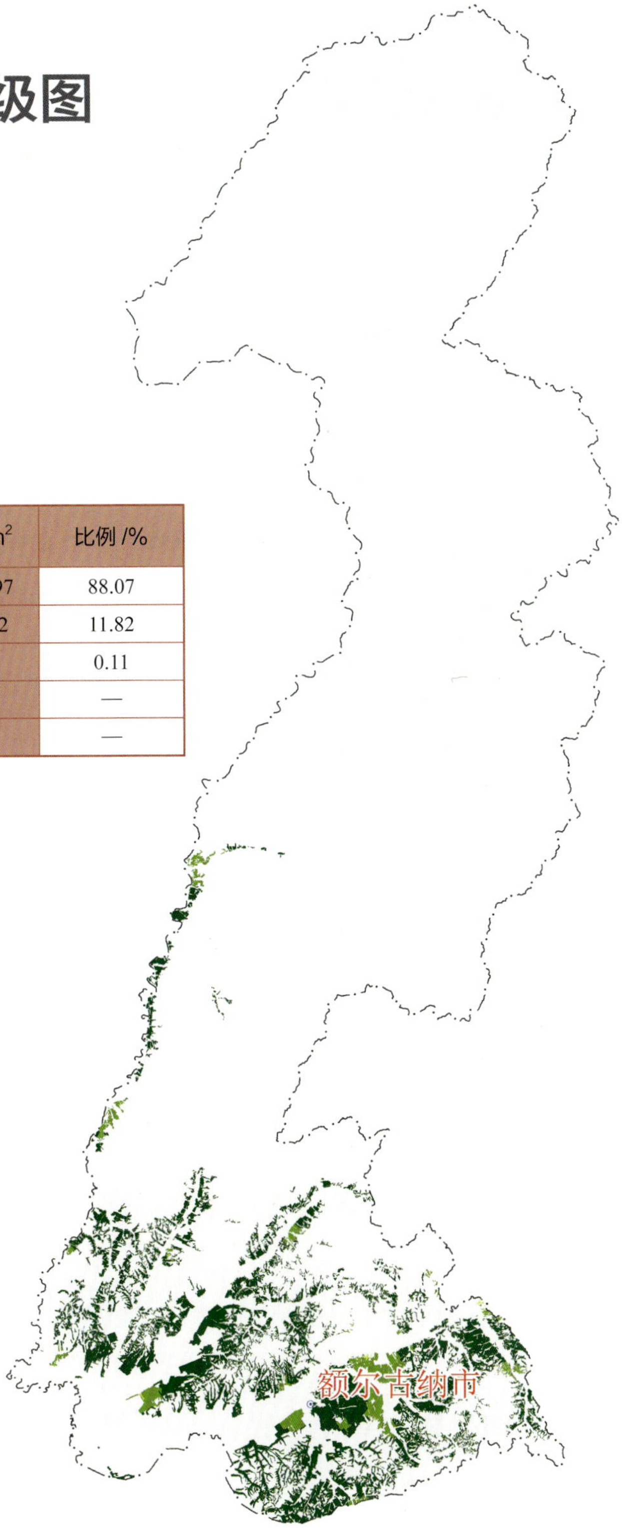

图　例

⊙ 县级行政中心

额尔古纳市耕地土壤有效磷含量分级图

图例	分级标准 /（mg/kg）	面积 /hm^2	比例 /%
1 级（高）	＞40.0	52 532.16	28.40
2 级（较高）	30.0～40.0	80 134.63	43.32
3 级（中）	20.0～30.0	49 790.91	26.92
4 级（较低）	10.0～20.0	2 468.36	1.33
5 级（低）	≤10.0	45.21	0.02

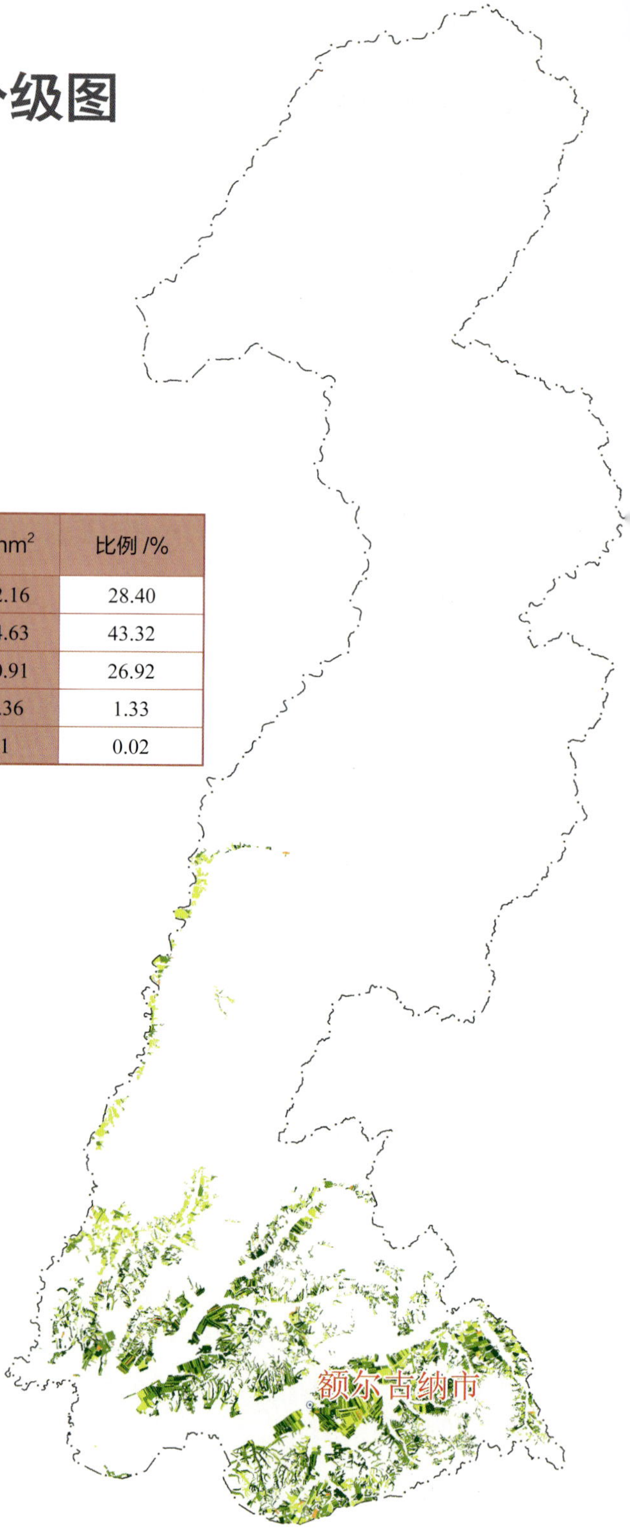

图　例

⊙ 县级行政中心

额尔古纳市耕地土壤有效硅含量分级图

图例	分级标准 /（mg/kg）	面积 /hm²	比例 /%
1 级（高）	＞250	93 912.00	50.77
2 级（较高）	200～250	69 363.53	37.50
3 级（中）	100～200	21 092.08	11.40
4 级（较低）	50～100	603.66	0.33
5 级（低）	≤50	—	—

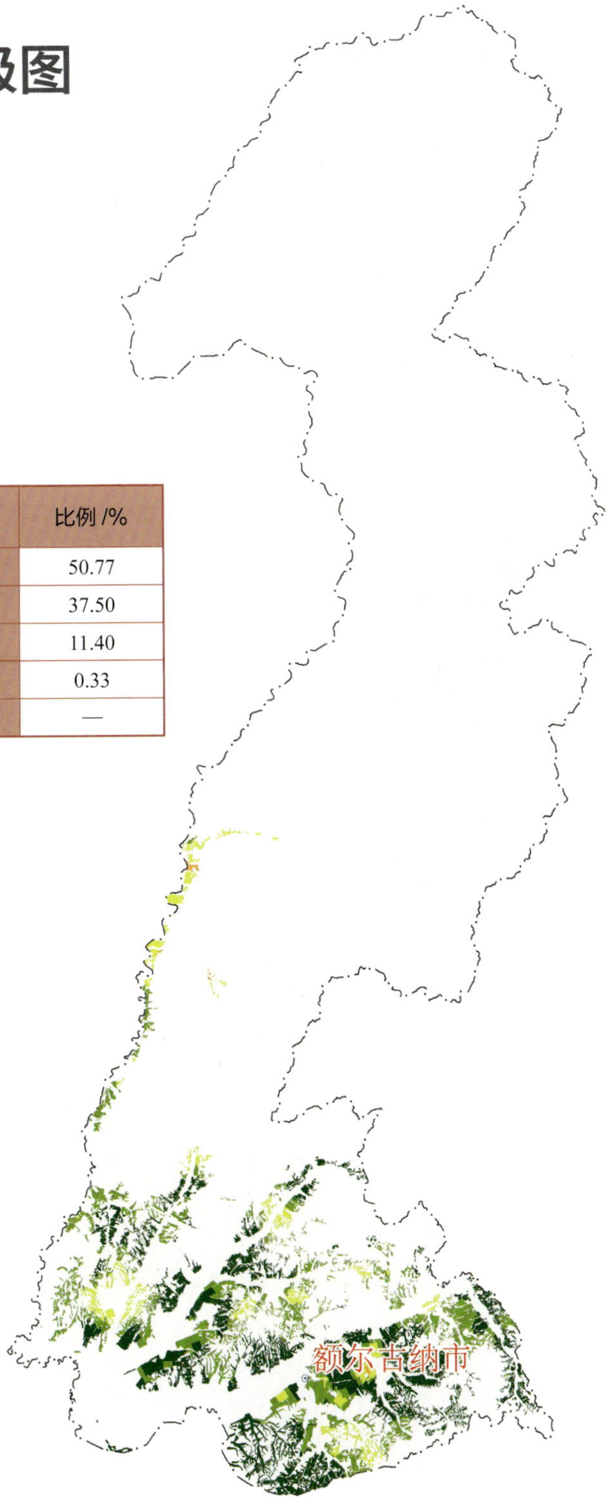

图　例

⊙ 县级行政中心

额尔古纳市耕地
土壤有效硫含量分级图

图例	分级标准 /（mg/kg）	面积 /hm^2	比例 /%
1 级（高）	＞40.0	19 303.14	10.44
2 级（较高）	30.0～40.0	111 907.76	60.50
3 级（中）	20.0～30.0	53 141.69	28.73
4 级（较低）	10.0～20.0	618.69	0.33
5 级（低）	≤10.0	—	—

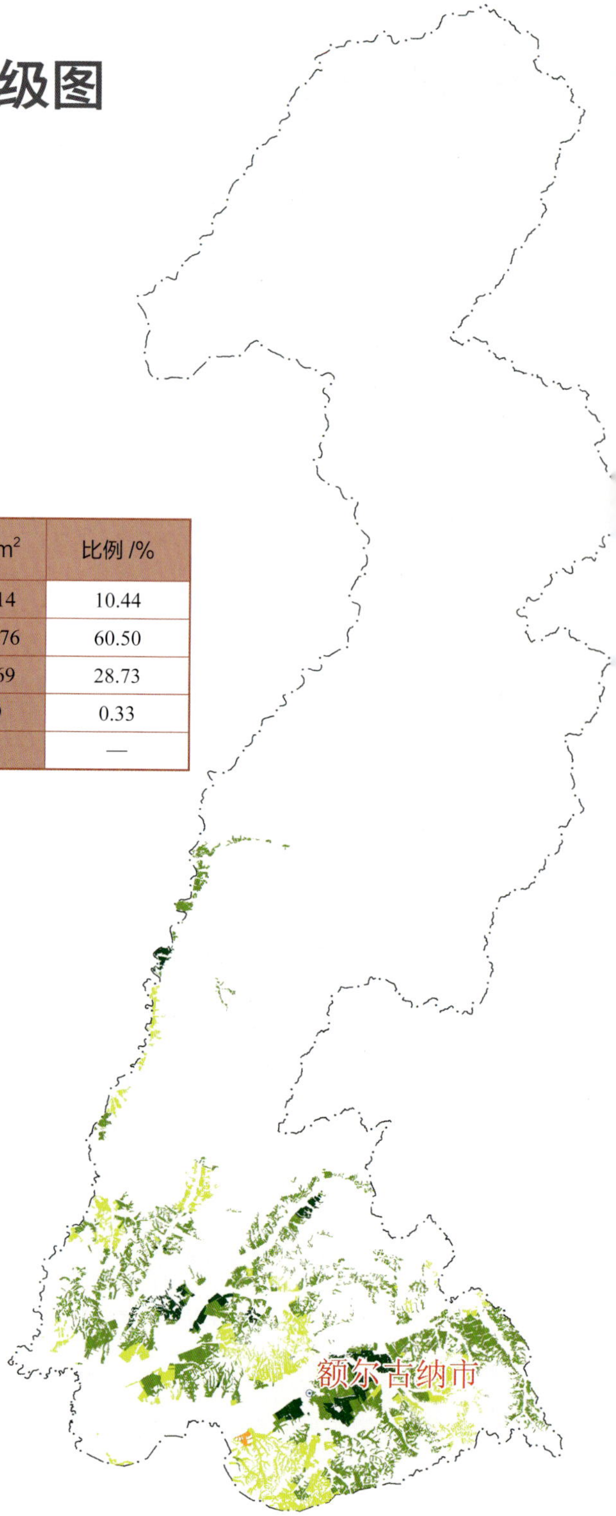

图 例

◎ 县级行政中心

额尔古纳市耕地
土壤有效锰含量分级图

图例	分级标准 /（mg/kg）	面积 /hm²	比例 /%
1 级（高）	>20.0	184 706.96	99.86
2 级（较高）	10.0～20.0	264.32	0.14
3 级（中）	5.0～10.0	—	—
4 级（较低）	1.0～5.0	—	—
5 级（低）	≤1.0	—	—

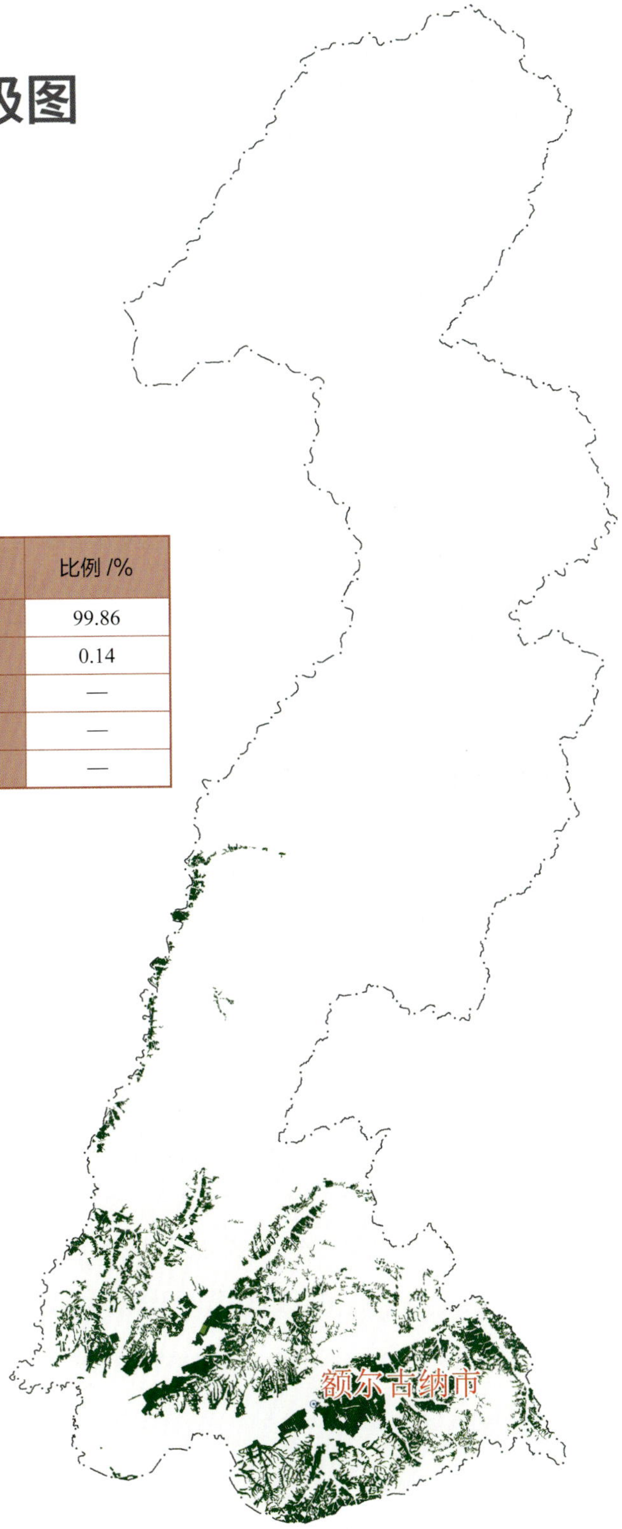

额尔古纳市耕地
土壤有效铜含量分级图

图例	分级标准 /（mg/kg）	面积 /hm²	比例 /%
1 级（高）	＞2.00	127 040.88	68.68
2 级（较高）	1.00～2.00	57 930.39	31.32
3 级（中）	0.50～1.00	—	—
4 级（较低）	0.20～0.50	—	—
5 级（低）	≤0.20	—	—

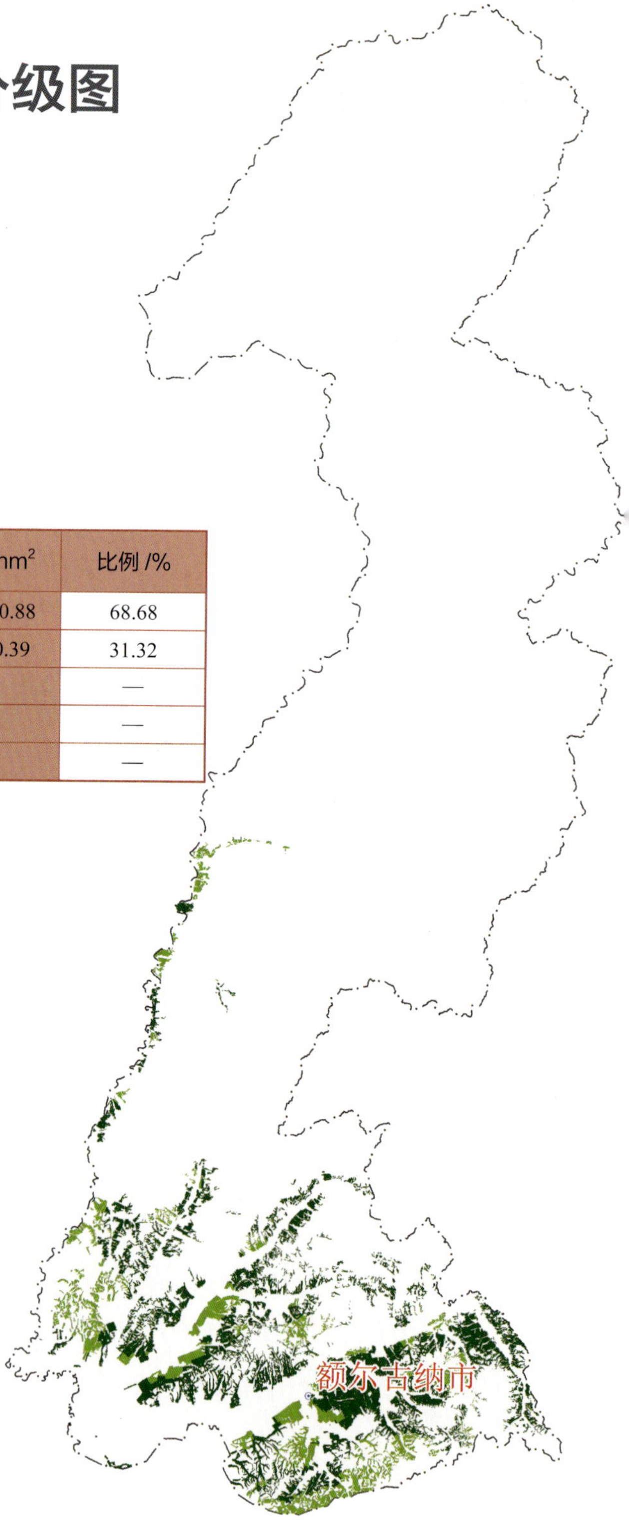

图　例

◎ 县级行政中心

额尔古纳市耕地土壤有效硼含量分级图

图例	分级标准 /（mg/kg）	面积 /hm^2	比例 /%
1 级（高）	＞1.00	55 374.85	29.94
2 级（较高）	0.80～1.00	92 653.46	50.09
3 级（中）	0.50～0.80	34 844.84	18.84
4 级（较低）	0.20～0.50	2 098.12	1.13
5 级（低）	≤0.20	—	—

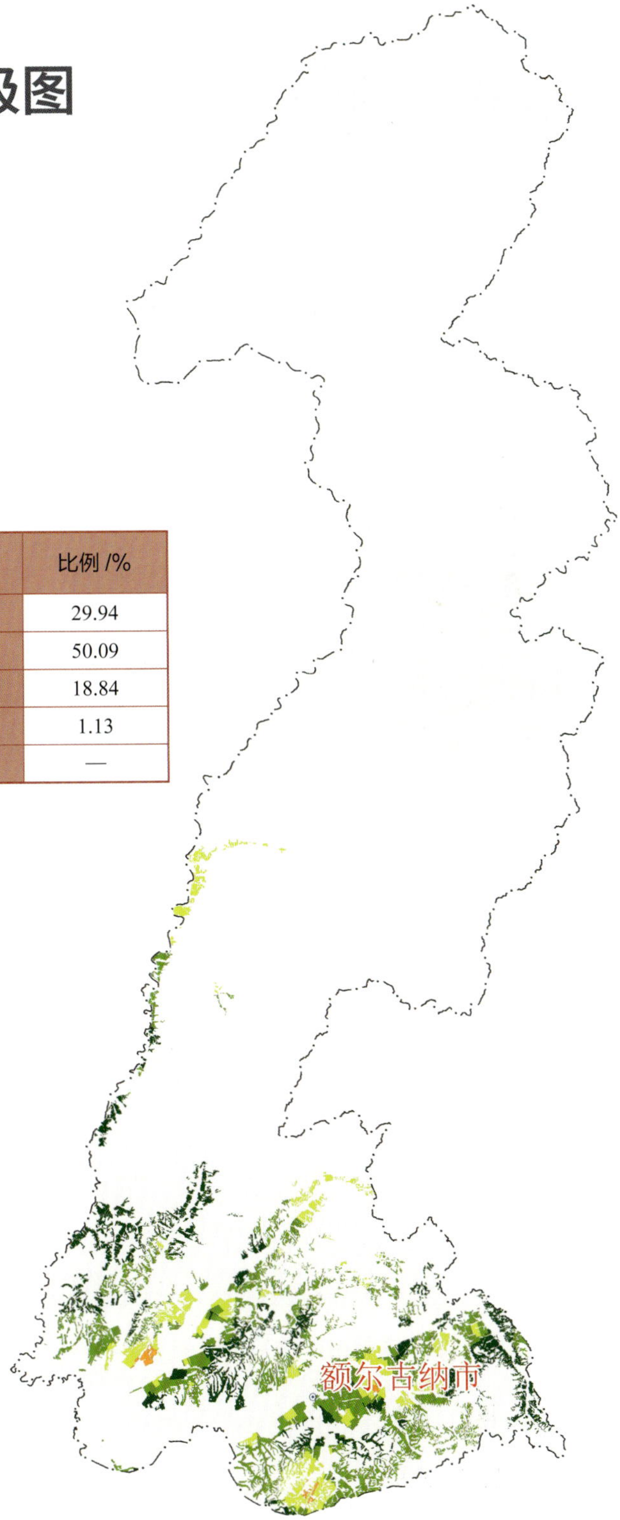

图　例

◦ 县级行政中心

额尔古纳市耕地土壤有效钼含量分级图

图例	分级标准 /（mg/kg）	面积 /hm²	比例 /%
1 级（高）	＞0.20	3 065.91	1.66
2 级（较高）	0.15～0.20	11 751.57	6.35
3 级（中）	0.10～0.15	150 027.24	81.11
4 级（较低）	0.05～0.10	19 976.04	10.80
5 级（低）	≤0.05	150.51	0.08

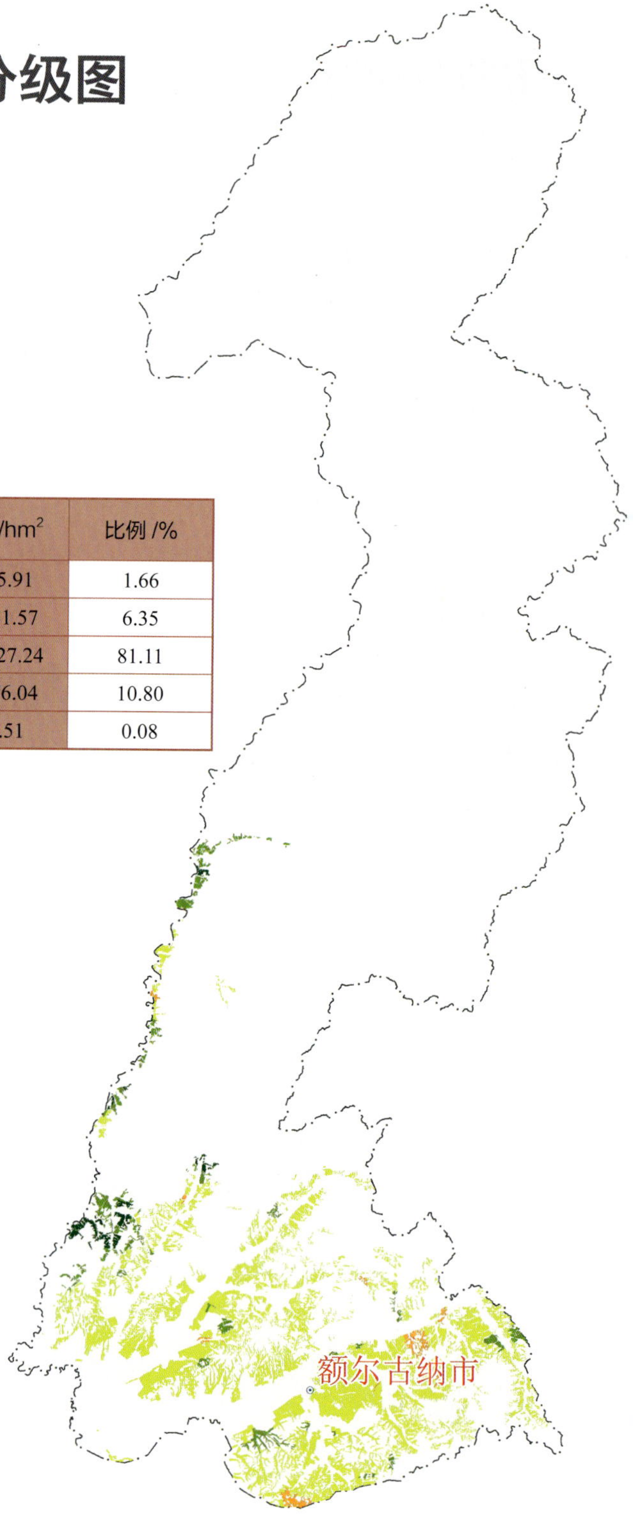

图　例

⊙ 县级行政中心

额尔古纳市耕地土壤酸碱度（pH）分级图

图例	分级标准	面积 /hm²	比例 /%
1 级（高）	6.0～7.5	42 297.16	22.87
2 级（较高）	5.5～6.0	140 483.49	75.95
3 级（中）	7.5～8.0，5.0～5.5	2 190.63	1.18
4 级（较低）	8.0～8.5，4.5～5.0	—	—
5 级（低）	>8.5，≤4.5	—	—

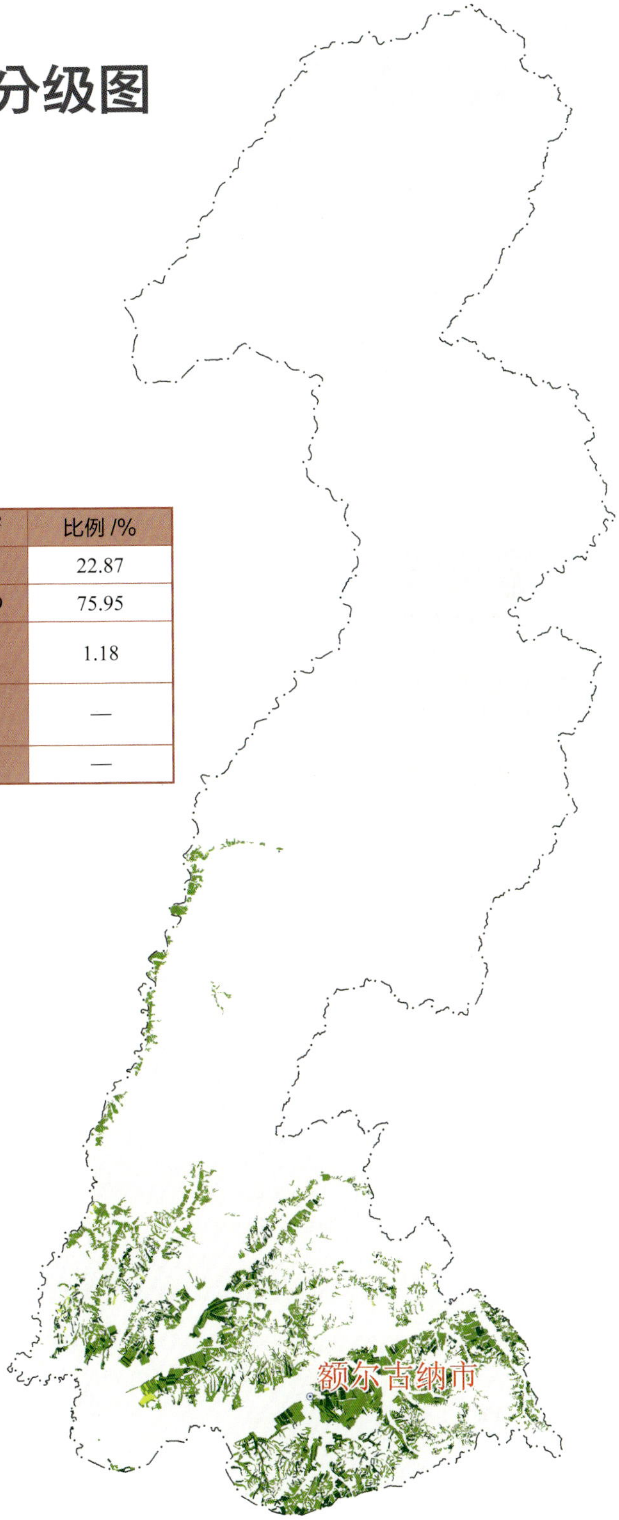

图　例

县级行政中心

额尔古纳市耕地土壤容重分级图

图例	分级标准 /（g/cm^3）	面积 /hm^2	比例 /%
1 级（高）	1.10～1.30	184 182.83	99.57
2 级（较高）	1.30～1.40	59.14	0.03
3 级（中）	1.40～1.50，1.00～1.10	729.31	0.39
4 级（较低）	1.50～1.60，0.90～1.00	—	—
5 级（低）	＞1.60，≤0.90	—	—

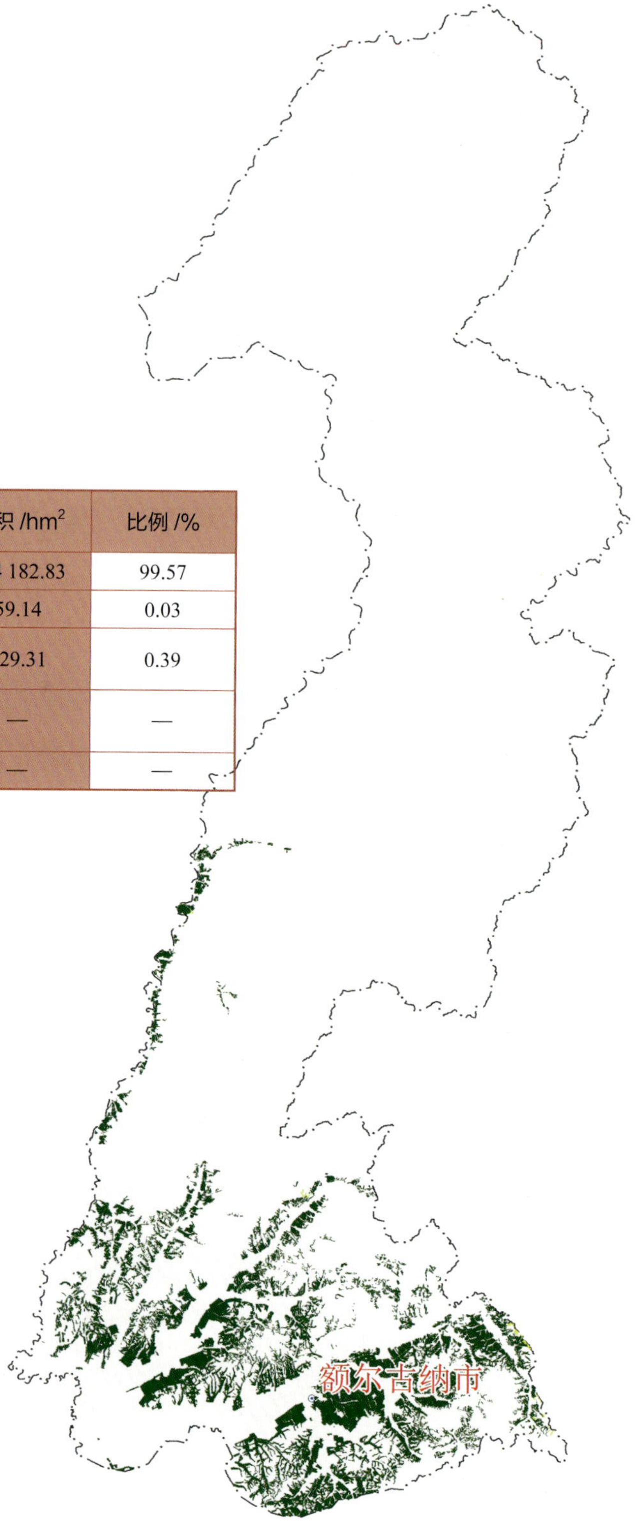

图　例

⊙ 县级行政中心

额尔古纳市耕地耕层厚度分级图

图例	分级标准 /cm	面积 /hm²	比例 /%
1 级（高）	＞30.0	—	—
2 级（较高）	25.0～30.0	183 583.16	99.25
3 级（中）	20.0～25.0	—	—
4 级（较低）	15.0～20.0	1 388.12	0.75
5 级（低）	≤15.0	—	—

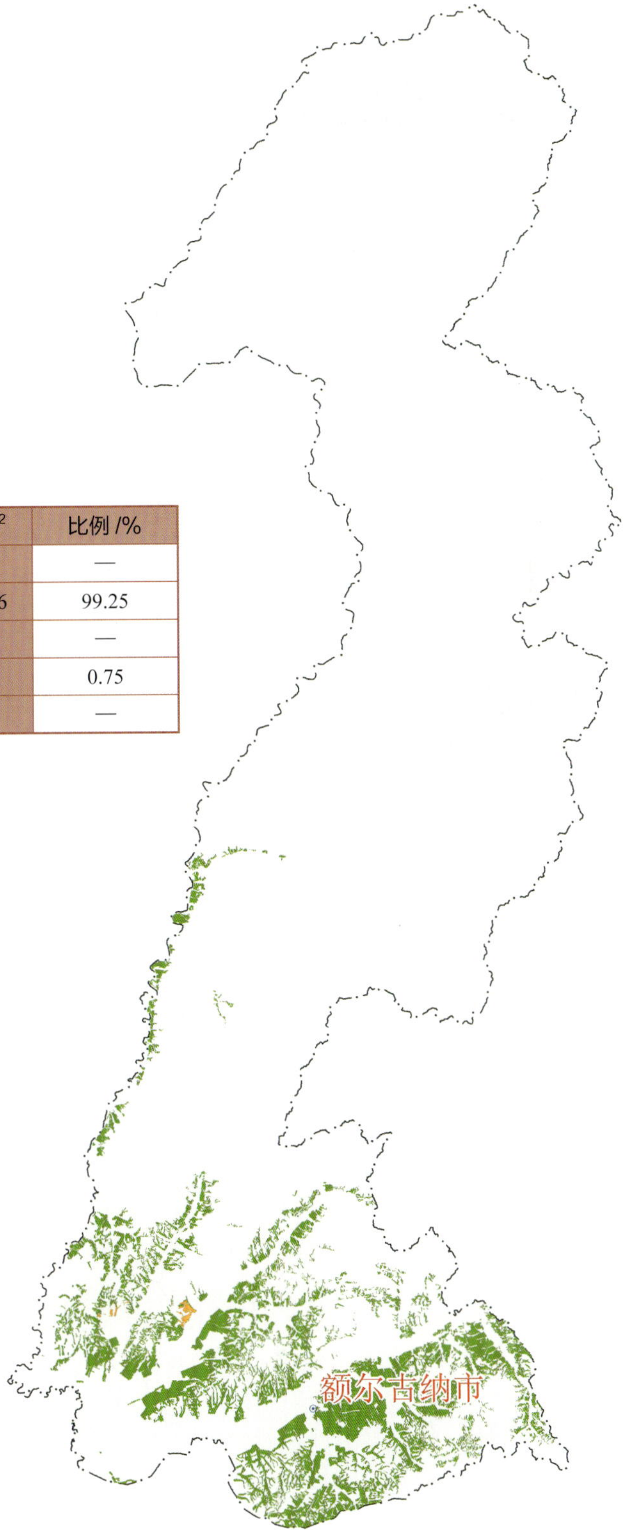

额尔古纳市耕地
土壤有效锌含量分级图

图例	分级标准 /（mg/kg）	面积 /hm^2	比例 /%
1 级（高）	＞2.00	2 663.26	1.44
2 级（较高）	1.50～2.00	18 186.41	9.83
3 级（中）	1.00～1.50	131 618.54	71.16
4 级（较低）	0.50～1.00	32 503.07	17.57
5 级（低）	≤0.50	—	—

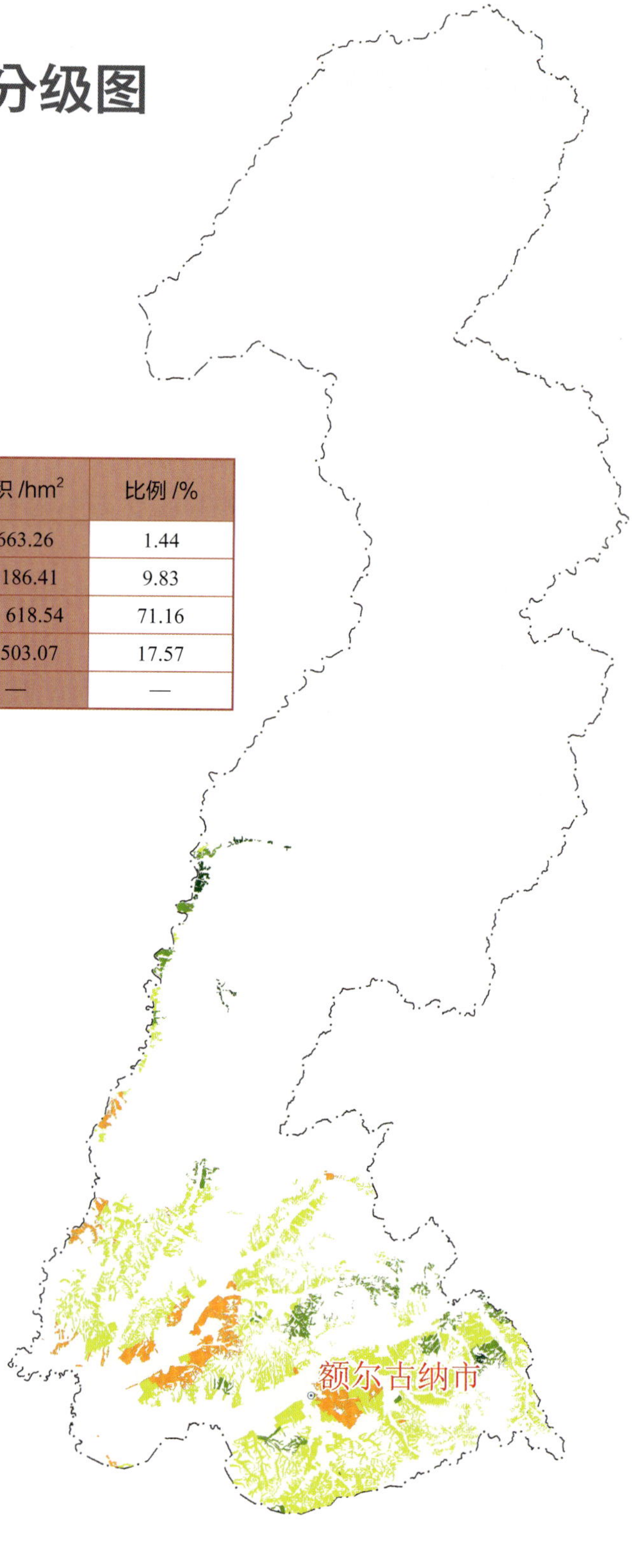

图　例

⊙ 县级行政中心

牙克石市耕地土壤类型图

图例	面积 /hm²	比例 /%
暗棕壤	1 449.33	1.18
草甸土	24 729.68	20.18
粗骨土	53.75	0.04
黑钙土	23 950.54	19.54
灰色森林土	49 512.39	40.40
沼泽土	22 459.00	18.33
棕色针叶林土	404.25	0.33

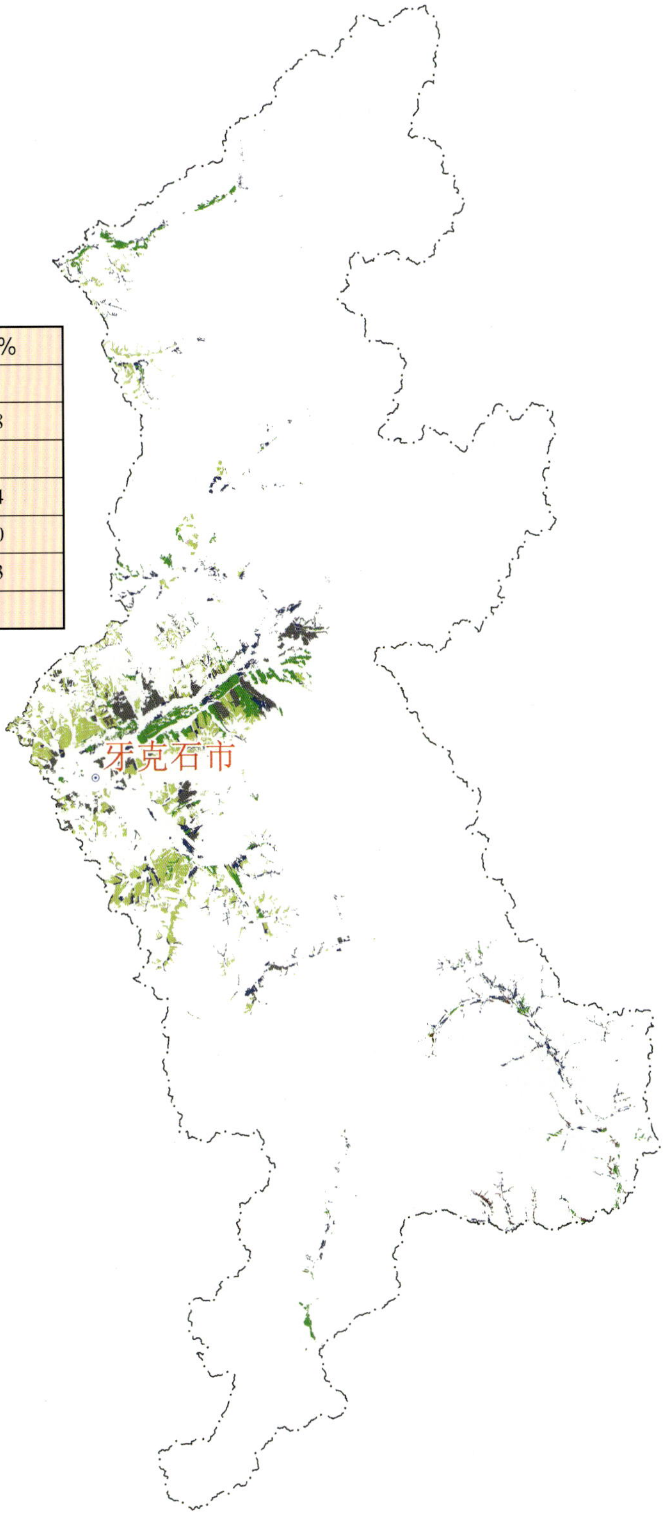

图　例

◎ 县级行政中心

牙克石市耕地质量等级图

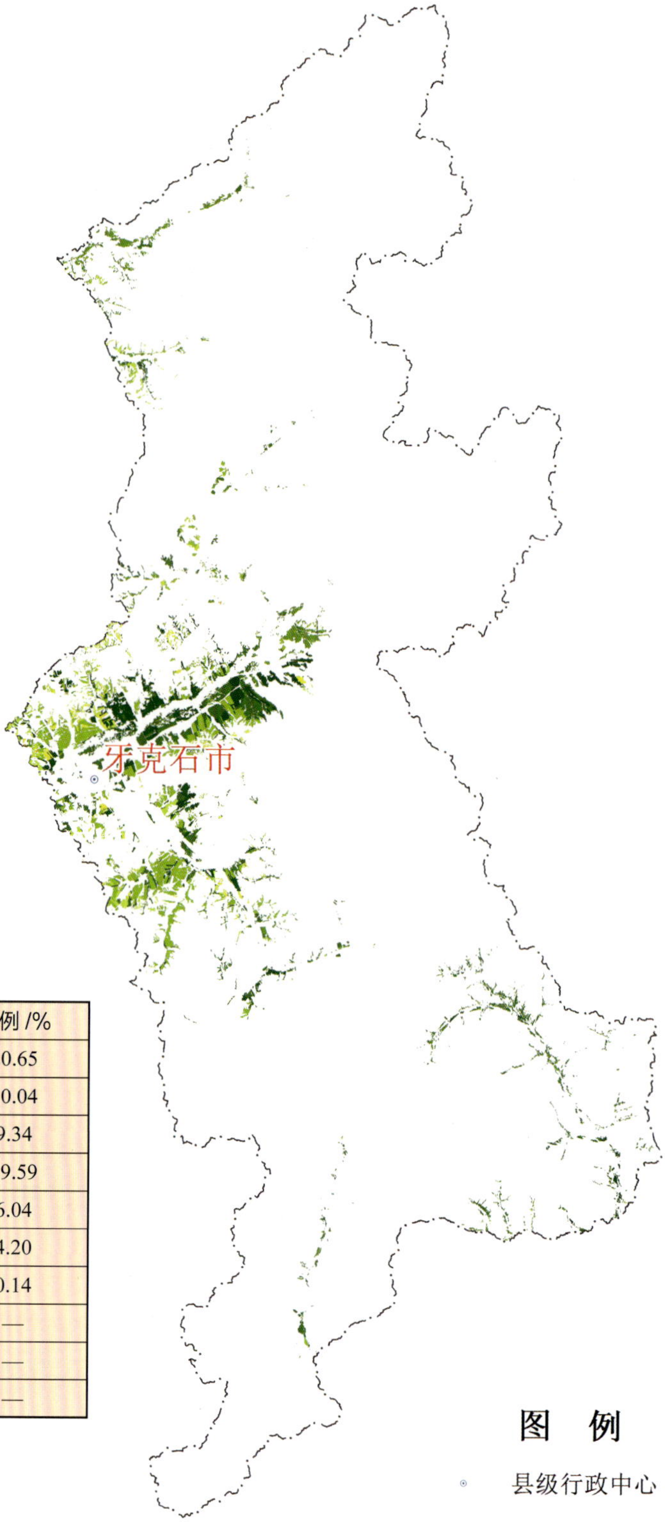

图例	面积 /hm²	比例 /%
一等	25 310.07	20.65
二等	36 811.84	30.04
三等	11 452.31	9.34
四等	36 261.42	29.59
五等	7 399.80	6.04
六等	5 149.81	4.20
七等	173.68	0.14
八等	—	—
九等	—	—
十等	—	—

牙克石市耕地
土壤有机质含量分级图

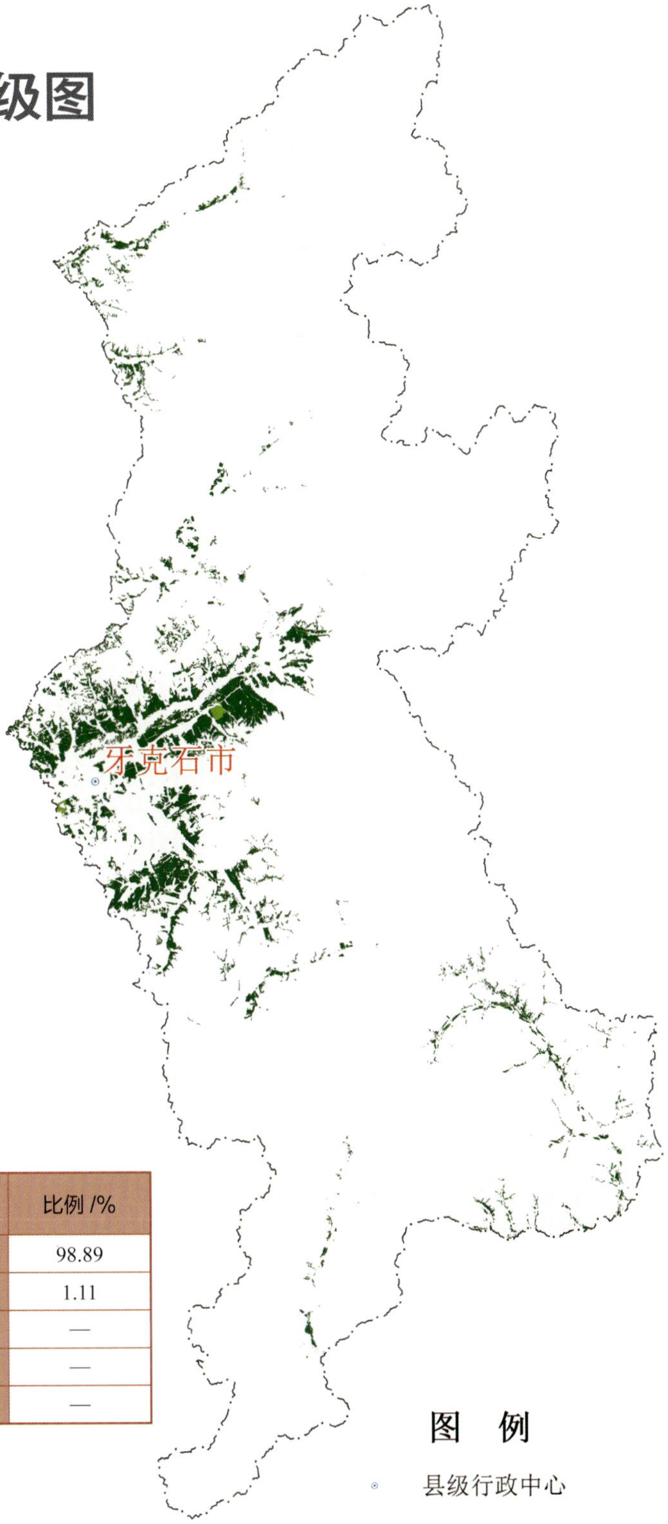

图例	分级标准 /（g/kg）	面积 /hm^2	比例 /%
1 级（高）	＞40.0	121 193.84	98.89
2 级（较高）	30.0～40.0	1 365.09	1.11
3 级（中）	20.0～30.0	—	—
4 级（较低）	10.0～20.0	—	—
5 级（低）	≤10.0	—	—

牙克石市耕地
土壤全氮含量分级图

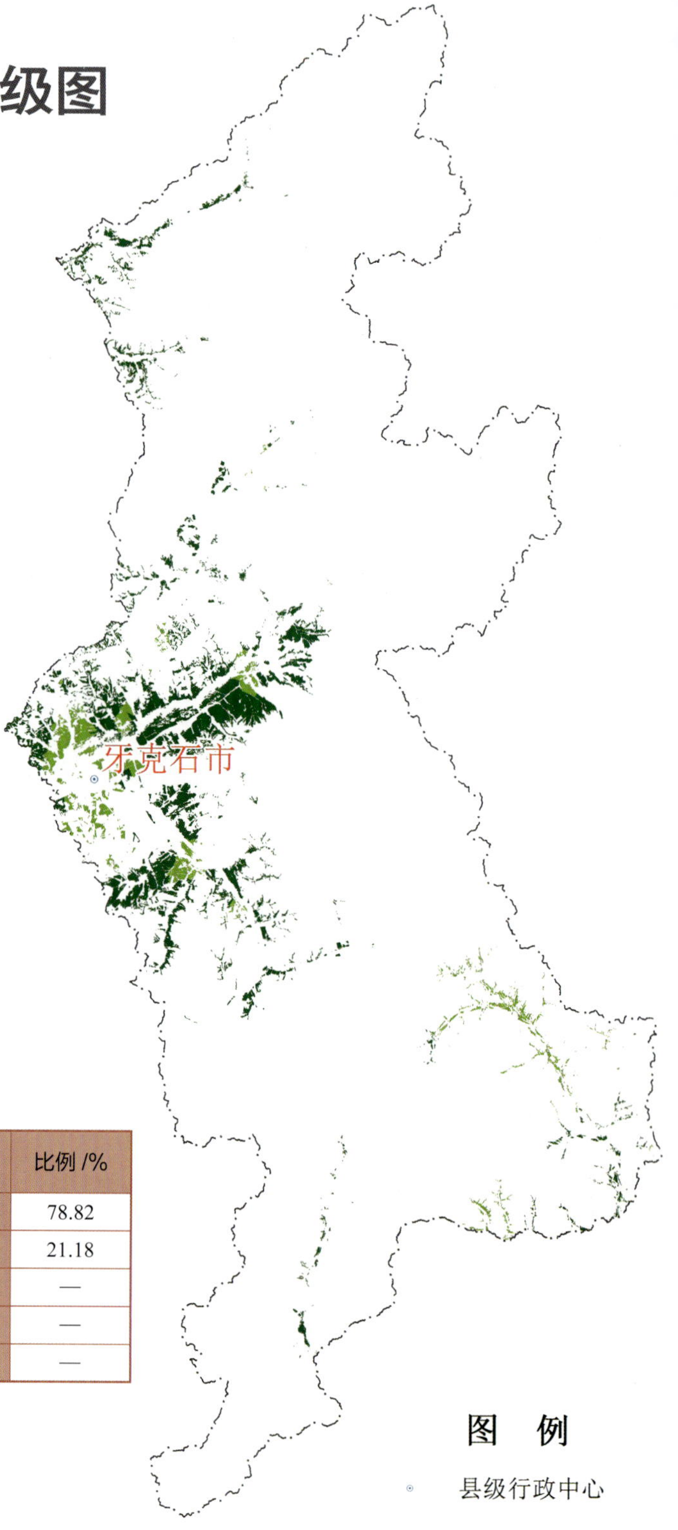

图例	分级标准 /（g/kg）	面积 /hm²	比例 /%
1 级（高）	＞2.50	96 595.76	78.82
2 级（较高）	1.50～2.50	25 963.17	21.18
3 级（中）	1.00～1.50	—	—
4 级（较低）	0.50～1.00	—	—
5 级（低）	≤0.50	—	—

牙克石市耕地
土壤有效磷含量分级图

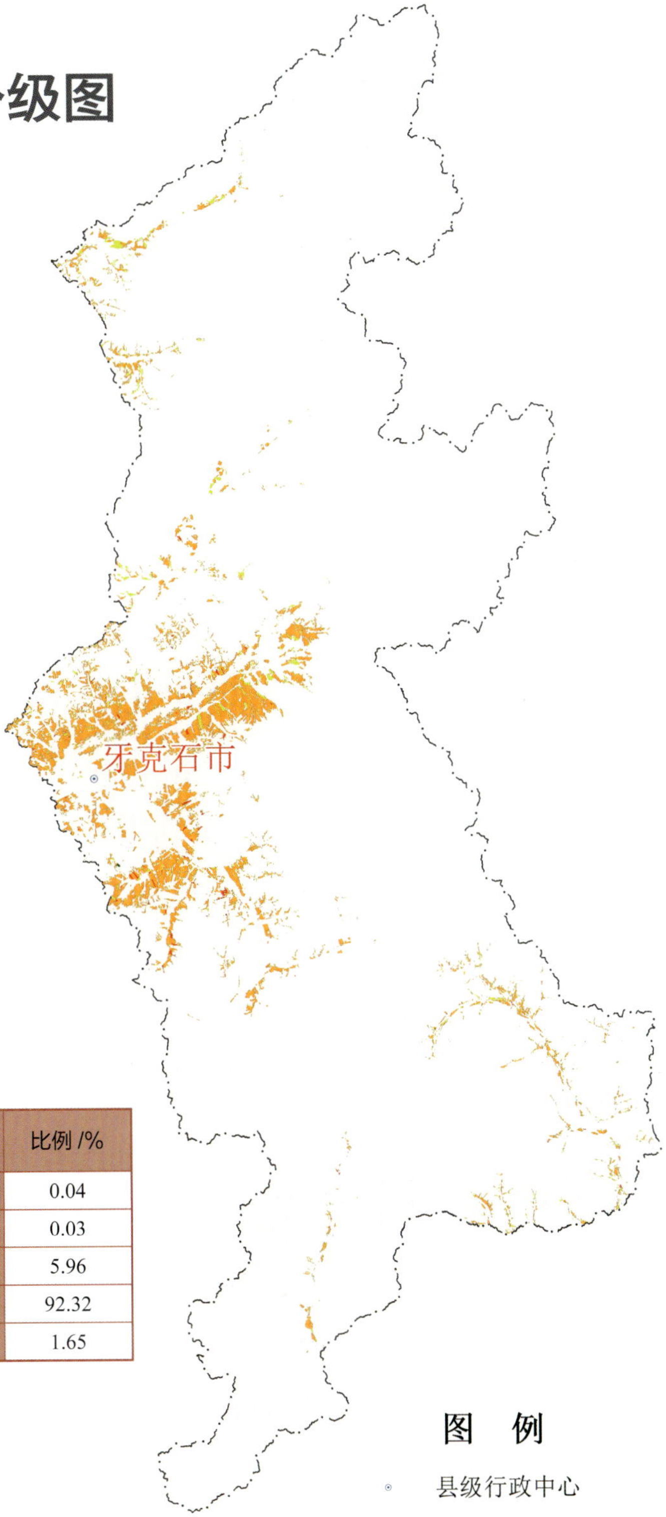

图例	分级标准 /（mg/kg）	面积 /hm^2	比例 /%
1 级（高）	＞40.0	46.71	0.04
2 级（较高）	30.0～40.0	39.20	0.03
3 级（中）	20.0～30.0	7 308.84	5.96
4 级（较低）	10.0～20.0	113 143.13	92.32
5 级（低）	≤10.0	2 021.05	1.65

牙克石市耕地
土壤速效钾含量分级图

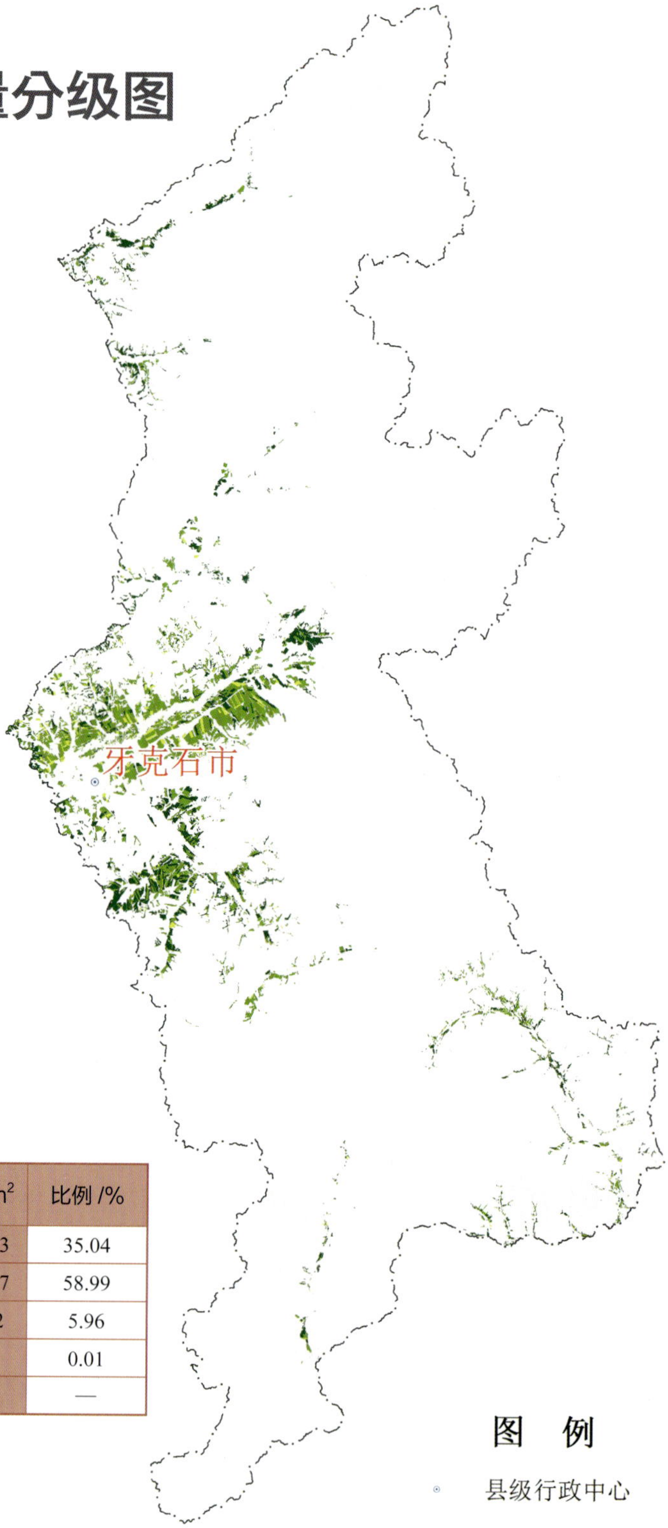

图例	分级标准 /（mg/kg）	面积 /hm²	比例 /%
1 级（高）	＞200	42 946.43	35.04
2 级（较高）	150～200	72 304.67	58.99
3 级（中）	100～150	7 307.82	5.96
4 级（较低）	50～100	10.60	0.01
5 级（低）	≤50	—	—

牙克石市耕地土壤缓效钾含量分级图

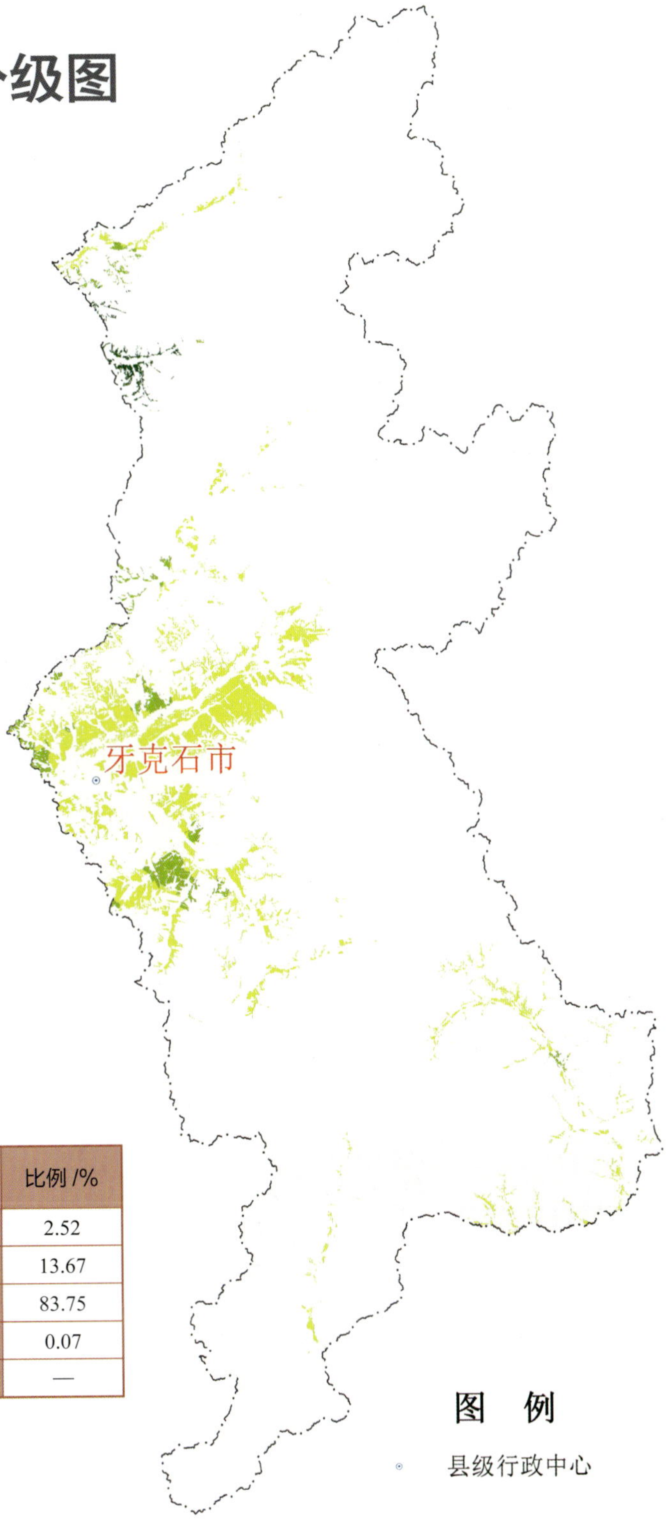

图例	分级标准 /（mg/kg）	面积 /hm²	比例 /%
1 级（高）	＞1 000	3 085.36	2.52
2 级（较高）	800～1 000	16 752.02	13.67
3 级（中）	500～800	102 640.48	83.75
4 级（较低）	200～500	81.08	0.07
5 级（低）	≤200	—	—

牙克石市耕地
土壤有效硫含量分级图

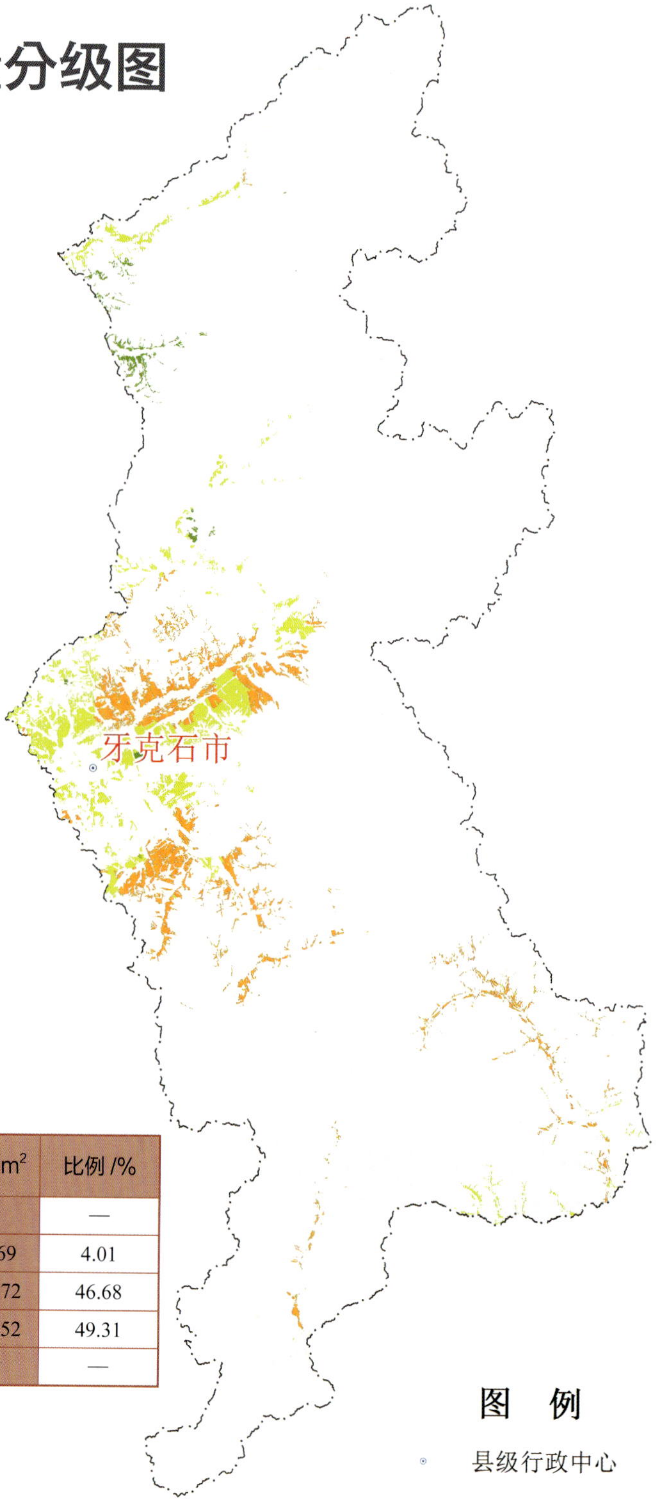

图例	分级标准 /（mg/kg）	面积 /hm²	比例 /%
1 级（高）	＞40.0	—	—
2 级（较高）	30.0～40.0	4 917.69	4.01
3 级（中）	20.0～30.0	57 206.72	46.68
4 级（较低）	10.0～20.0	60 434.52	49.31
5 级（低）	≤10.0	—	—

牙克石市耕地
土壤有效硅含量分级图

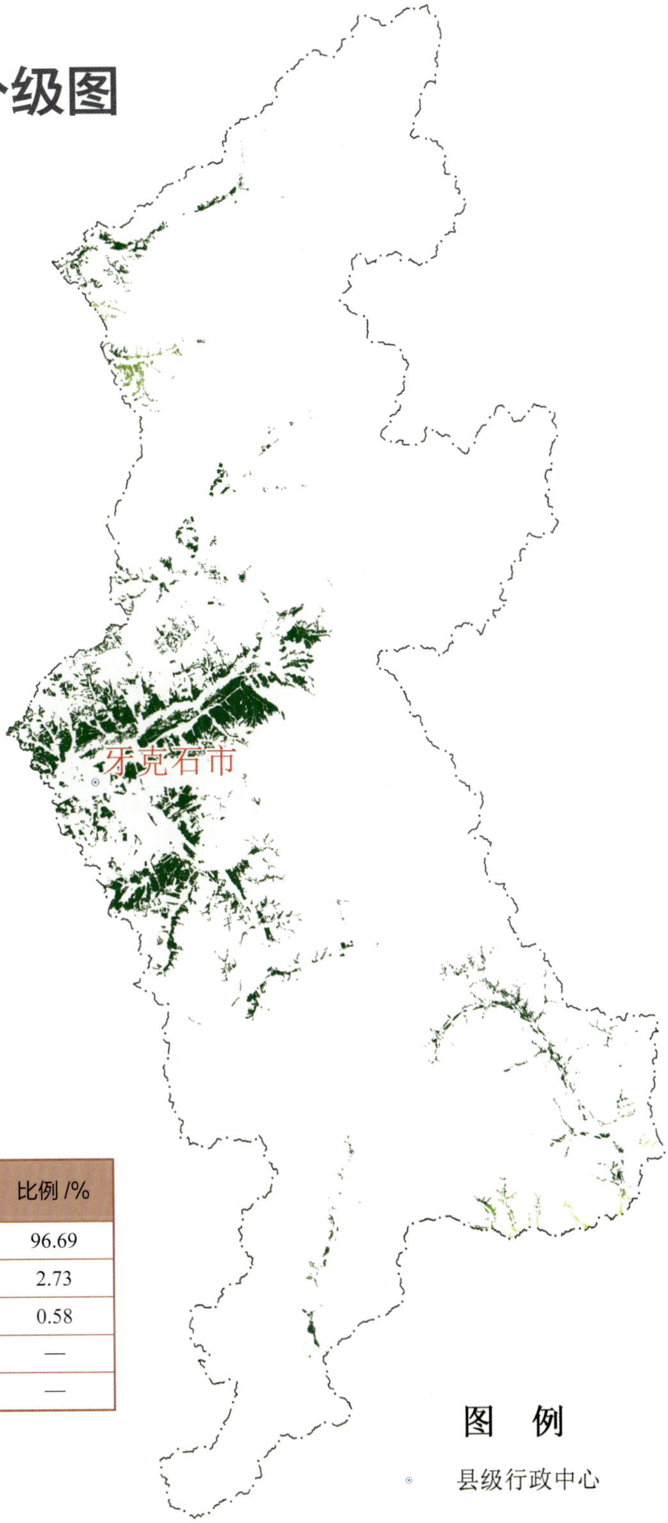

图例	分级标准 / （mg/kg）	面积 /hm²	比例 /%
1 级（高）	＞250	118 506.28	96.69
2 级（较高）	200～250	3 345.46	2.73
3 级（中）	100～200	707.19	0.58
4 级（较低）	50～100	—	—
5 级（低）	≤50	—	—

牙克石市耕地
土壤有效锰含量分级图

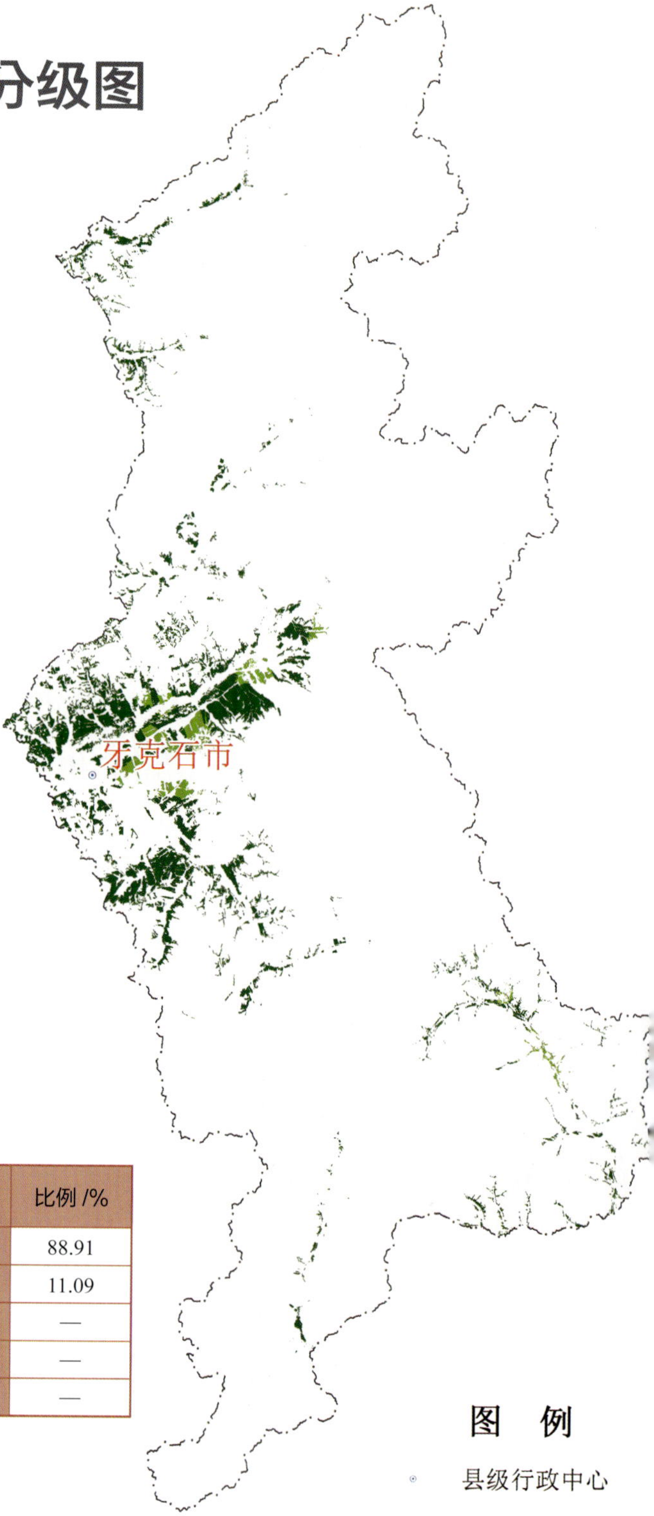

图例	分级标准 /（mg/kg）	面积 /hm²	比例 /%
1 级（高）	＞20.0	108 969.85	88.91
2 级（较高）	10.0～20.0	13 589.08	11.09
3 级（中）	5.0～10.0	—	—
4 级（较低）	1.0～5.0	—	—
5 级（低）	≤1.0	—	—

牙克石市耕地土壤有效铜含量分级图

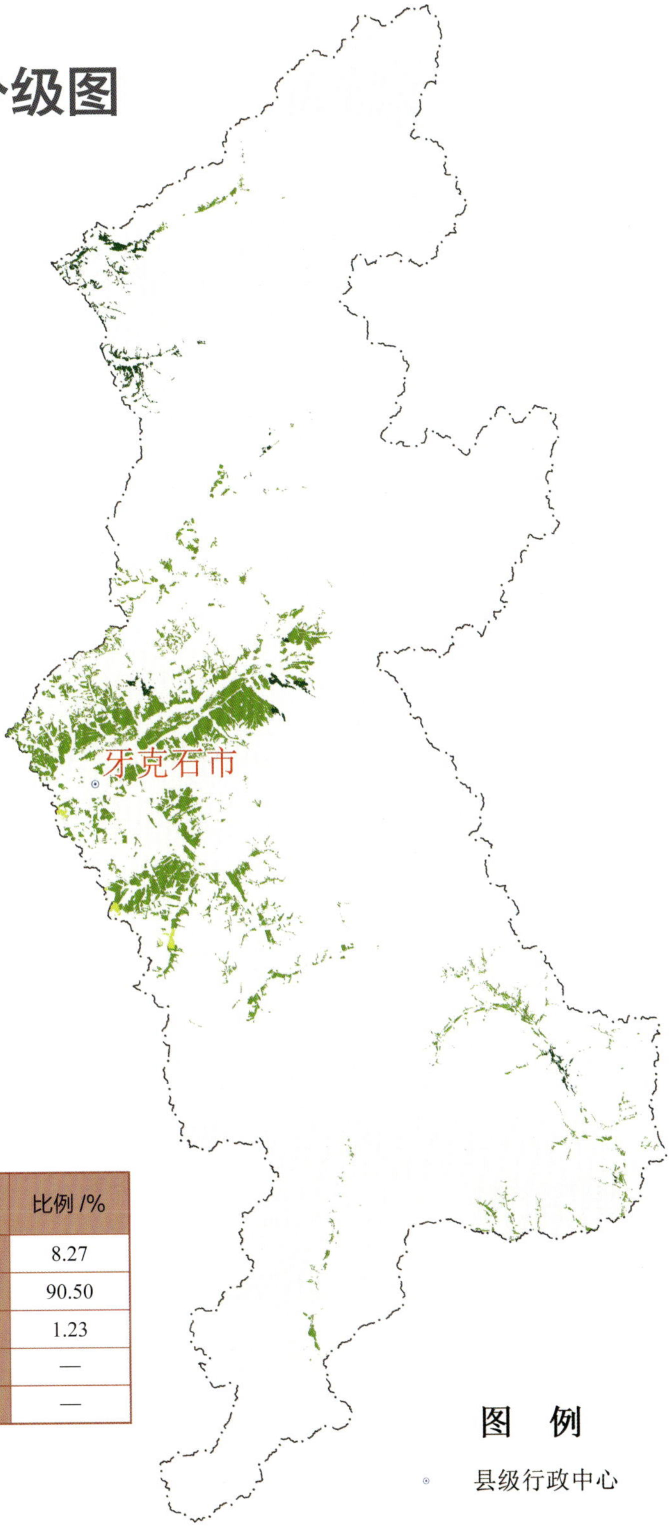

图例	分级标准 /（mg/kg）	面积 /hm^2	比例 /%
1 级（高）	＞2.00	10 139.14	8.27
2 级（较高）	1.00～2.00	110 915.56	90.50
3 级（中）	0.50～1.00	1 504.23	1.23
4 级（较低）	0.20～0.50	—	—
5 级（低）	≤0.20	—	—

牙克石市耕地
土壤有效锌含量分级图

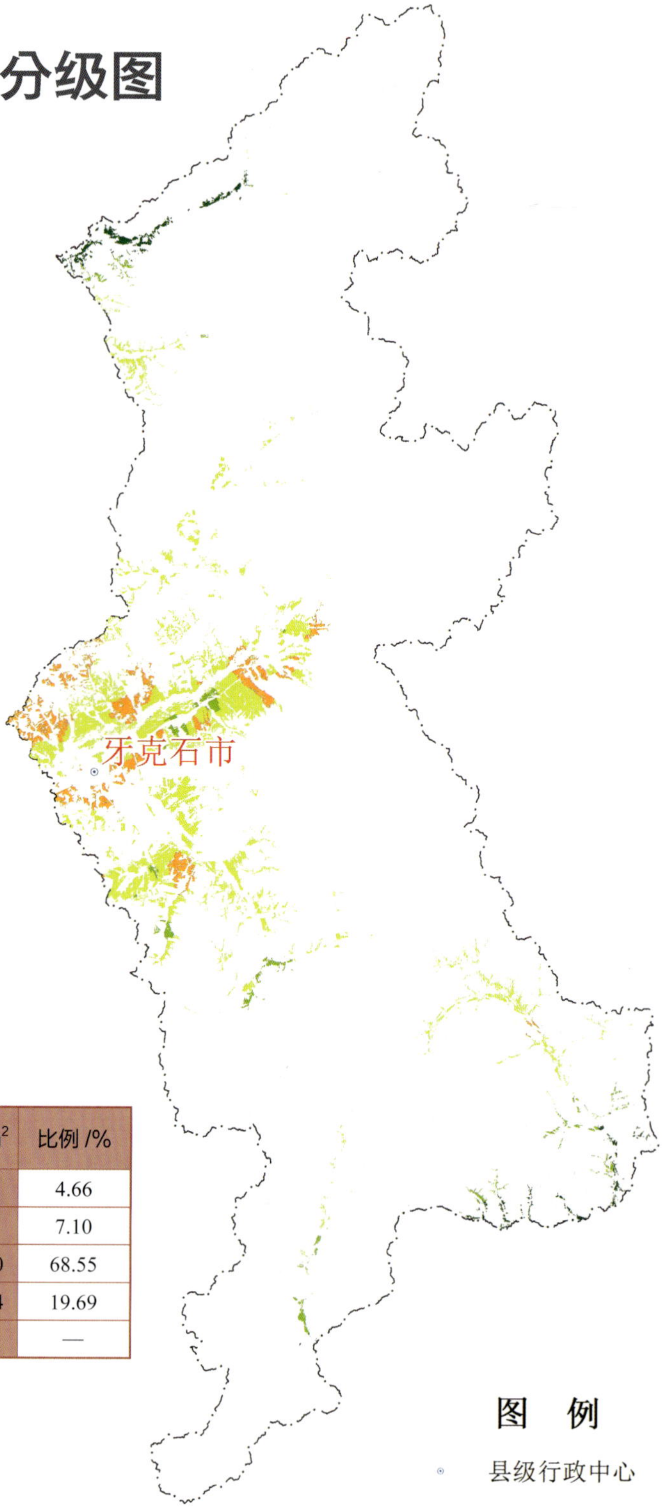

图例	分级标准 /（mg/kg）	面积 /hm^2	比例 /%
1 级（高）	＞2.00	5 711.06	4.66
2 级（较高）	1.50～2.00	8 698.53	7.10
3 级（中）	1.00～1.50	84 011.60	68.55
4 级（较低）	0.50～1.00	24 137.74	19.69
5 级（低）	≤0.50	—	—

牙克石市耕地
土壤有效硼含量分级图

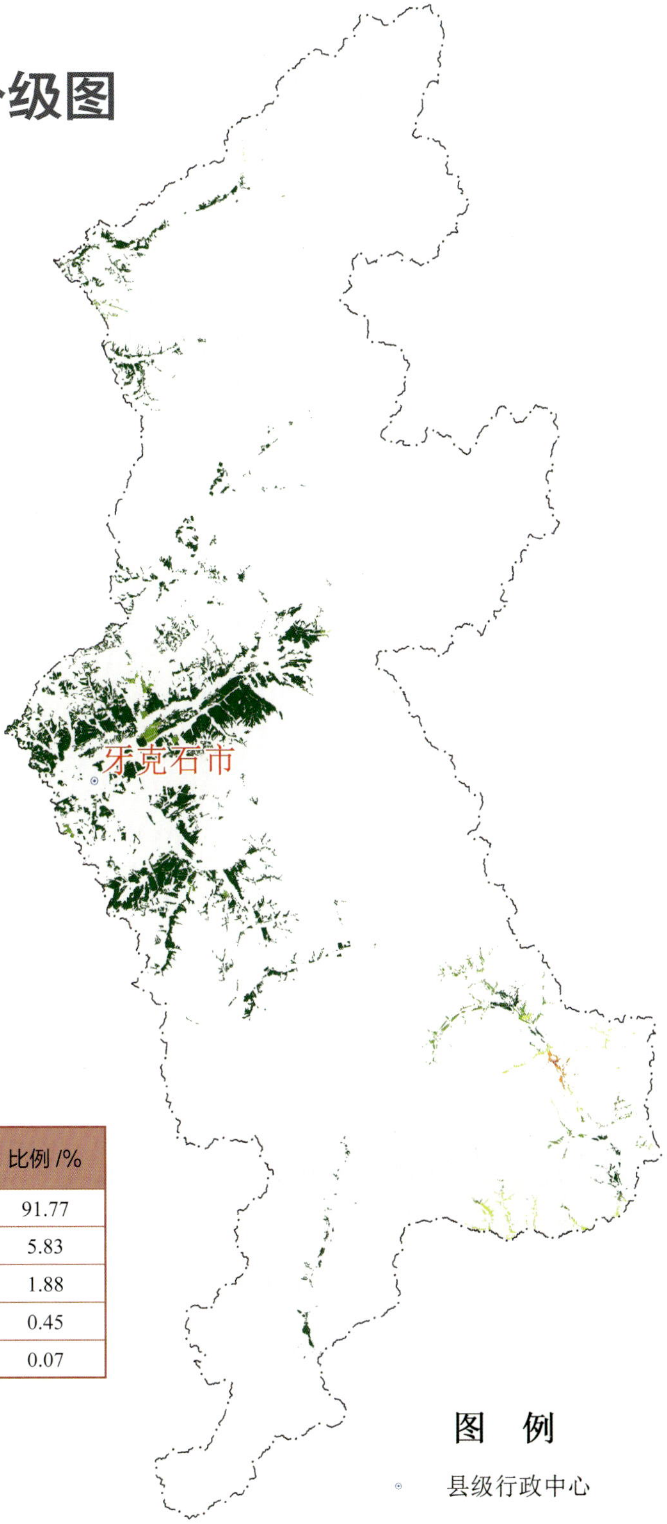

图例	分级标准 /（mg/kg）	面积 /hm^2	比例 /%
1 级（高）	＞1.00	112 471.67	91.77
2 级（较高）	0.80～1.00	7 146.65	5.83
3 级（中）	0.50～0.80	2 305.63	1.88
4 级（较低）	0.20～0.50	548.68	0.45
5 级（低）	≤0.20	86.31	0.07

牙克石市耕地
土壤有效钼含量分级图

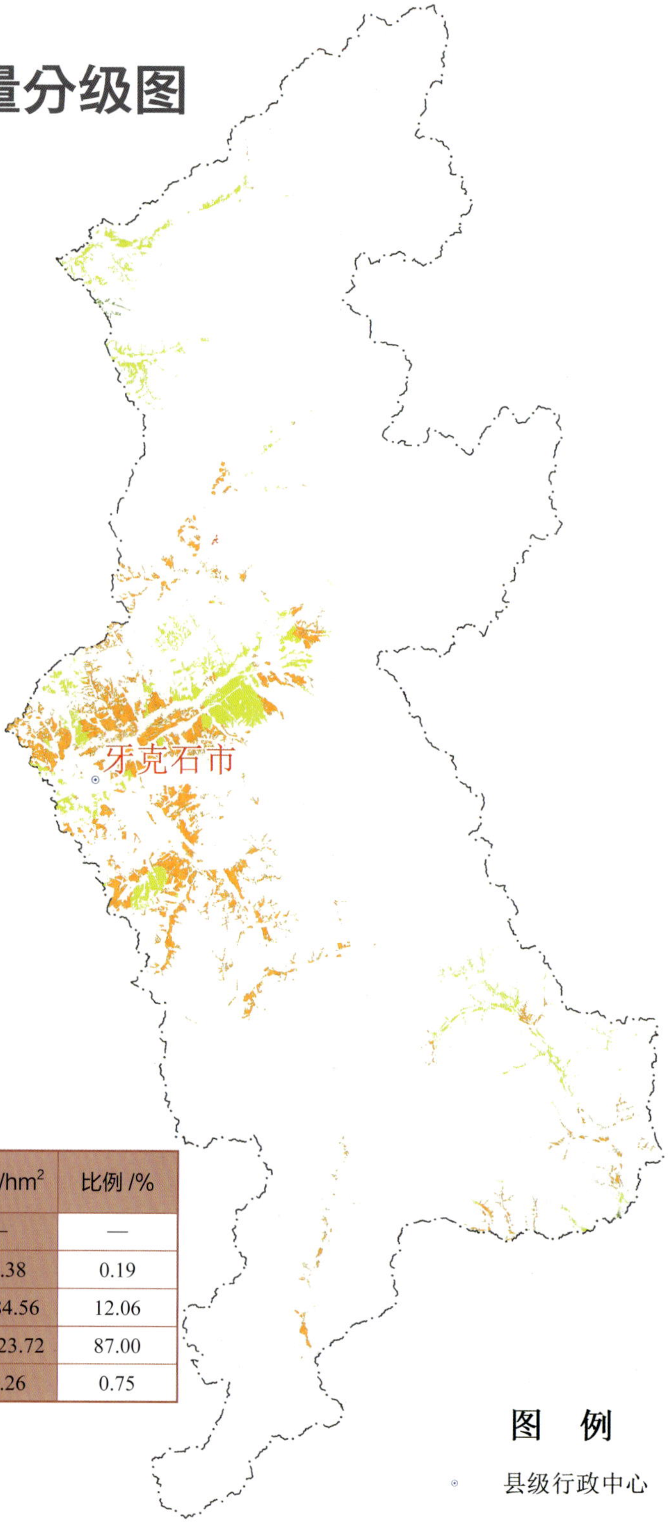

图例	分级标准 /（mg/kg）	面积 /hm²	比例 /%
1 级（高）	＞0.20	—	—
2 级（较高）	0.15～0.20	236.38	0.19
3 级（中）	0.10～0.15	14 784.56	12.06
4 级（较低）	0.05～0.10	106 623.72	87.00
5 级（低）	≤0.05	914.26	0.75

牙克石市耕地
土壤酸碱度（pH）分级图

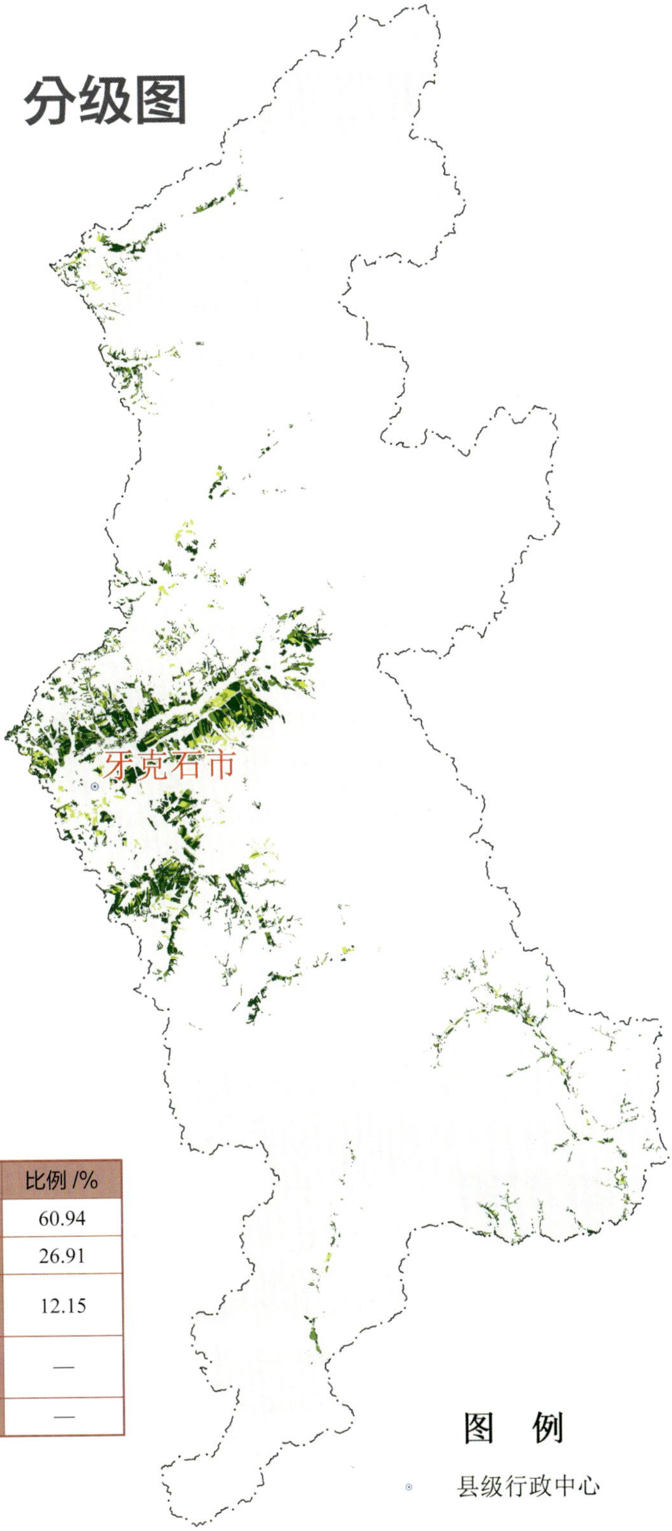

图例	分级标准	面积 /hm^2	比例 /%
1 级（高）	6.0～7.5	74 685.29	60.94
2 级（较高）	5.5～6.0	32 986.62	26.91
3 级（中）	7.5～8.0，5.0～5.5	14 887.02	12.15
4 级（较低）	8.0～8.5，4.5～5.0	—	—
5 级（低）	>8.5，≤4.5	—	—

牙克石市耕地
土壤容重分级图

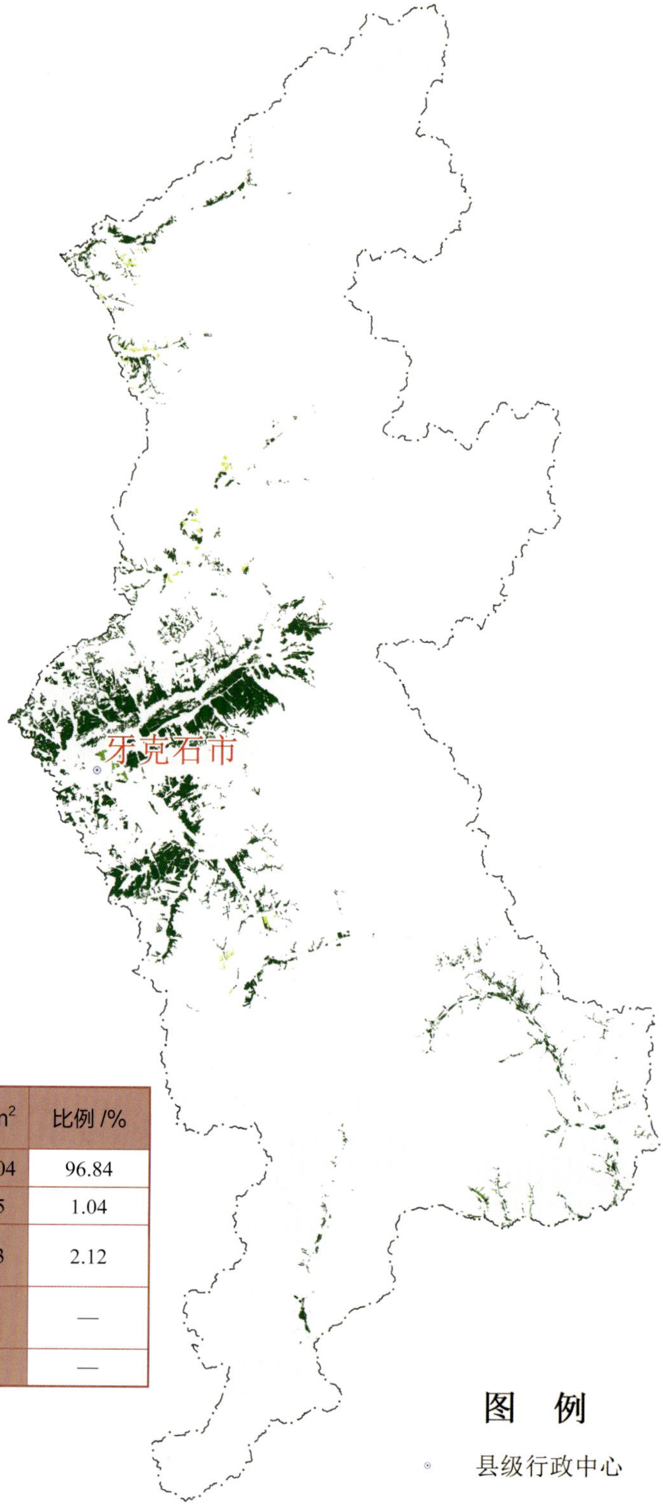

图例	分级标准 /（g/cm^3）	面积 /hm^2	比例 /%
1 级（高）	1.10～1.30	118 686.04	96.84
2 级（较高）	1.30～1.40	1 280.25	1.04
3 级（中）	1.40～1.50，1.00～1.10	2 592.63	2.12
4 级（较低）	1.50～1.60，0.90～1.00	—	—
5 级（低）	＞1.60，≤0.90	—	—

图　例

县级行政中心

牙克石市耕地
耕层厚度分级图

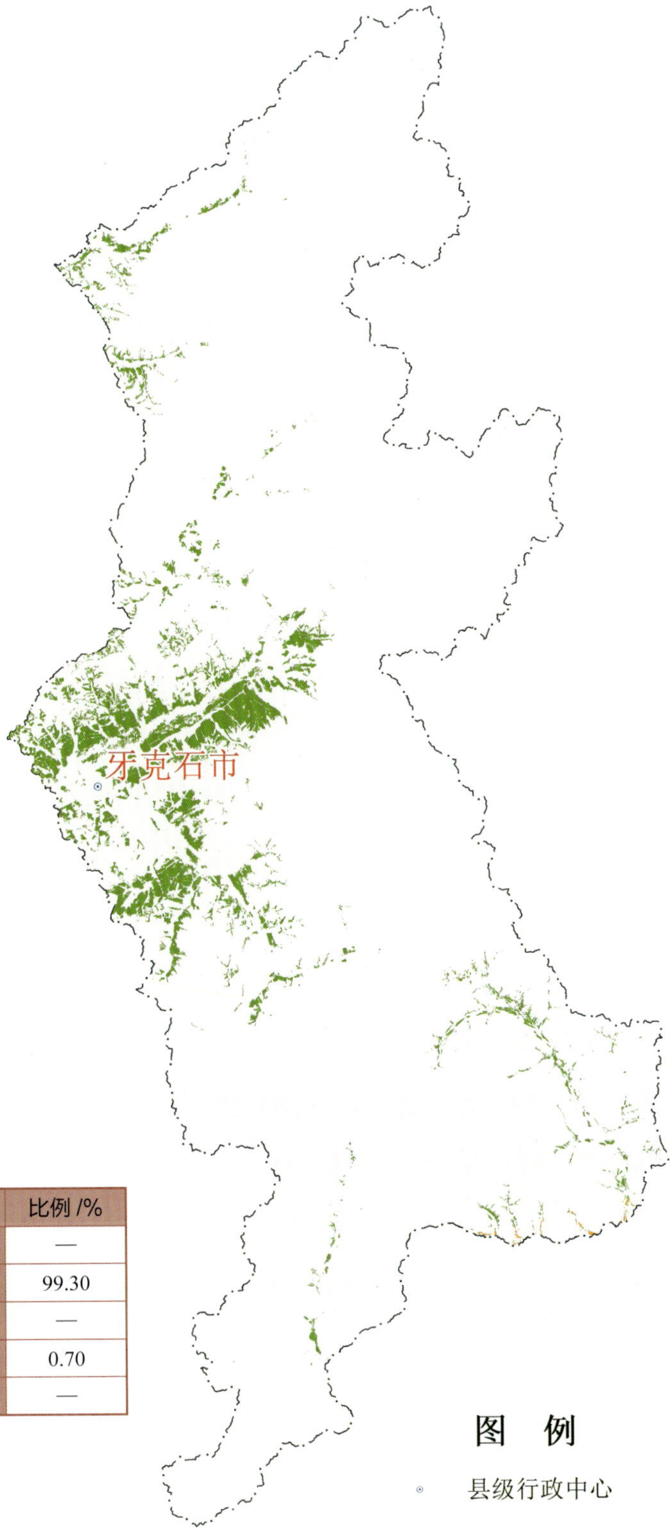

图例	分级标准 /cm	面积 /hm²	比例 /%
1 级（高）	＞30.0	—	—
2 级（较高）	25.0～30.0	121 703.37	99.30
3 级（中）	20.0～25.0	—	—
4 级（较低）	15.0～20.0	855.56	0.70
5 级（低）	≤15.0	—	—

图　例

⊙ 县级行政中心

海拉尔区耕地土壤类型图

图例	面积 /hm²	比例 /%
草甸土	1 289.34	4.48
风沙土	0.50	0.002
黑钙土	4 498.36	15.63
栗钙土	22 961.58	79.79
沼泽土	26.23	0.09

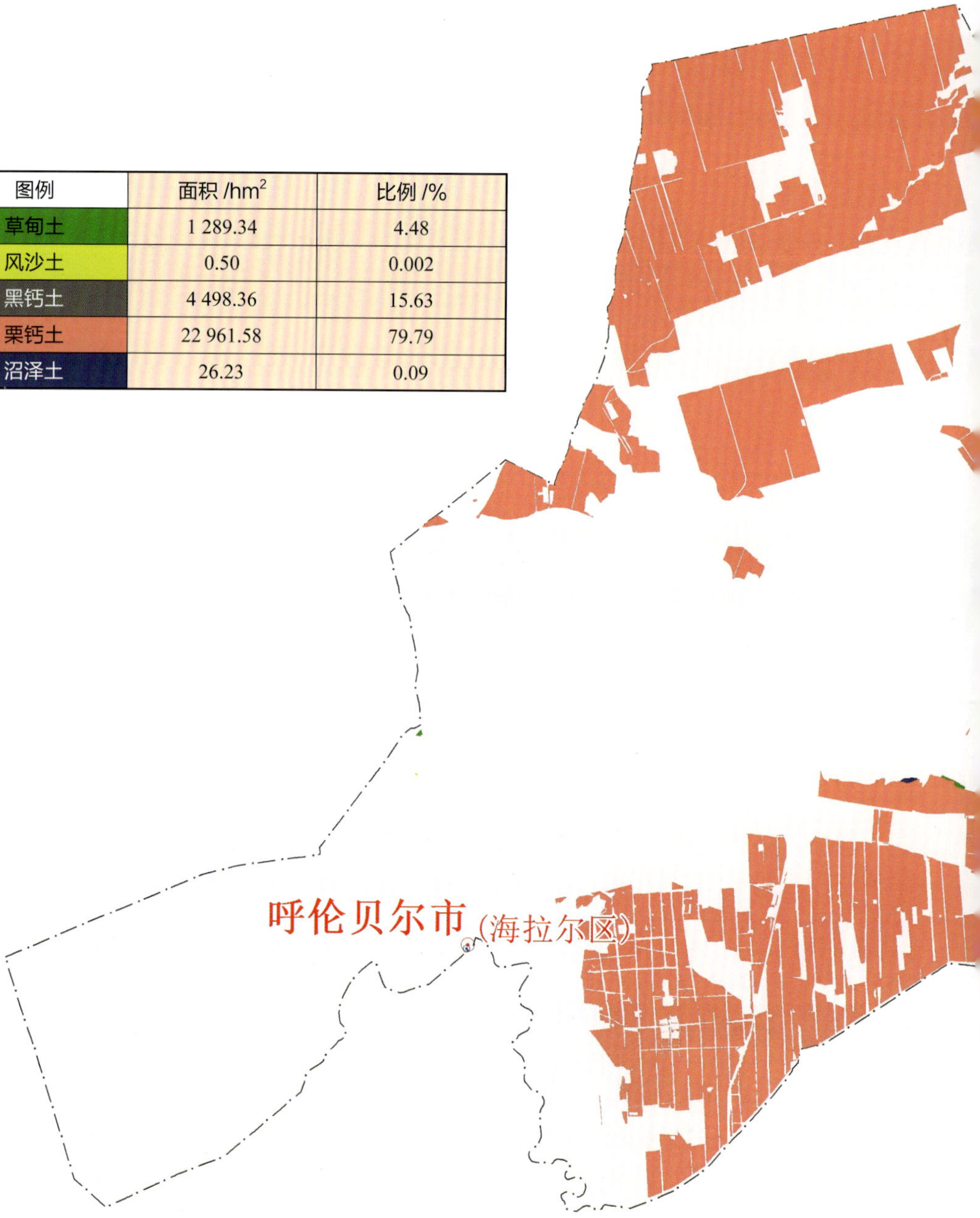

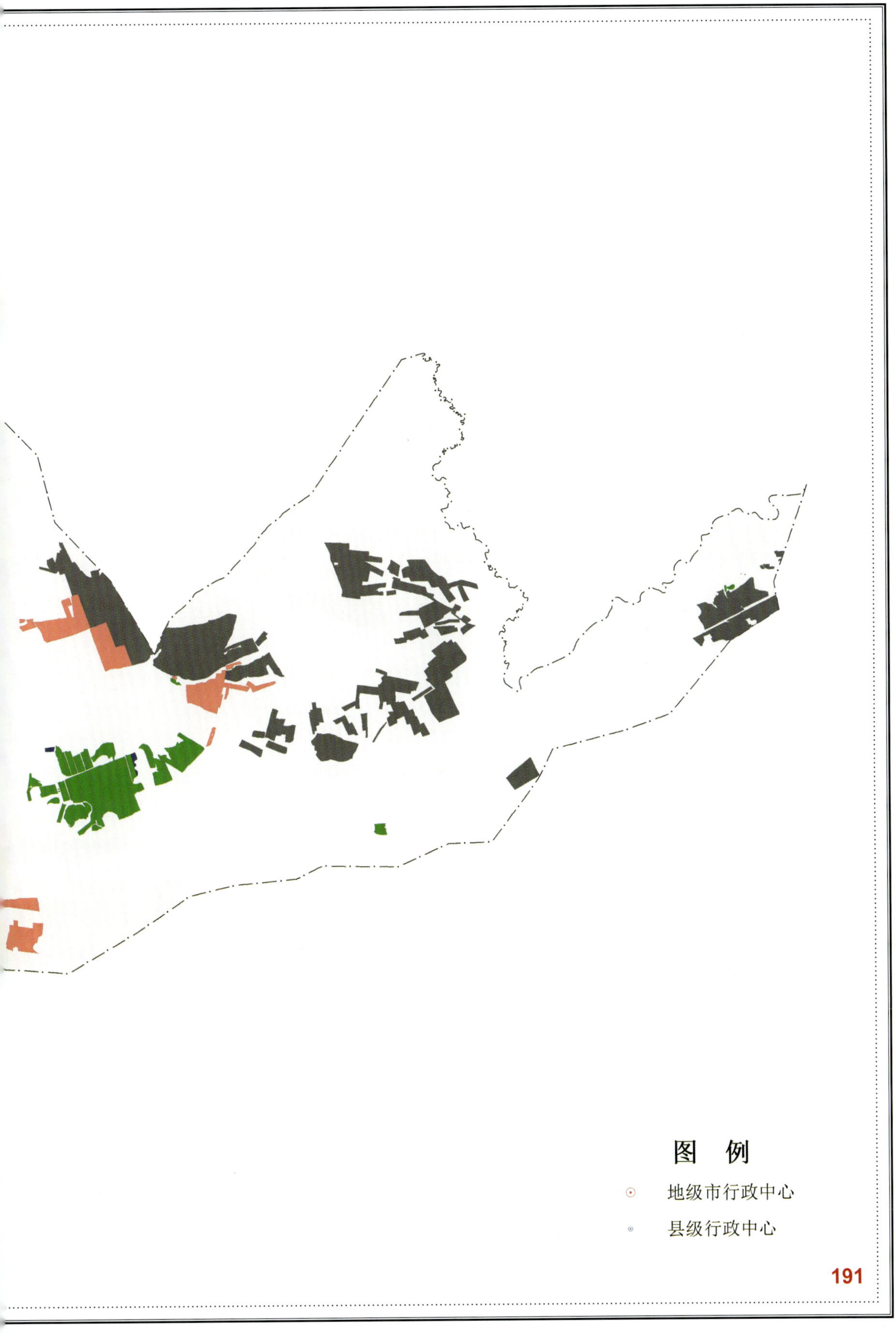
图 例
地级市行政中心
县级行政中心

海拉尔区耕地质量等级图

图例	面积 /hm^2	比例 /%
一等	168.40	0.59
二等	1 846.40	6.42
三等	10 196.43	35.43
四等	7 039.19	24.46
五等	6 312.17	21.94
六等	1 632.61	5.67
七等	1 443.27	5.02
八等	—	—
九等	137.56	0.48
十等	—	—

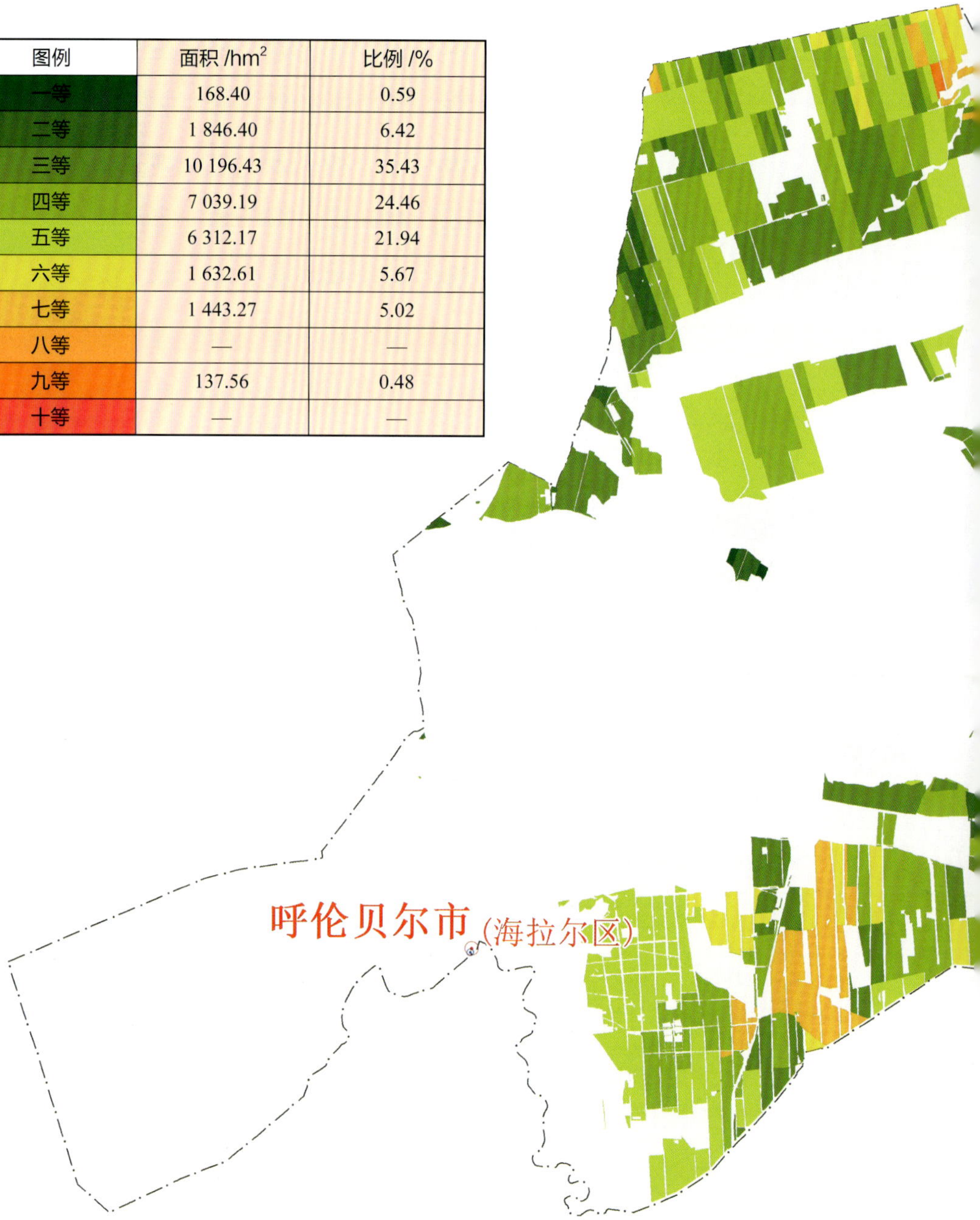

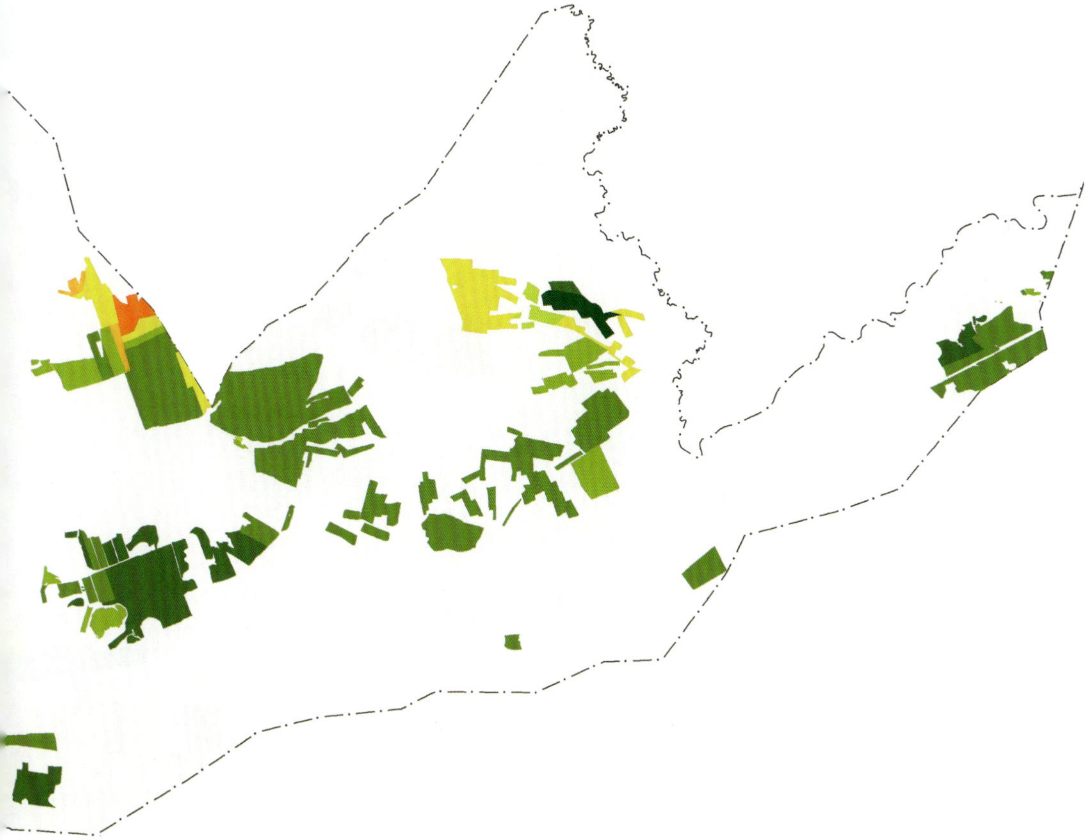

图 例

⊙ 地级市行政中心

◎ 县级行政中心

海拉尔区耕地土壤有机质含量分级图

图例	分级标准 /（g/kg）	面积 /hm²	比例 /%
1 级（高）	＞30.0	20 670.24	71.83
2 级（较高）	25.0～30.0	916.27	3.18
3 级（中）	15.0～25.0	4 752.81	16.52
4 级（较低）	10.0～15.0	2 356.54	8.19
5 级（低）	≤10.0	80.15	0.28

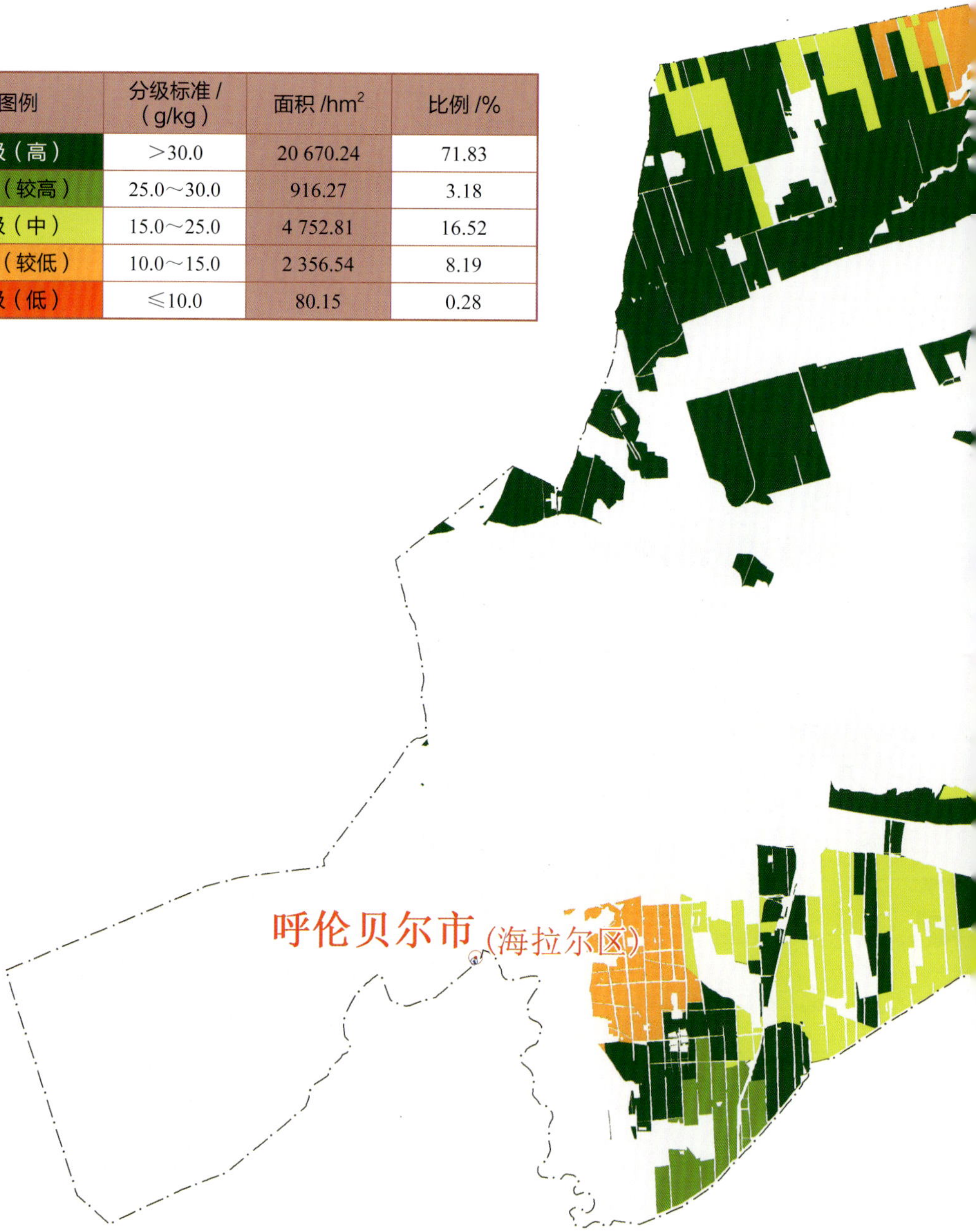

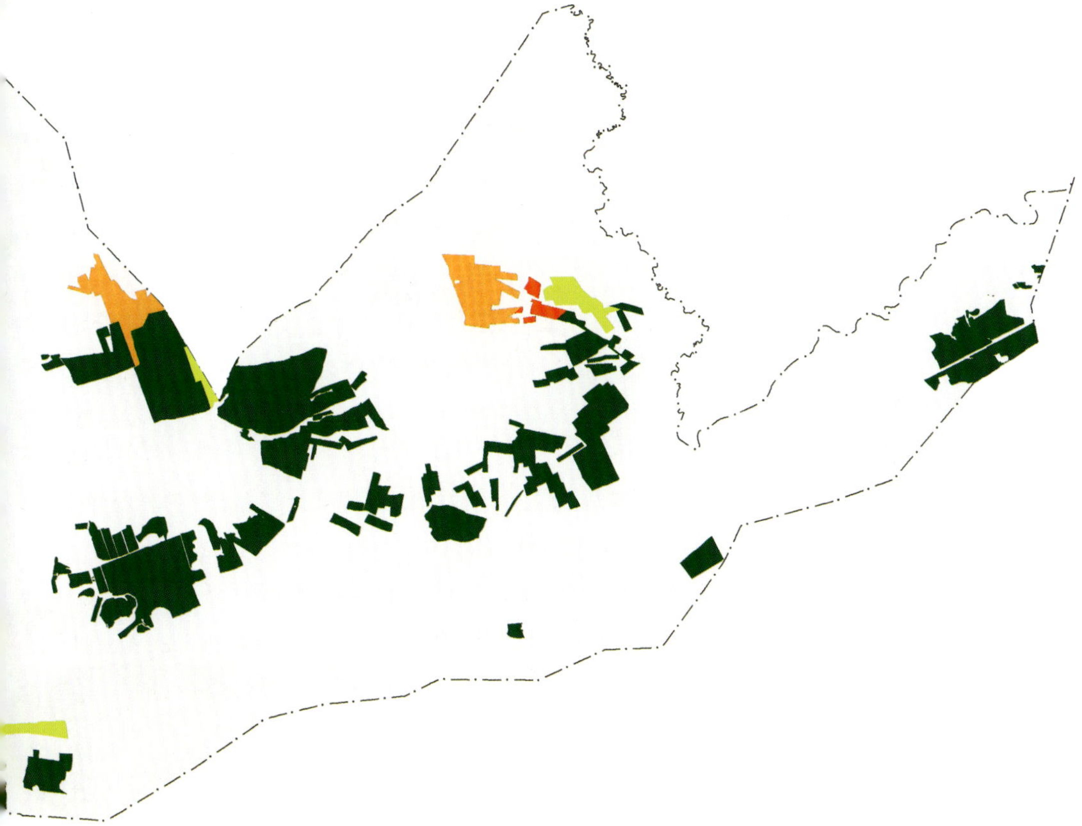
图 例
地级市行政中心
县级行政中心

海拉尔区耕地土壤全氮含量分级图

图例	分级标准 /（g/kg）	面积 /hm²	比例 /%
1 级（高）	＞2.00	17 733.22	61.62
2 级（较高）	1.50～2.00	5 651.81	19.64
3 级（中）	1.00～1.50	5 390.98	18.73
4 级（较低）	0.50～1.00	—	—
5 级（低）	≤0.50	—	—

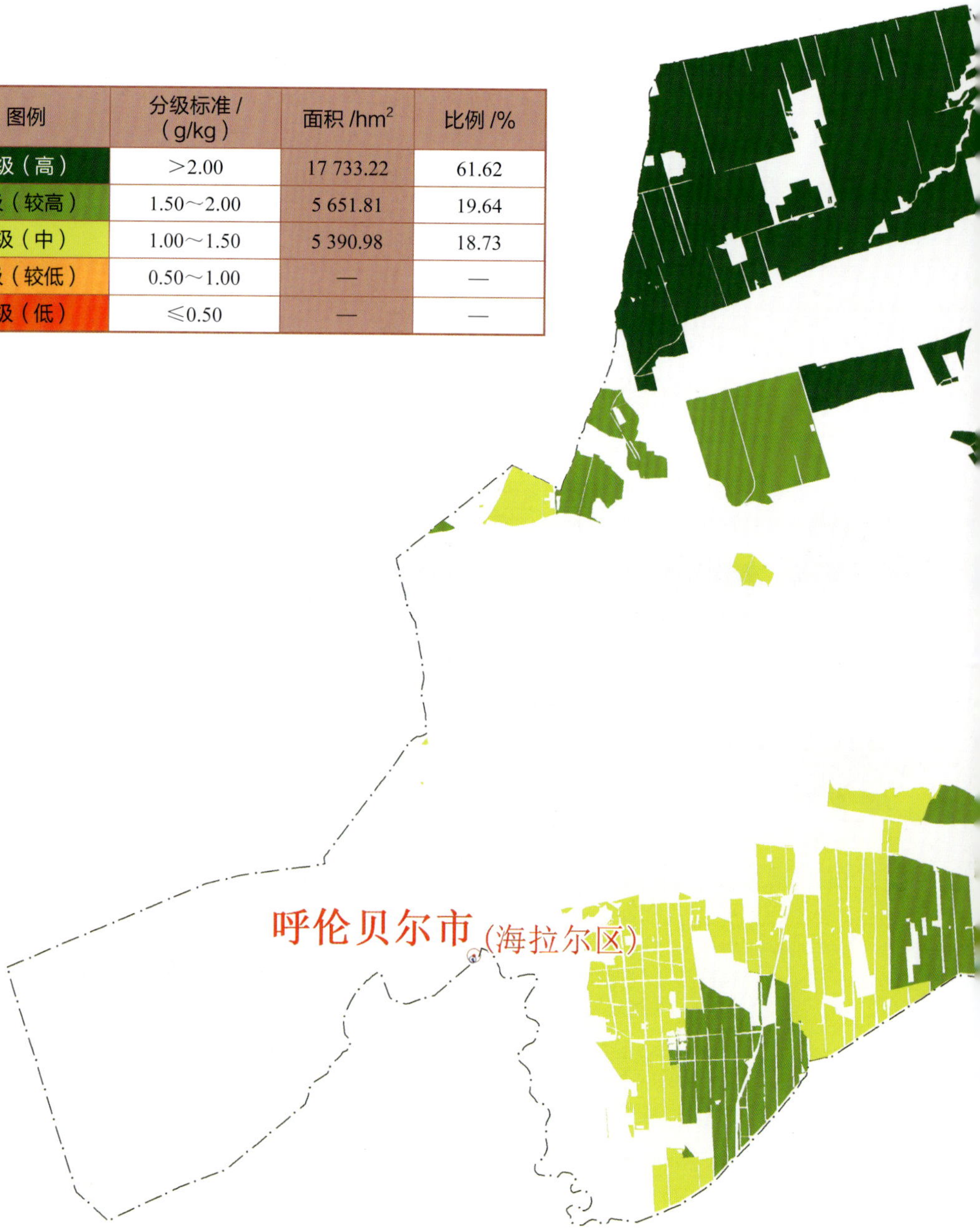

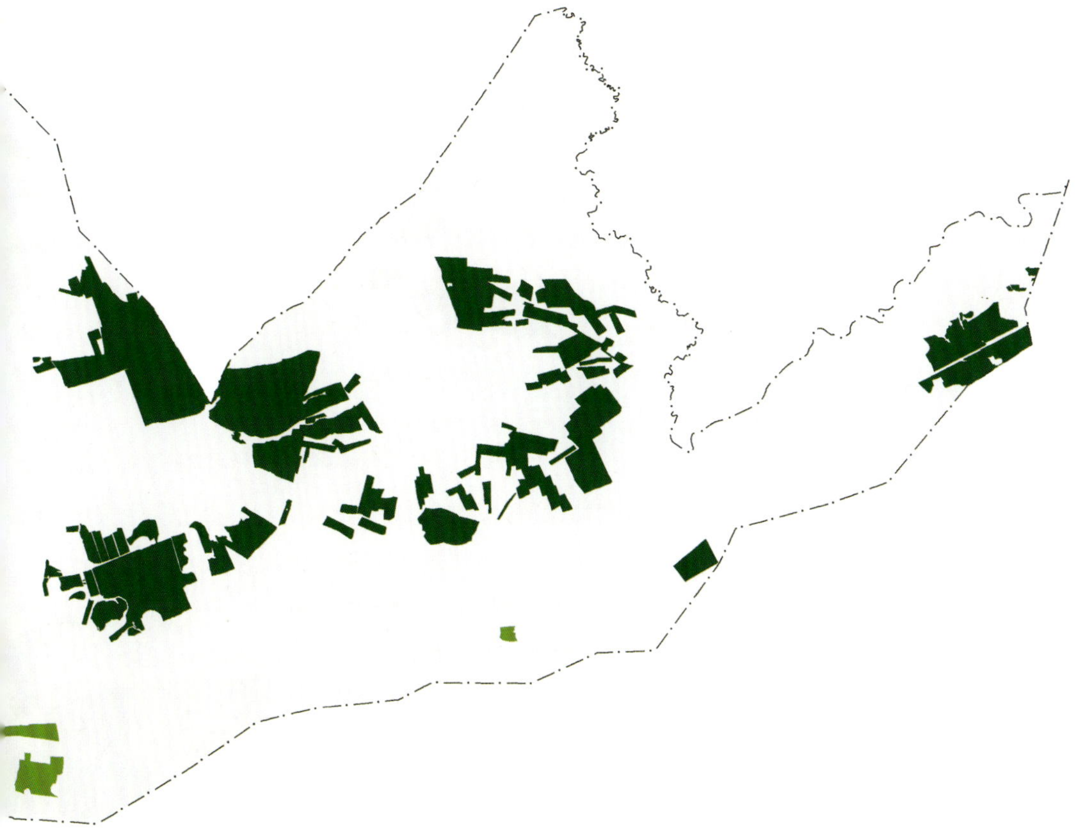

图 例

⊙ 地级市行政中心

⊙ 县级行政中心

海拉尔区耕地土壤有效磷含量分级图

图例	分级标准 /（mg/kg）	面积 /hm^2	比例 /%
1 级（高）	＞30.0	8 826.47	30.67
2 级（较高）	20.0～30.0	10 553.64	36.68
3 级（中）	10.0～20.0	9 395.90	32.65
4 级（较低）	5.0～10.0	—	—
5 级（低）	≤5.0	—	—

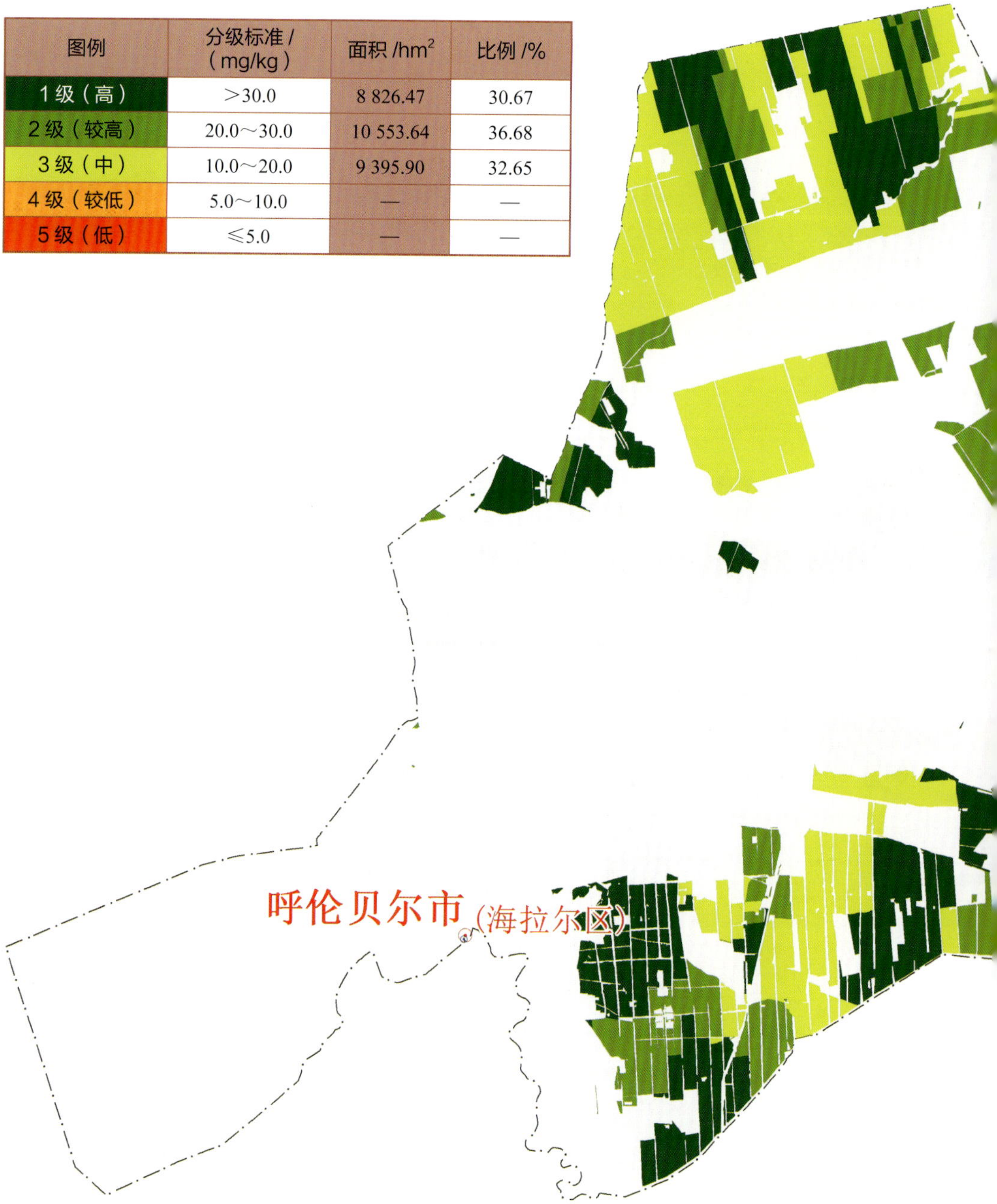

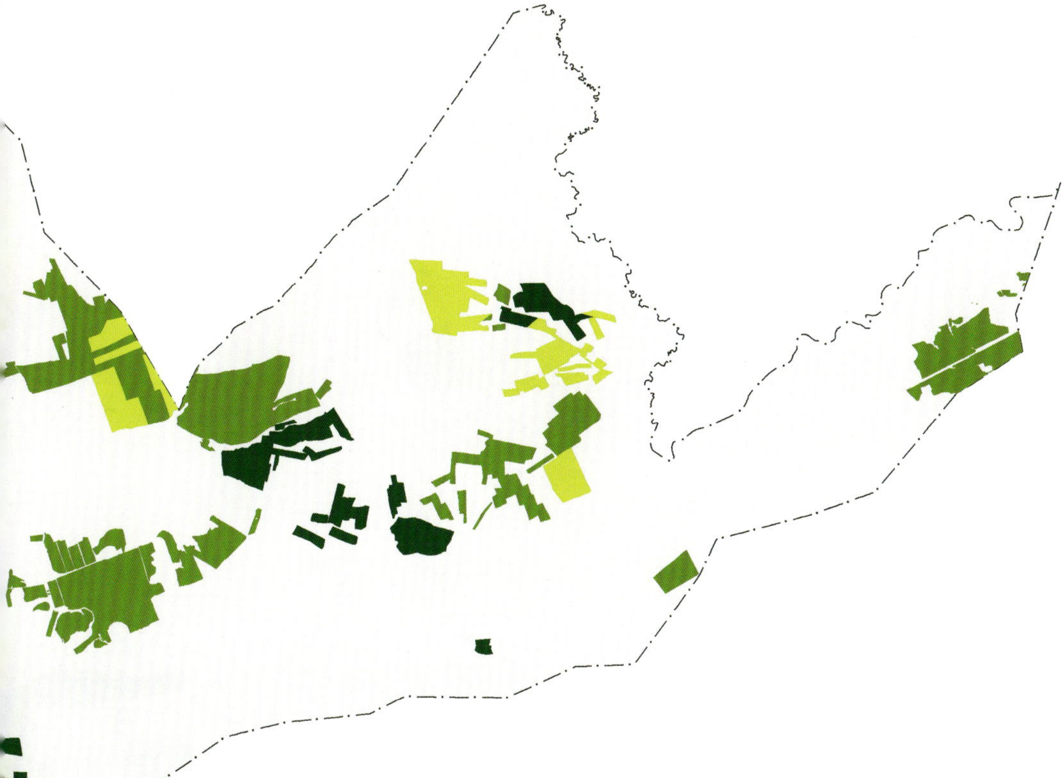

图　例

⊙ 地级市行政中心

⊙ 县级行政中心

海拉尔区耕地土壤速效钾含量分级图

图例	分级标准 /（mg/kg）	面积 /hm²	比例 /%
1 级（高）	＞200	6 798.64	23.63
2 级（较高）	150～200	14 166.60	49.23
3 级（中）	100～150	5 739.84	19.95
4 级（较低）	60～100	2 002.46	6.96
5 级（低）	≤60	68.47	0.24

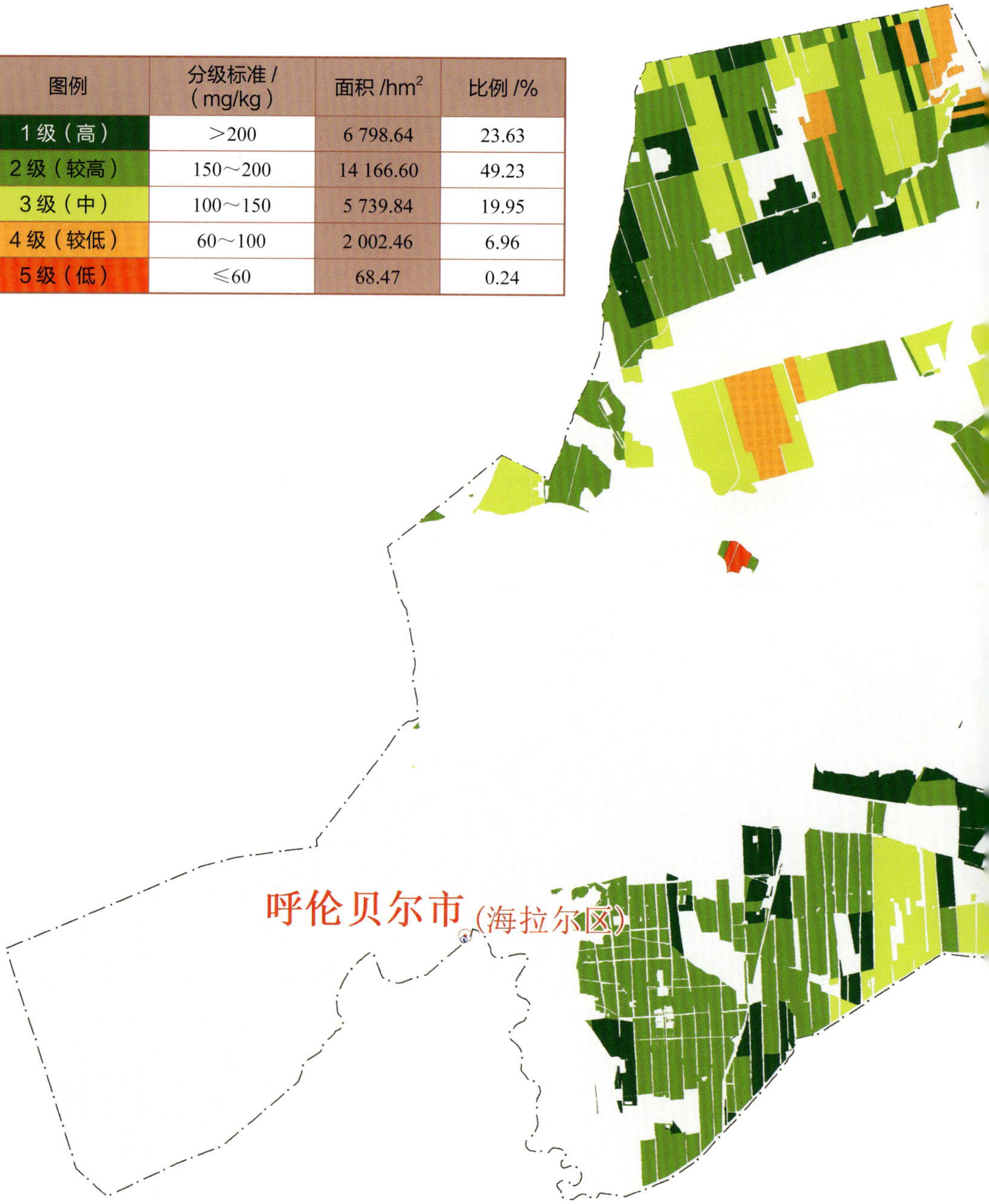

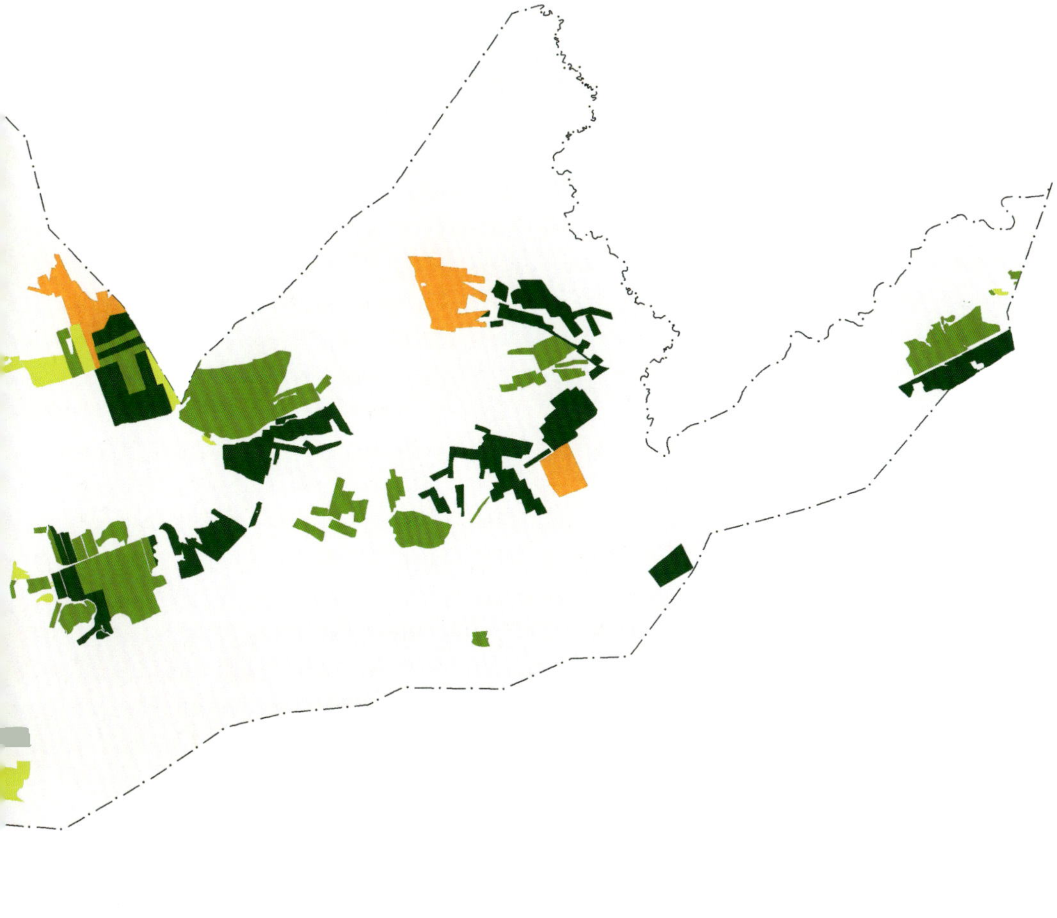

图 例

地级市行政中心

县级行政中心

海拉尔区耕地土壤缓效钾含量分级图

图例	分级标准 /（mg/kg）	面积 /hm²	比例 /%
1 级（高）	>1 200	—	—
2 级（较高）	1 000～1 200	110.16	0.38
3 级（中）	800～1 000	17 247.58	59.94
4 级（较低）	600～800	9 019.39	31.34
5 级（低）	≤600	2 398.87	8.34

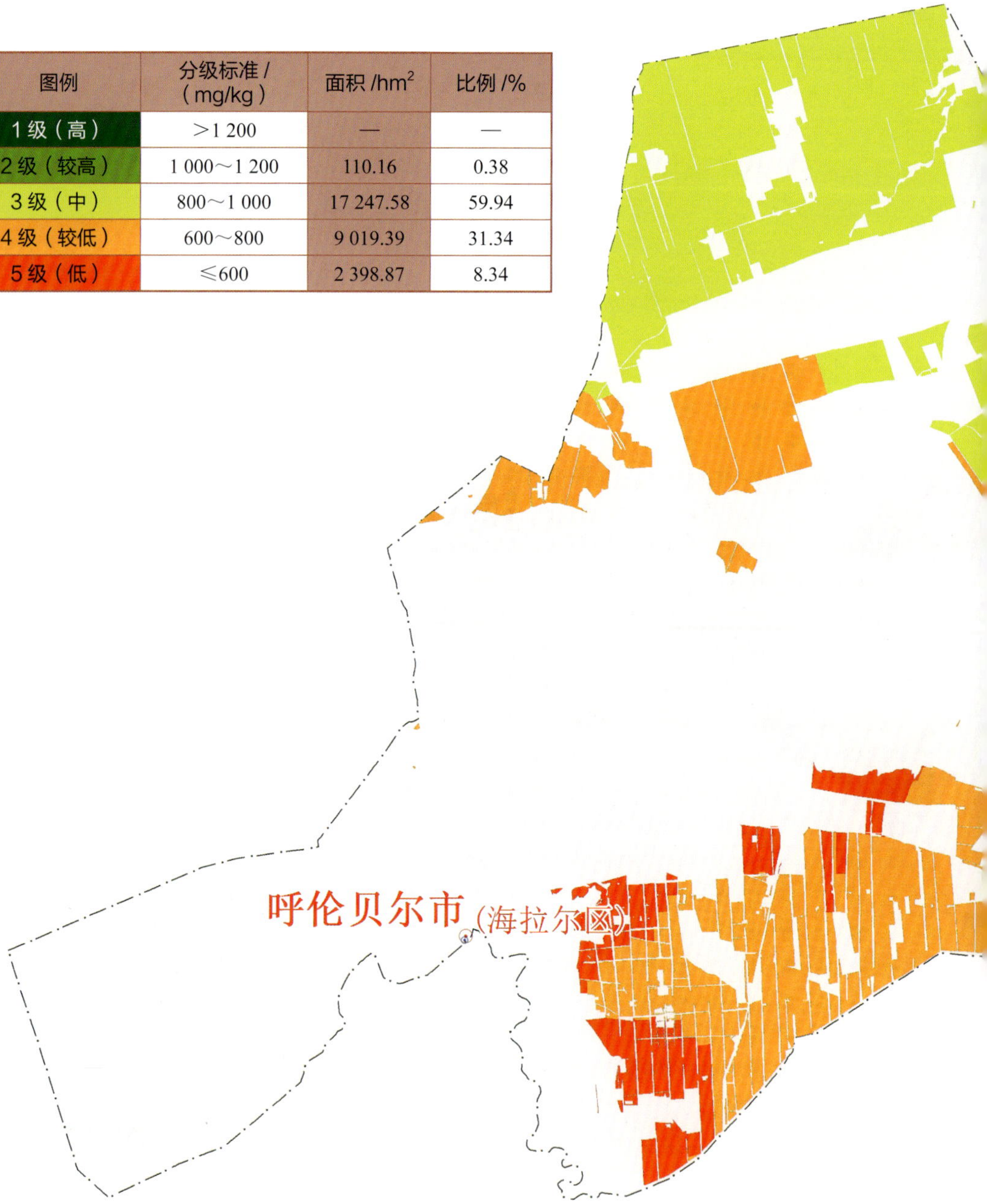

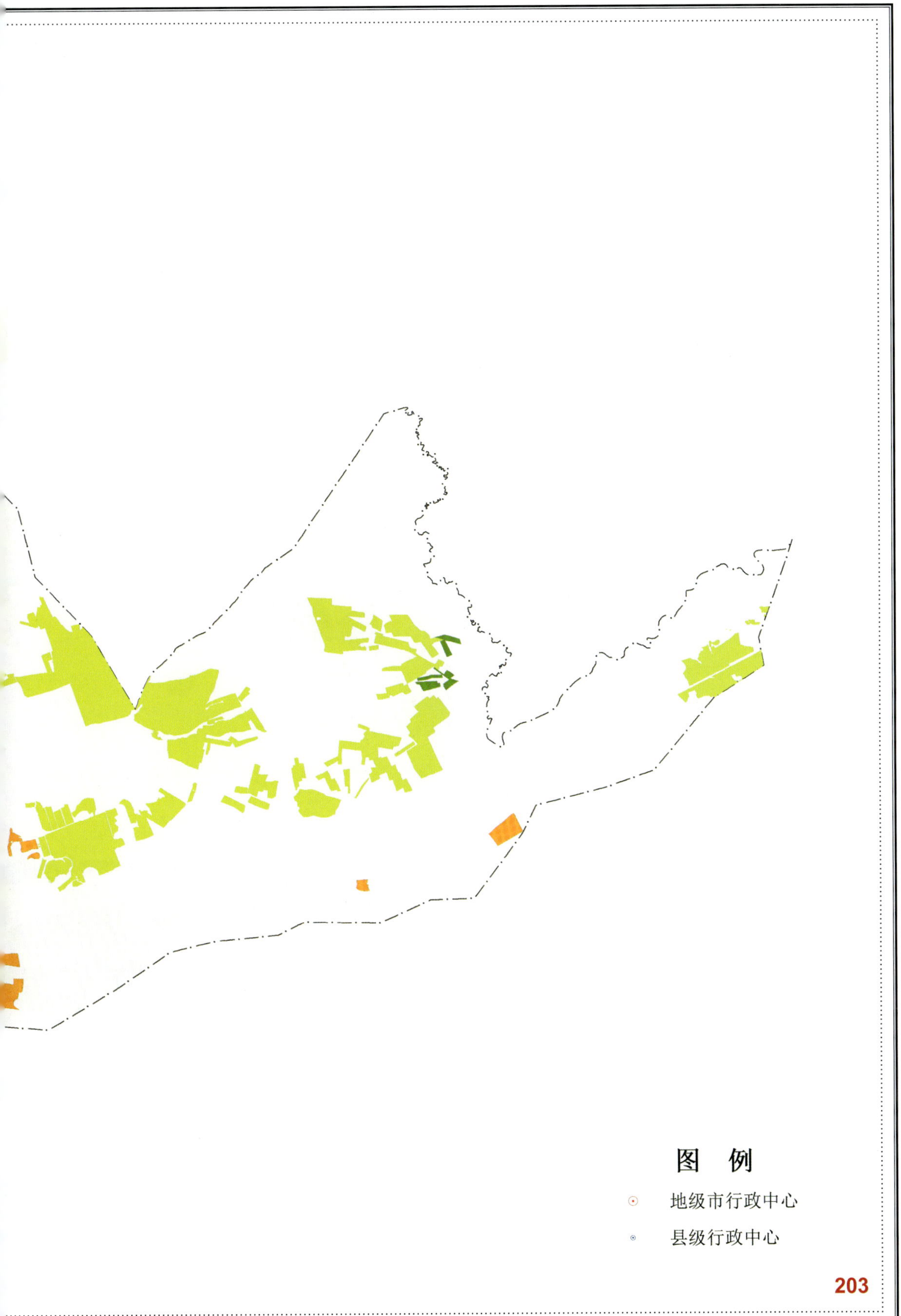
图 例
地级市行政中心
县级行政中心

海拉尔区耕地土壤有效硫含量分级图

图例	分级标准 /（mg/kg）	面积 /hm^2	比例 /%
1 级（高）	>40.0	5 264.28	18.29
2 级（较高）	30.0～40.0	18 271.03	63.49
3 级（中）	20.0～30.0	5 240.70	18.21
4 级（较低）	15.0～20.0	—	—
5 级（低）	≤15.0	—	—

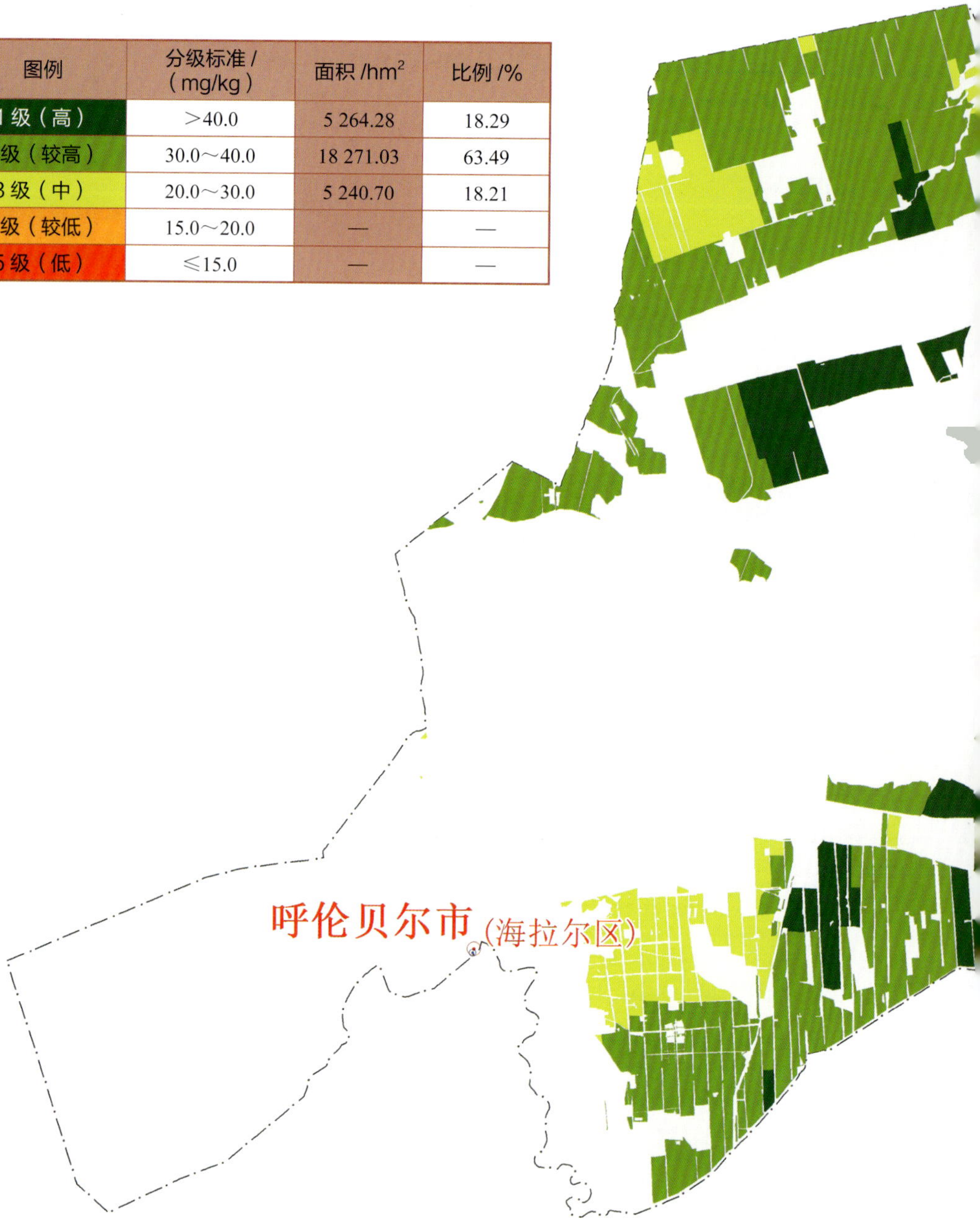

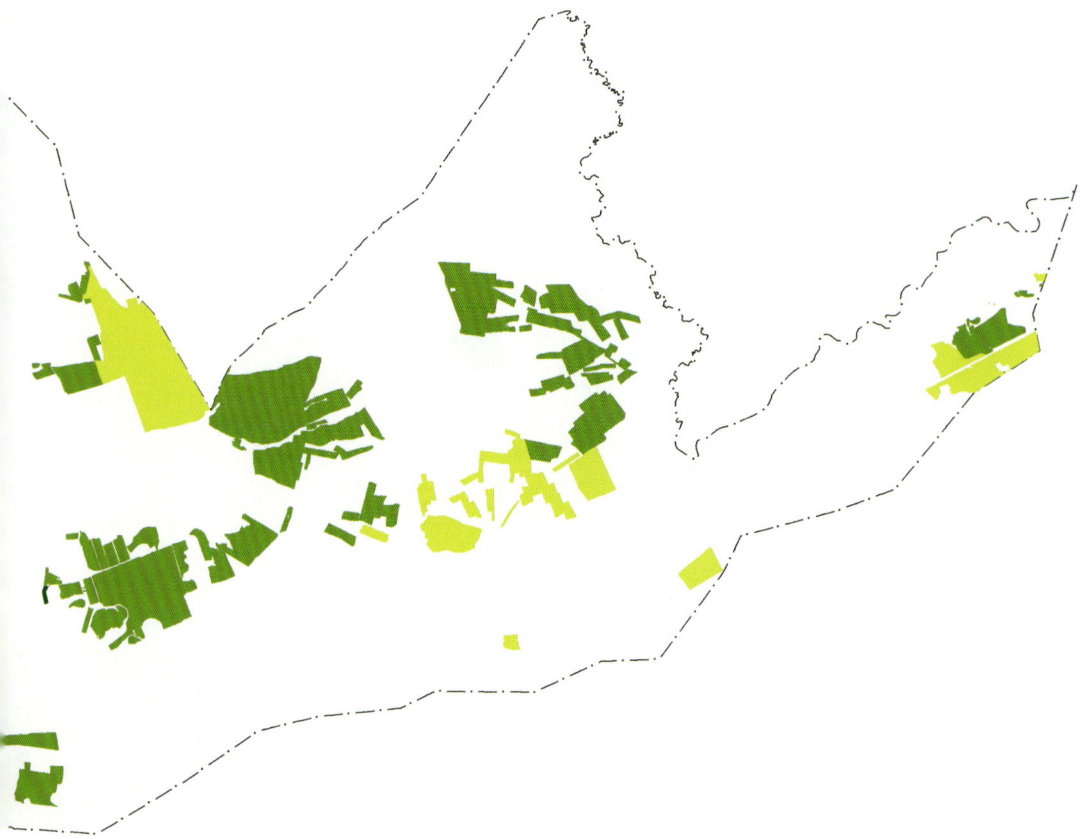

图　例

⊙　地级市行政中心

⊙　县级行政中心

海拉尔区耕地土壤有效硅含量分级图

图例	分级标准 /（mg/kg）	面积 /hm^2	比例 /%
1 级（高）	＞250	8 826.47	30.67
2 级（较高）	150～250	10 553.64	36.68
3 级（中）	100～150	9 395.90	32.65
4 级（较低）	50～100	—	—
5 级（低）	≤50	—	—

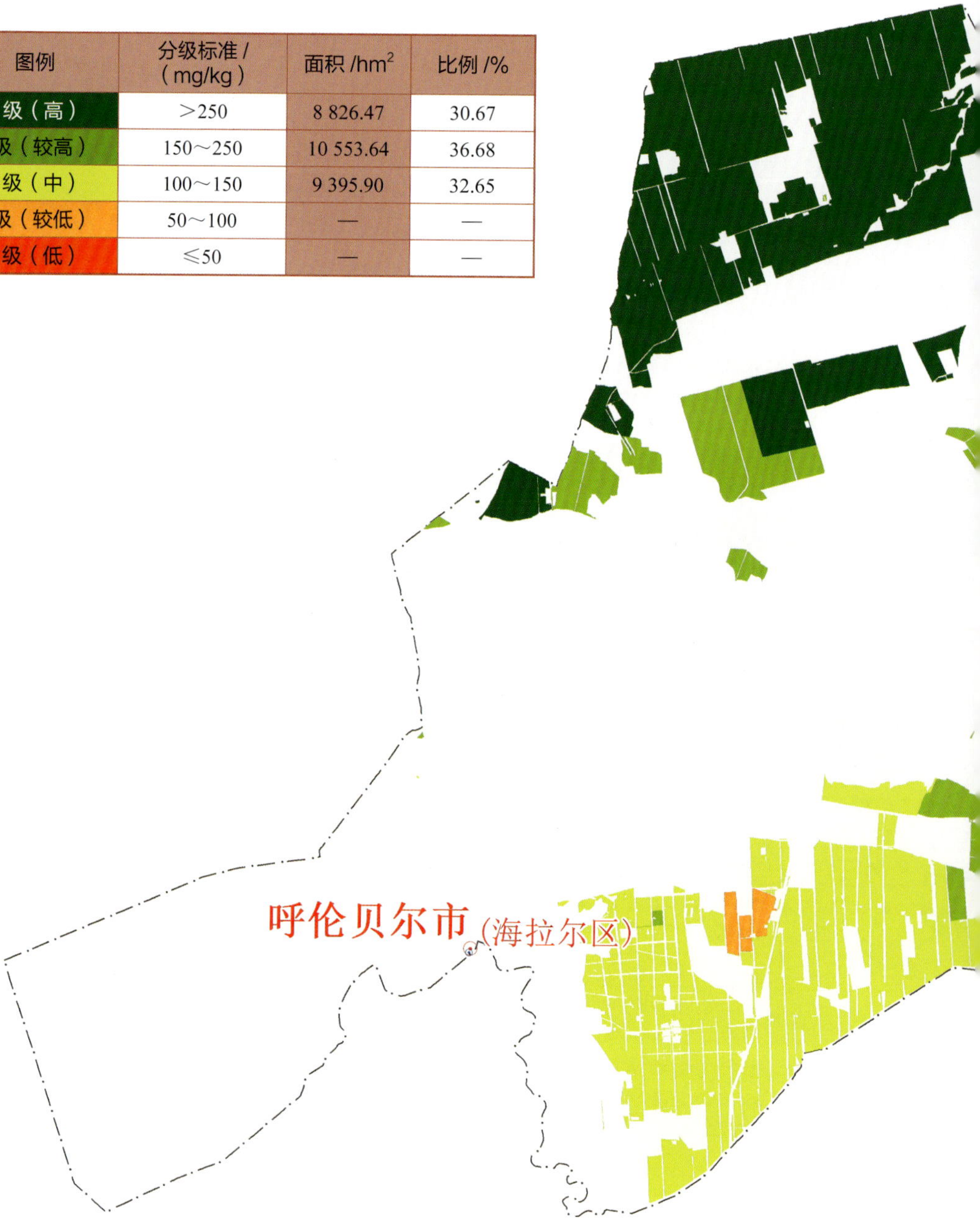

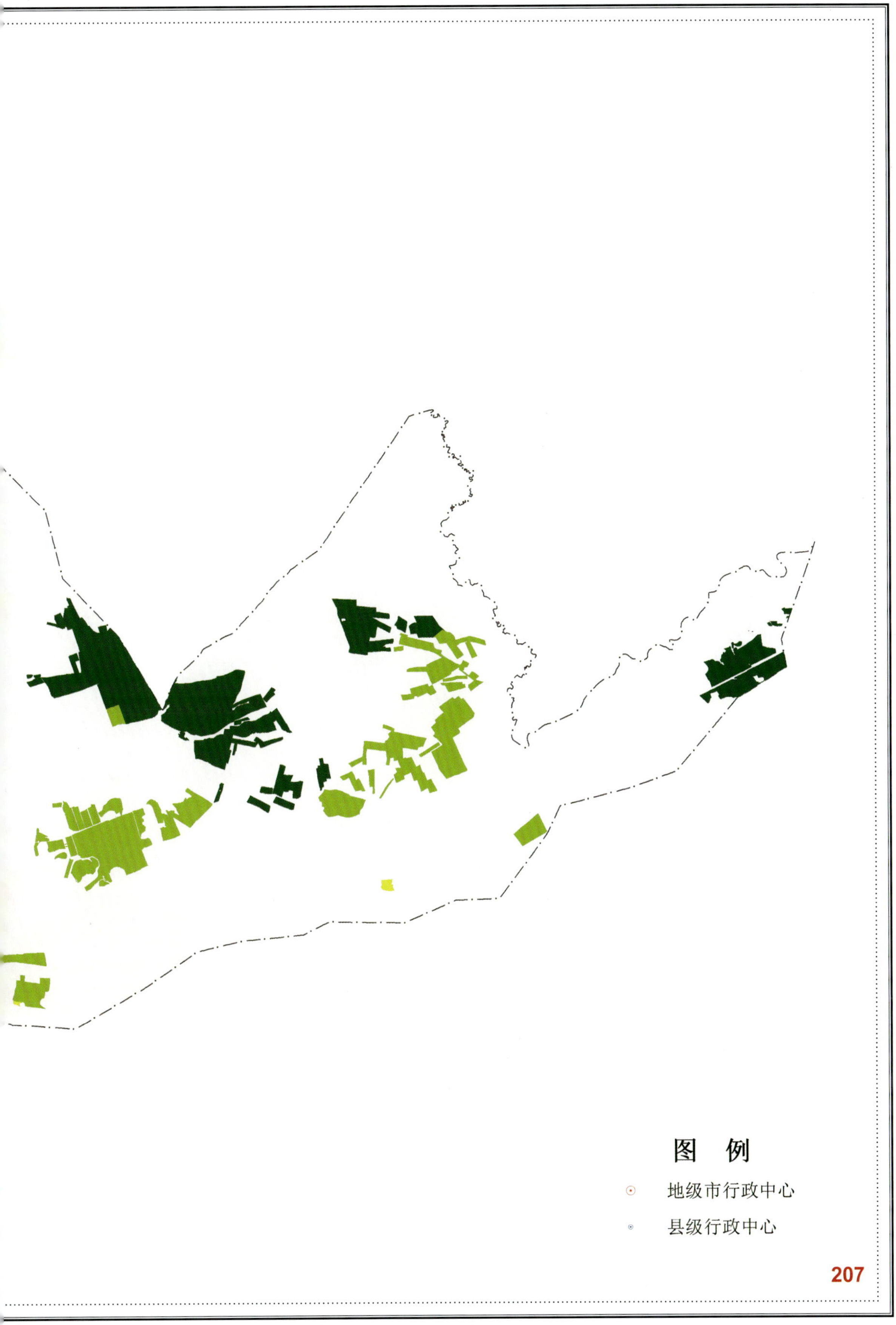
图 例
地级市行政中心
县级行政中心

海拉尔区耕地土壤有效锰含量分级图

图例	分级标准 /（mg/kg）	面积 /hm²	比例 /%
1 级（高）	＞25.0	110.16	0.38
2 级（较高）	10.0～25.0	3 454.62	12.01
3 级（中）	5.0～10.0	10 643.37	36.99
4 级（较低）	1.0～5.0	14 567.86	50.63
5 级（低）	≤1.0	—	—

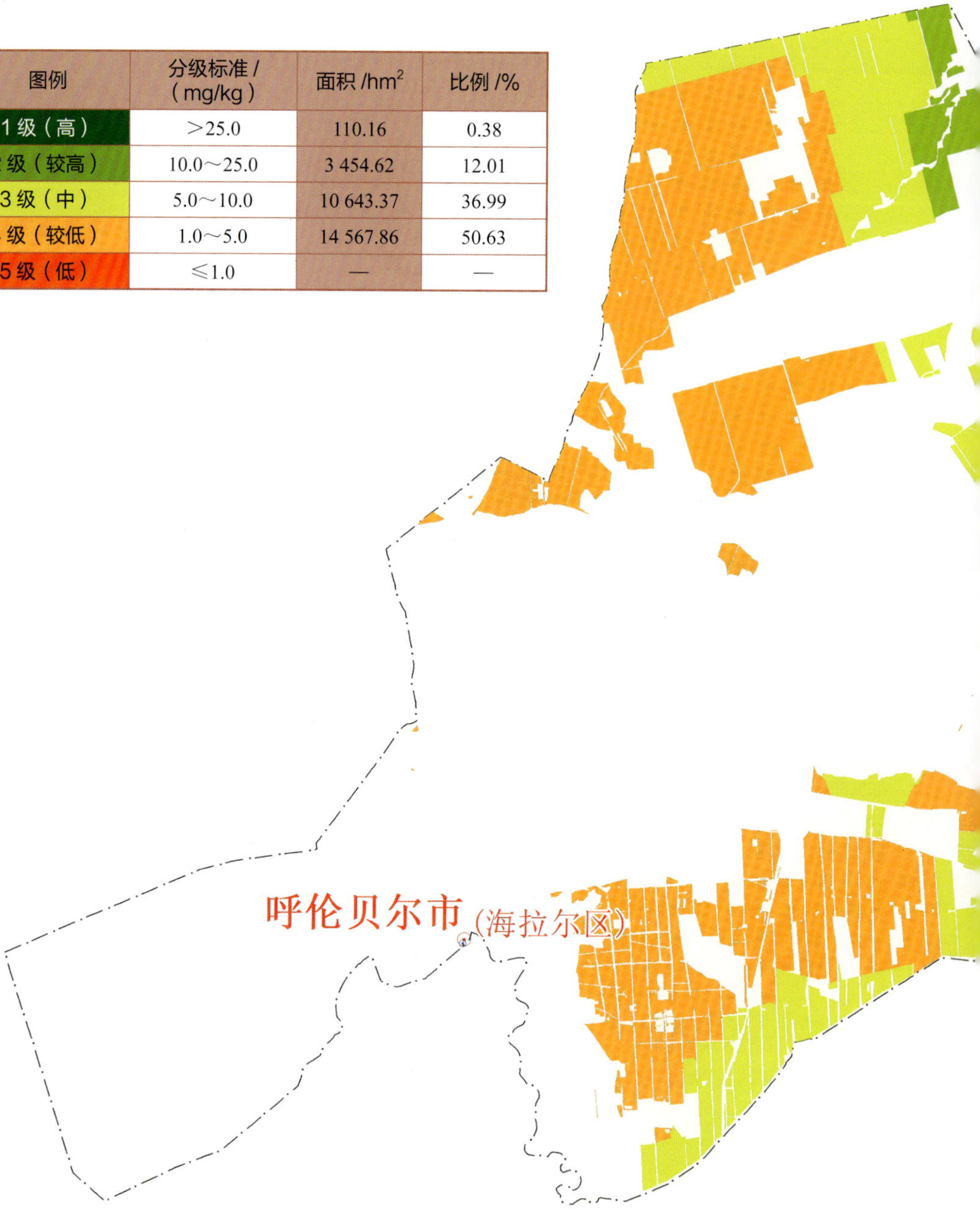

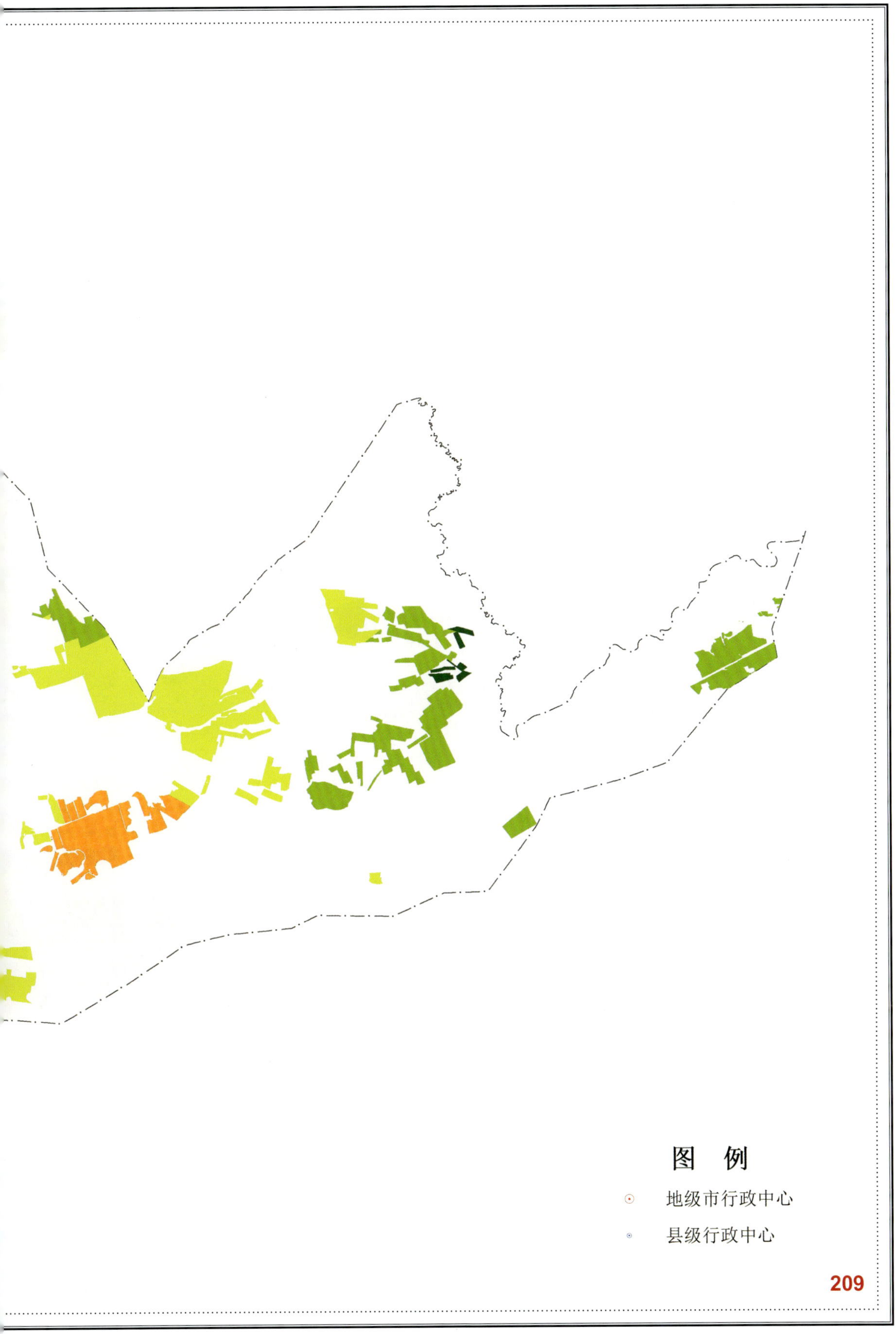
图　例
地级市行政中心
县级行政中心

海拉尔区耕地土壤有效铜含量分级图

图例	分级标准 /（mg/kg）	面积 /hm^2	比例 /%
1 级（高）	＞2.00	11 519.09	40.03
2 级（较高）	1.00～2.00	17 195.68	59.76
3 级（中）	0.50～1.00	61.24	0.21
4 级（较低）	0.10～0.50	—	—
5 级（低）	≤0.10	—	—

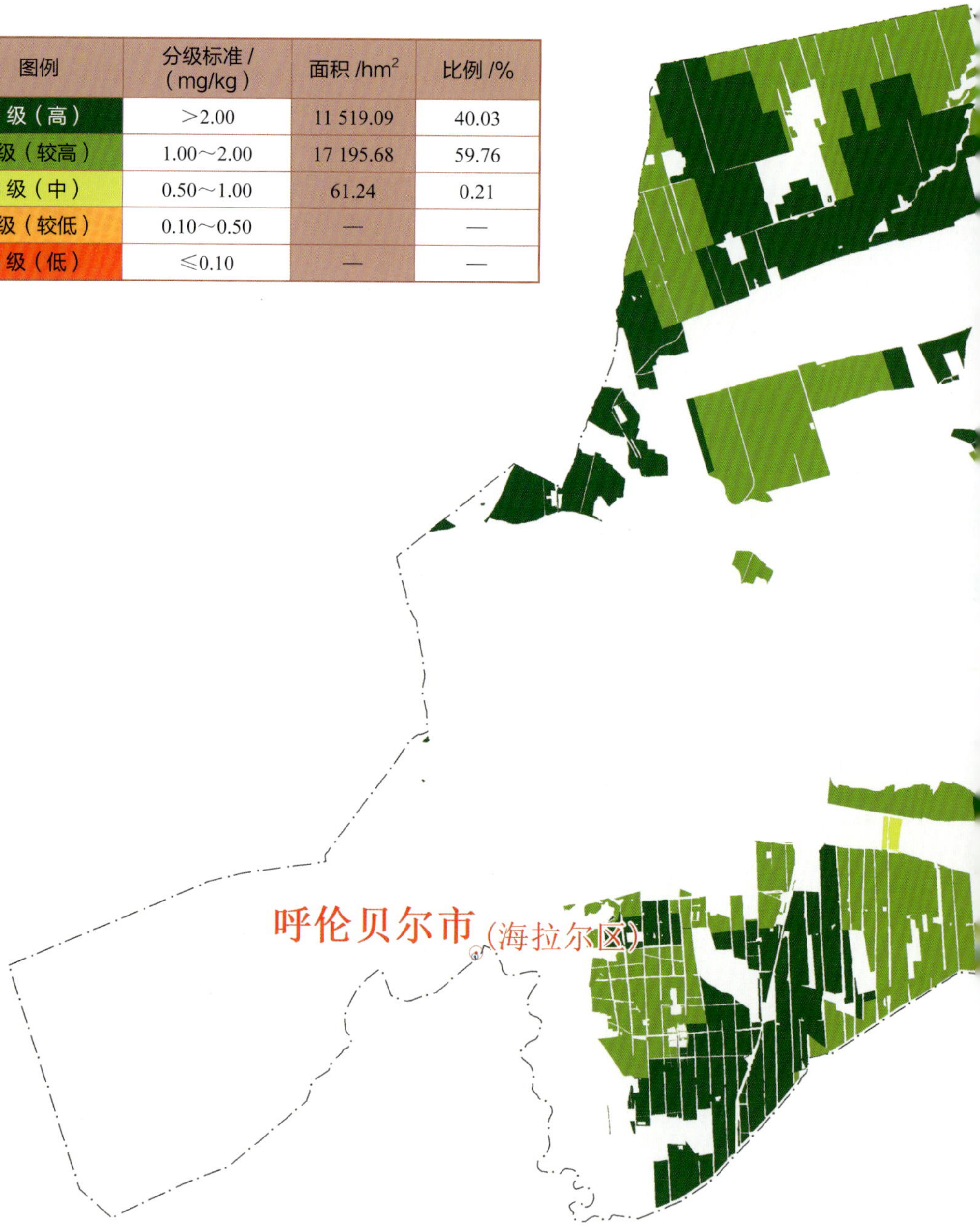

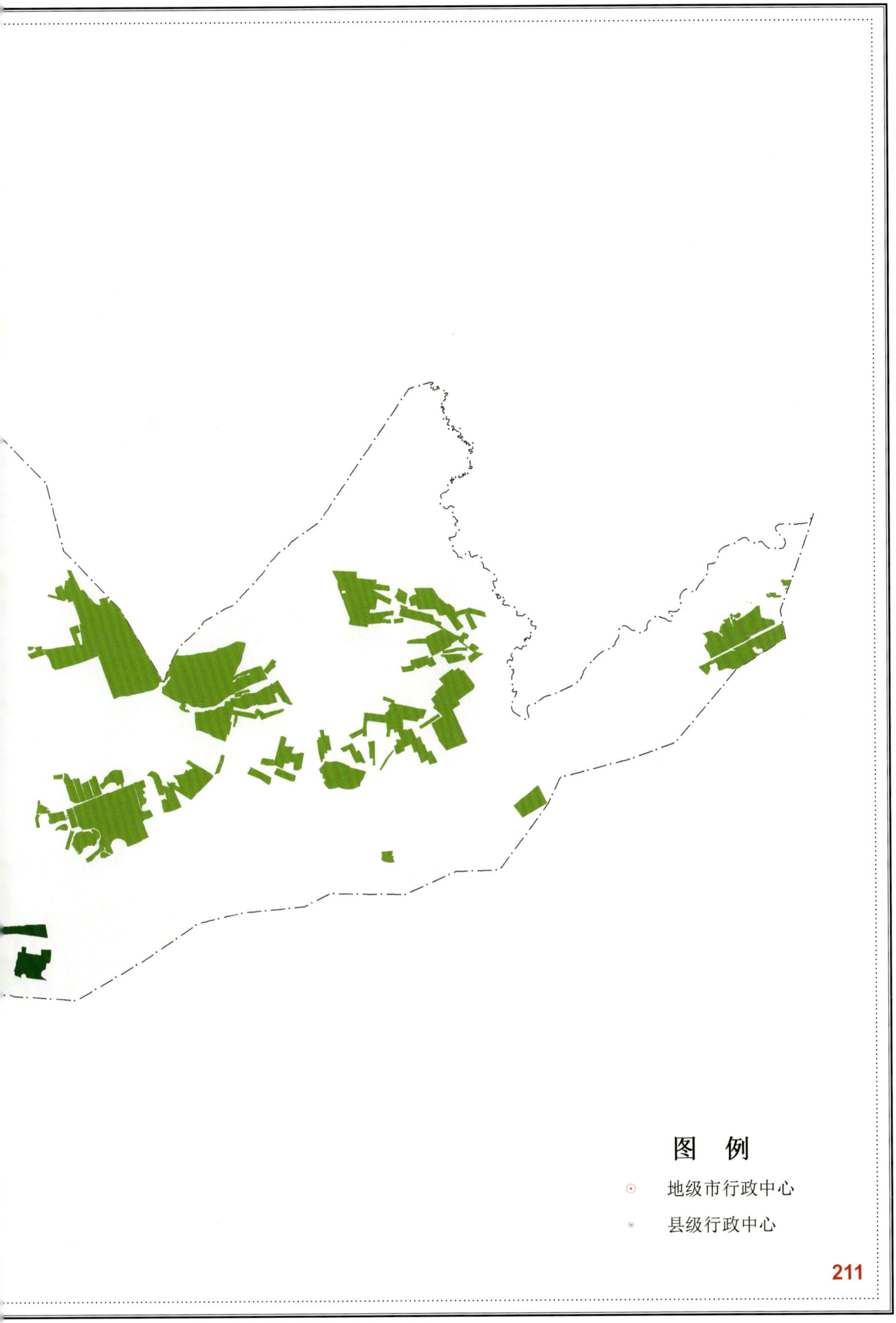
图　例
地级市行政中心
县级行政中心

海拉尔区耕地土壤有效锌含量分级图

图例	分级标准 /（mg/kg）	面积 /hm²	比例 /%
1 级（高）	＞3.00	16 557.18	57.54
2 级（较高）	1.50～3.00	11 969.84	41.60
3 级（中）	0.70～1.50	249.00	0.87
4 级（较低）	0.30～0.70	—	—
5 级（低）	≤0.30	—	—

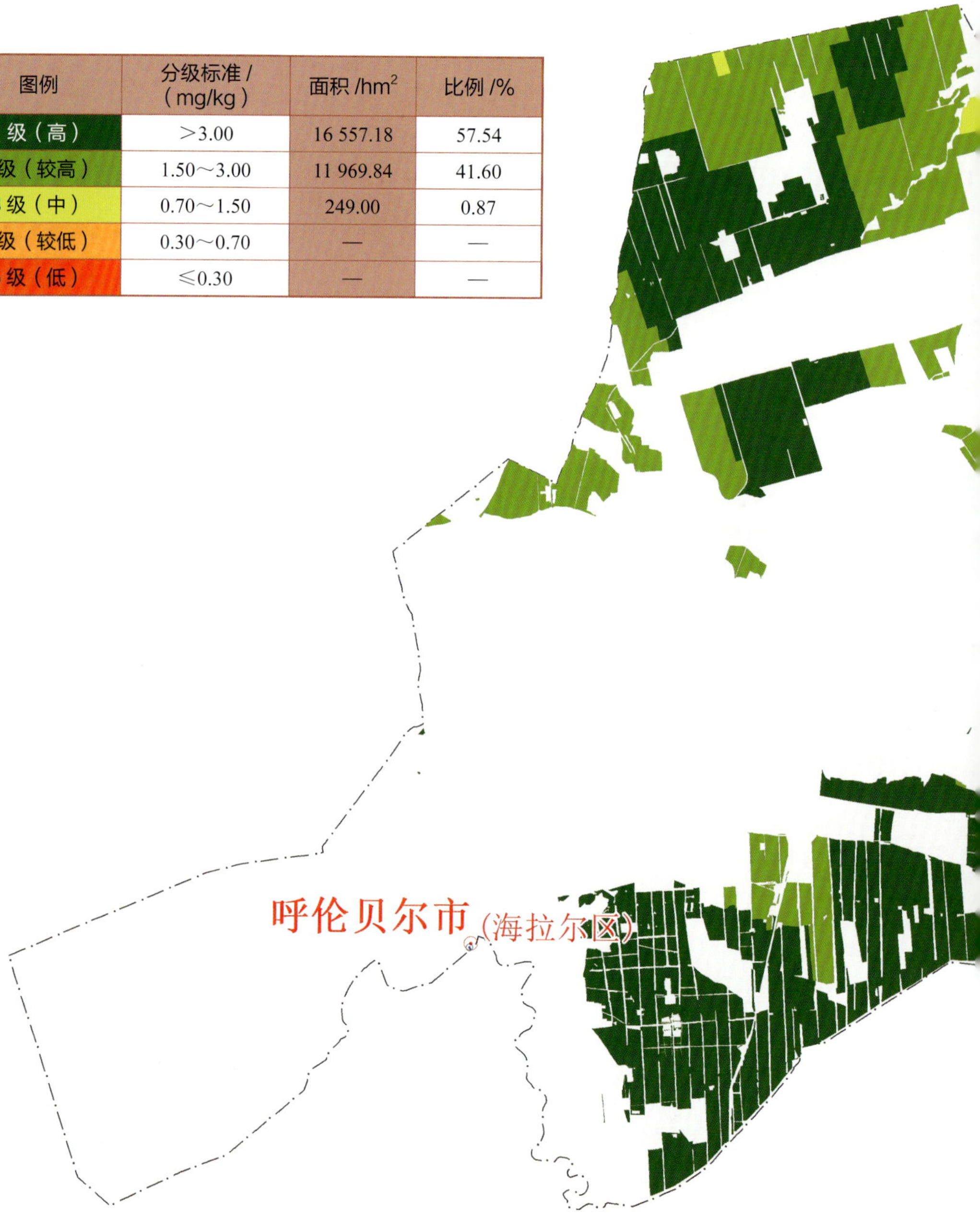

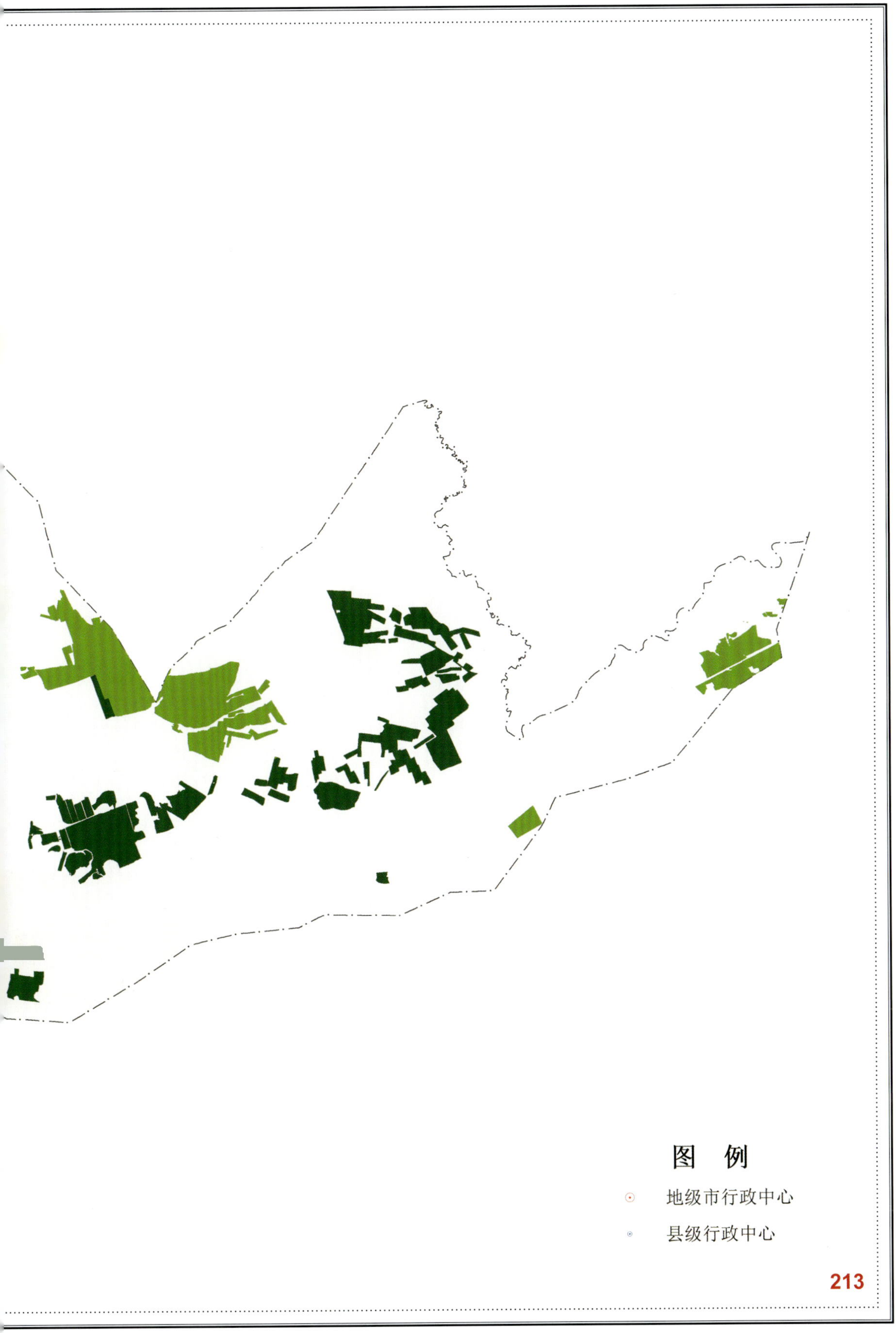
图 例
地级市行政中心
县级行政中心

海拉尔区耕地土壤有效硼含量分级图

图例	分级标准 /（mg/kg）	面积 /hm^2	比例 /%
1 级（高）	＞2.00	—	—
2 级（较高）	1.50～2.00	—	—
3 级（中）	0.70～1.50	20 175.71	70.11
4 级（较低）	0.20～0.70	8 600.30	29.89
5 级（低）	≤0.20	—	—

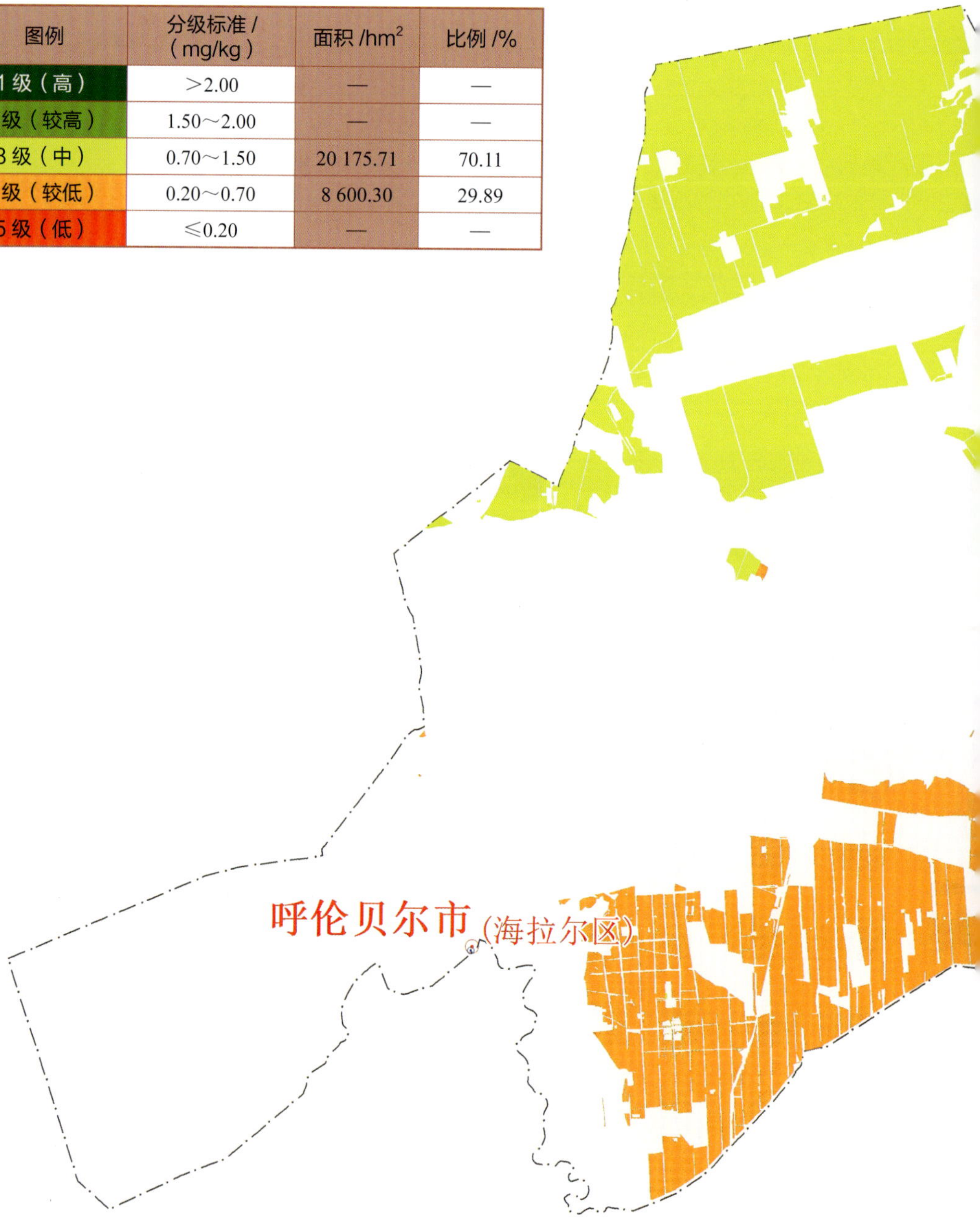

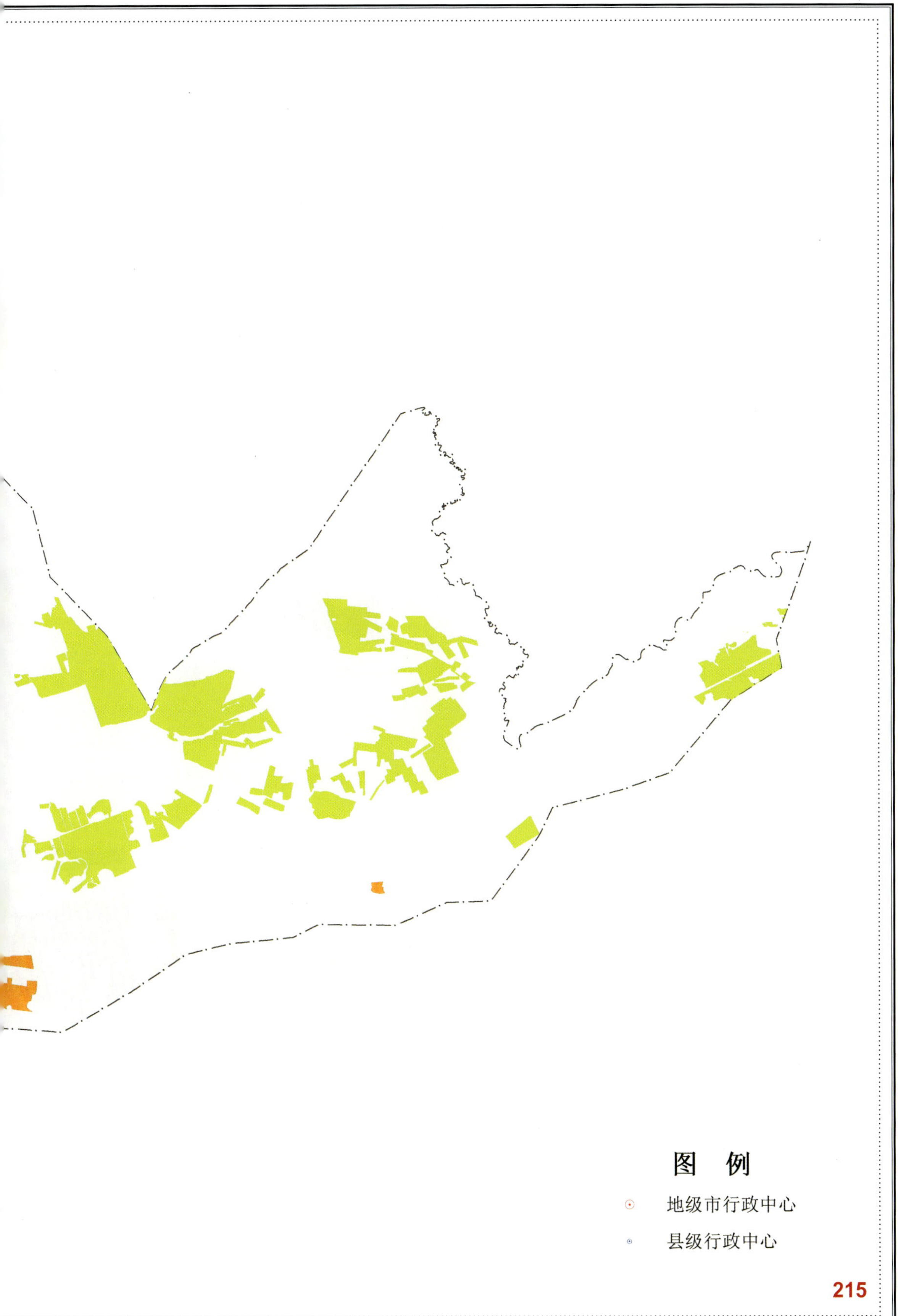
图 例
地级市行政中心
县级行政中心

海拉尔区耕地土壤有效钼含量分级图

图例	分级标准 /（mg/kg）	面积 /hm²	比例 /%
1 级（高）	＞0.20	11 806.04	41.03
2 级（较高）	0.15～0.20	13 807.90	47.98
3 级（中）	0.10～0.15	3 155.12	10.96
4 级（较低）	0.05～0.10	6.95	0.02
5 级（低）	≤0.05	—	—

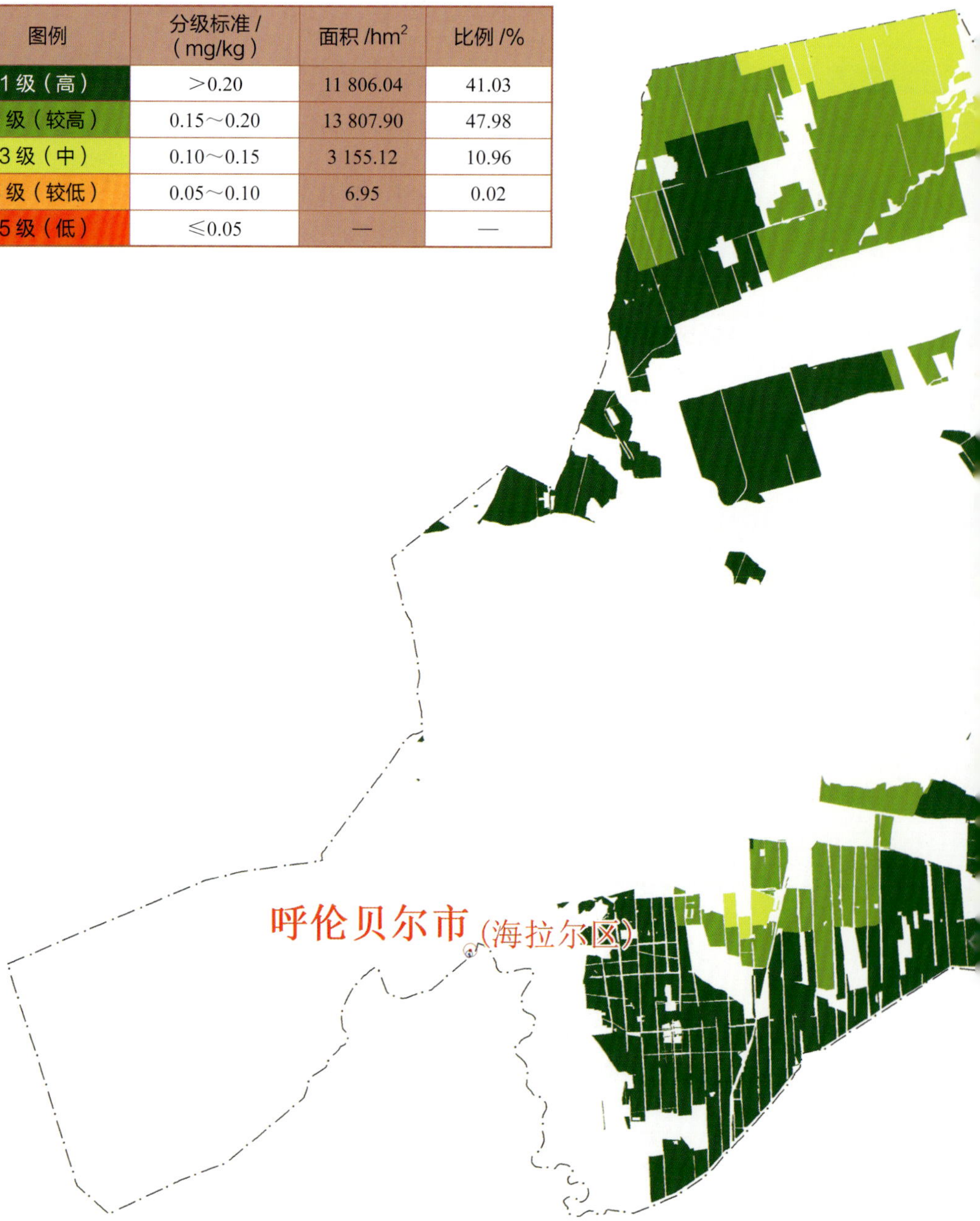

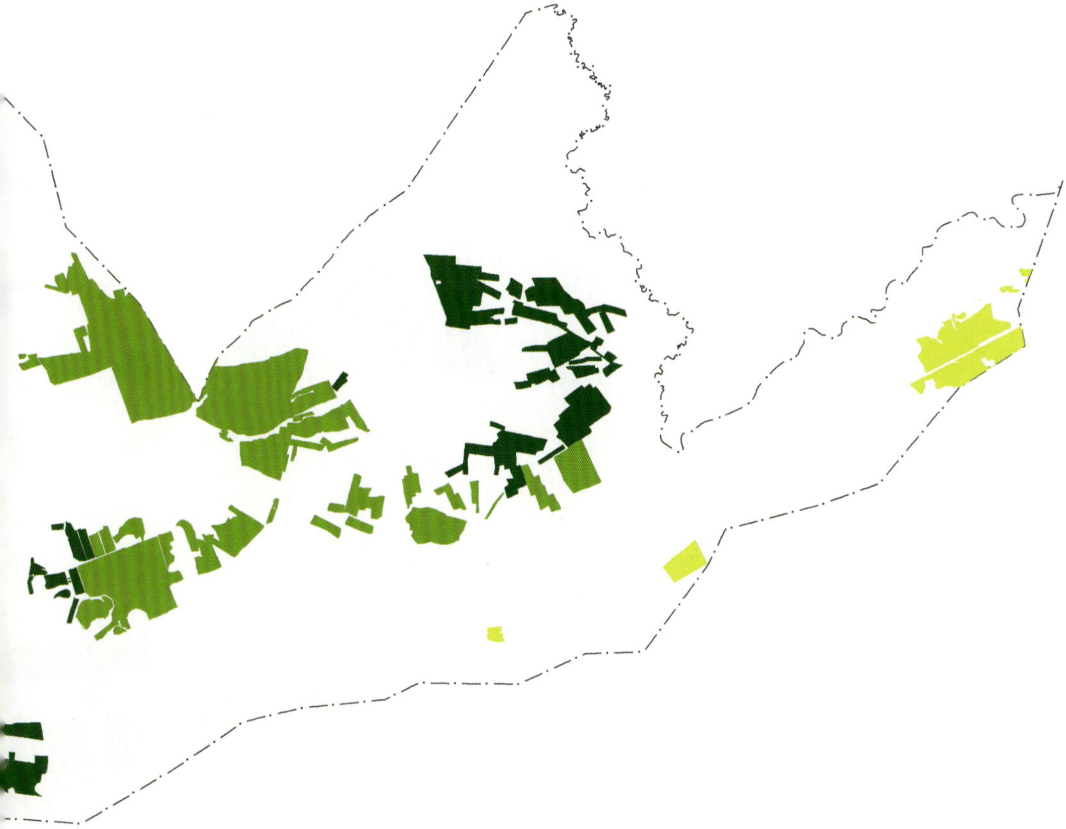

图 例

⊙ 地级市行政中心

◎ 县级行政中心

海拉尔区耕地土壤酸碱度（pH）分级图

图例	分级标准	面积 /hm²	比例 /%
1 级（高）	6.5～7.5	14 220.21	49.42
2 级（较高）	6.0～6.5	7 138.40	24.81
3 级（中）	7.5～8.0，5.5～6.0	7 202.98	25.03
4 级（较低）	8.0～8.5	97.69	0.34
5 级（低）	>8.5，≤4.5	116.75	0.41

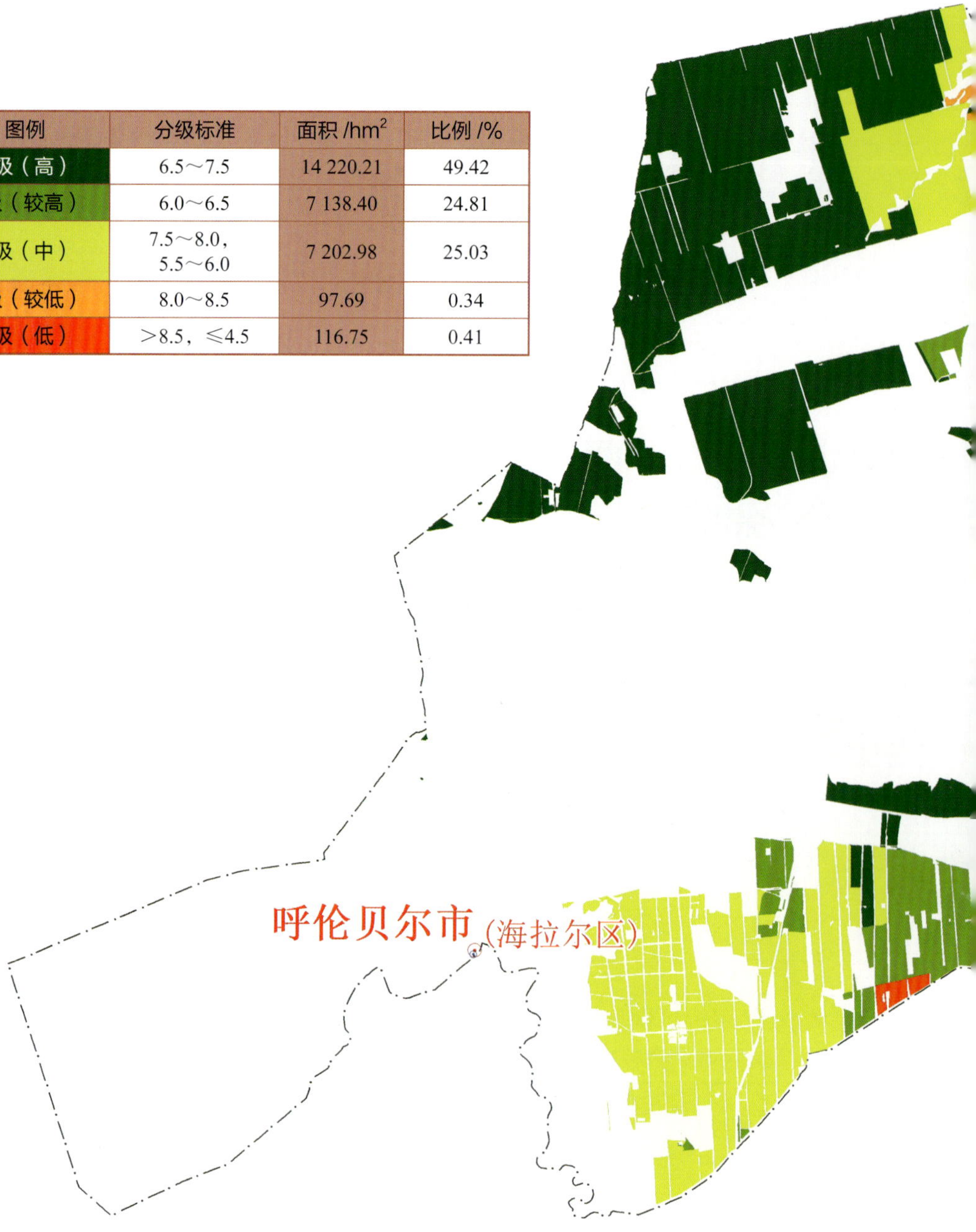

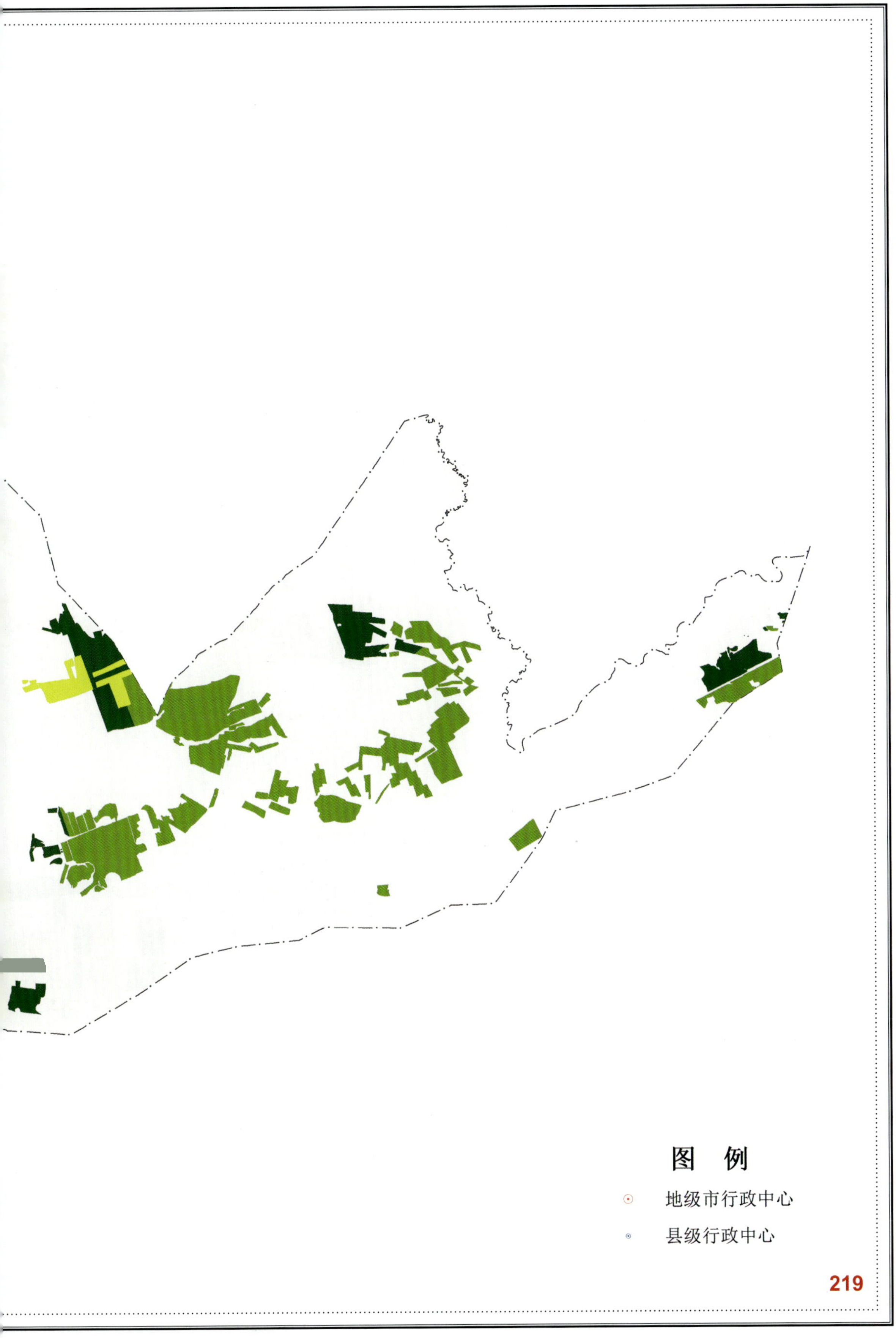

图　例
地级市行政中心
县级行政中心

海拉尔区耕地土壤容重分级图

图例	分级标准 /（g/cm³）	面积 /hm²	比例 /%
1 级（高）	1.10～1.25	13 382.76	46.51
2 级（较高）	1.25～1.35	7 191.54	24.99
3 级（中）	1.35～1.45，1.00～1.10	6 416.29	22.30
4 级（较低）	1.45～1.55	1 785.43	6.20
5 级（低）	＞1.55，≤1.00	—	—

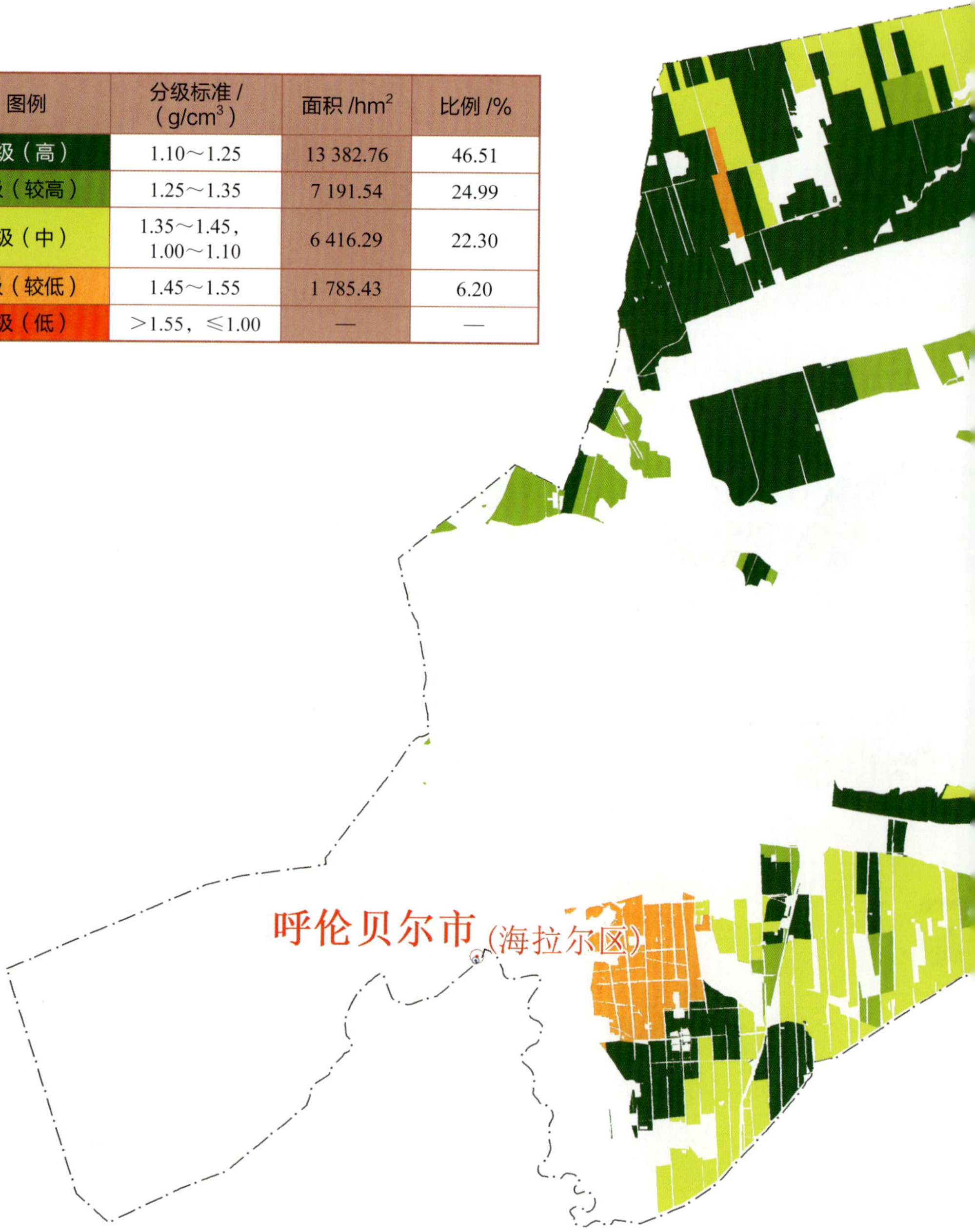

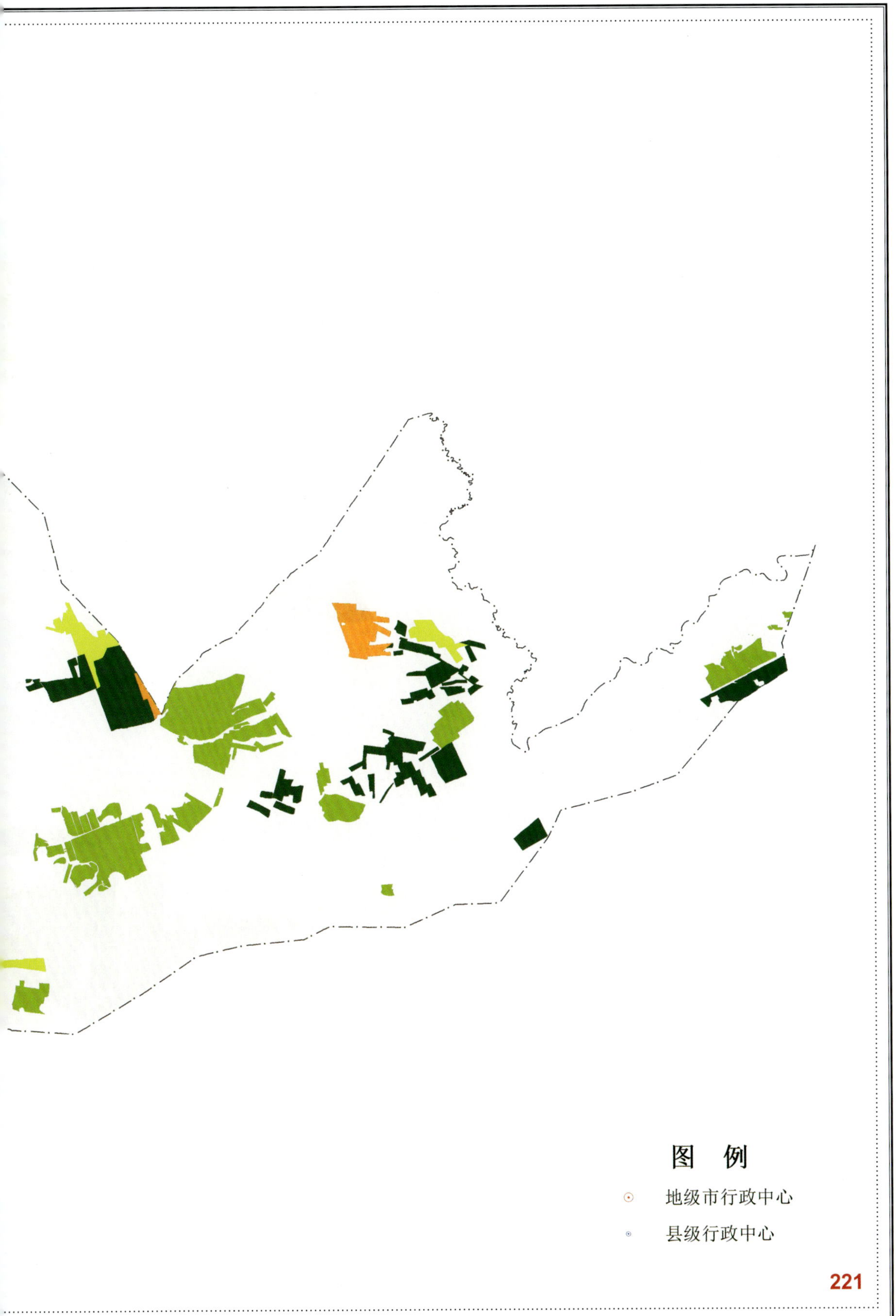

图　例
地级市行政中心
县级行政中心

海拉尔区耕地耕层厚度分级图

图例	分级标准 /cm	面积 /hm^2	比例 /%
1 级（高）	＞30.0	—	—
2 级（较高）	25.0～30.0	28 776.01	100.00
3 级（中）	20.0～25.0	—	—
4 级（较低）	10.0～20.0	—	—
5 级（低）	≤10.0	—	—

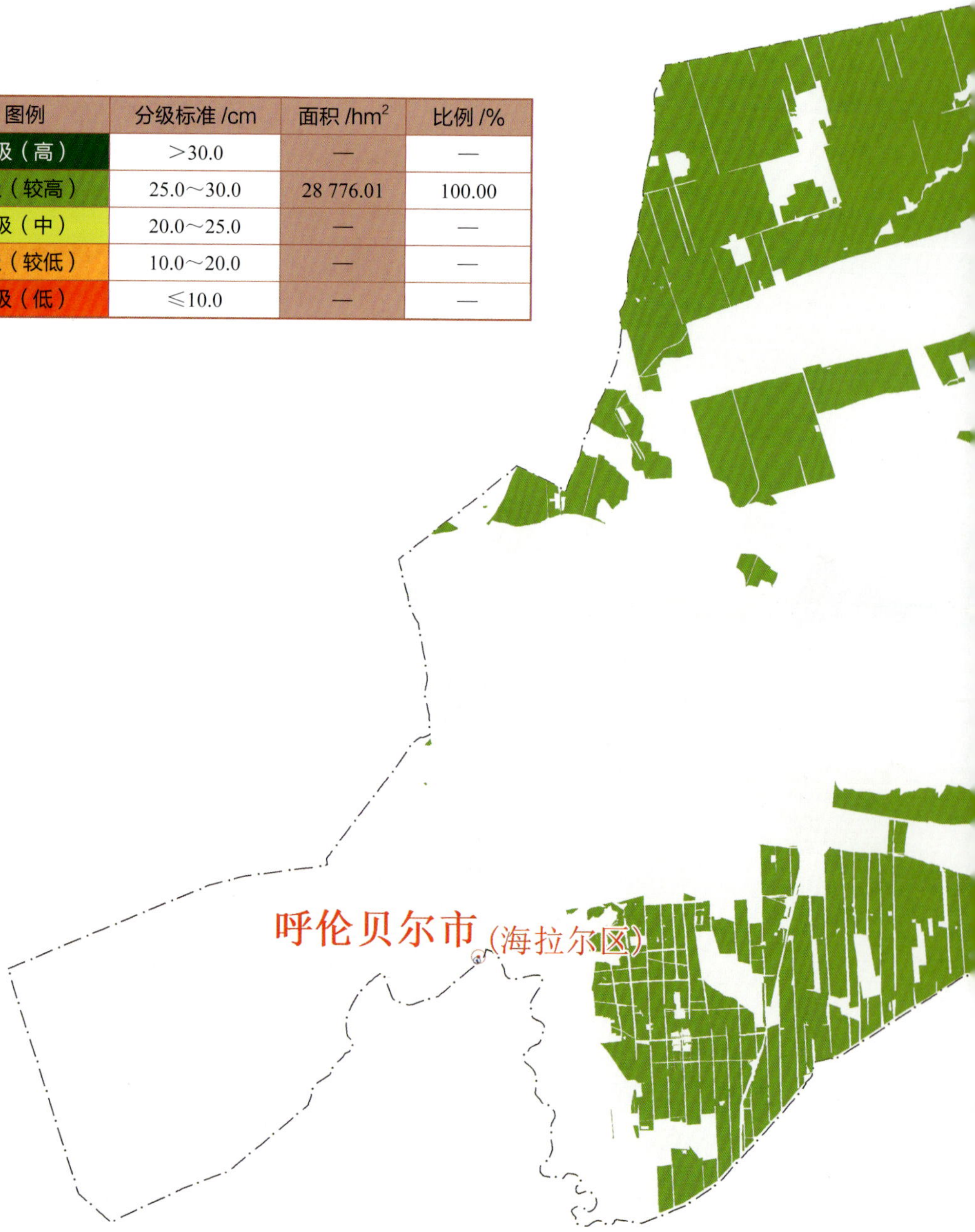

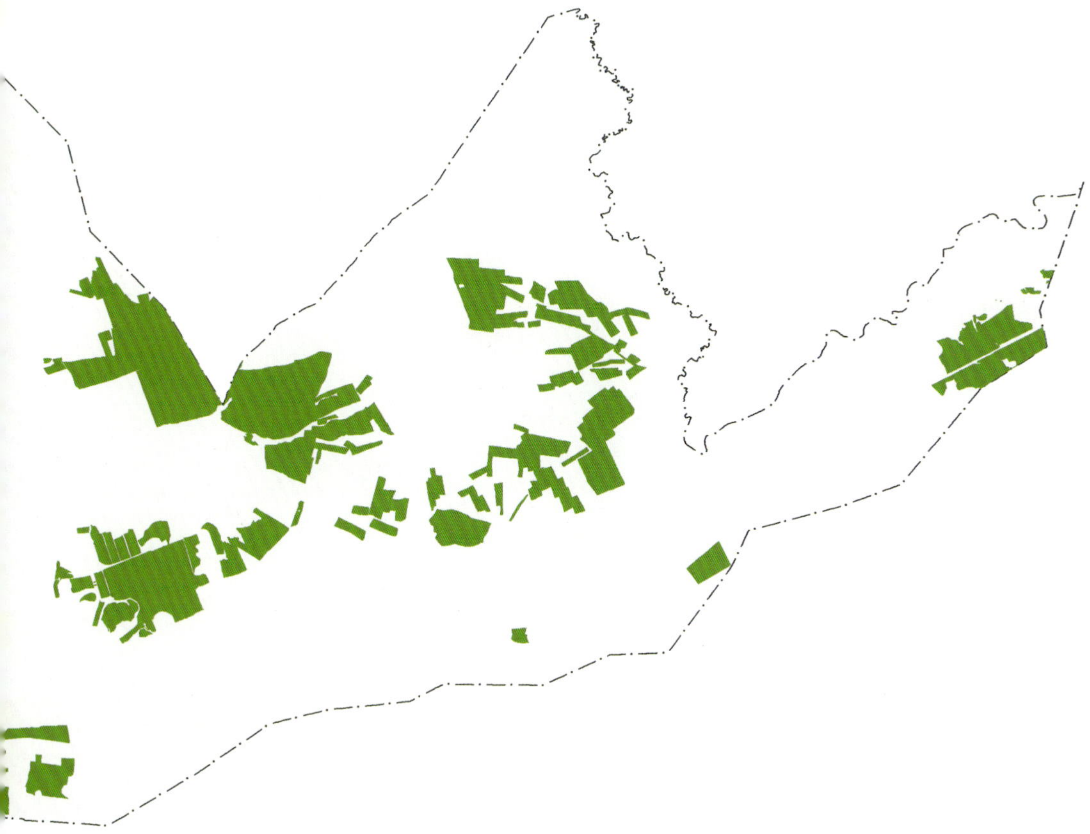
图 例
地级市行政中心
县级行政中心

陈巴尔虎旗耕地质量土壤类型图

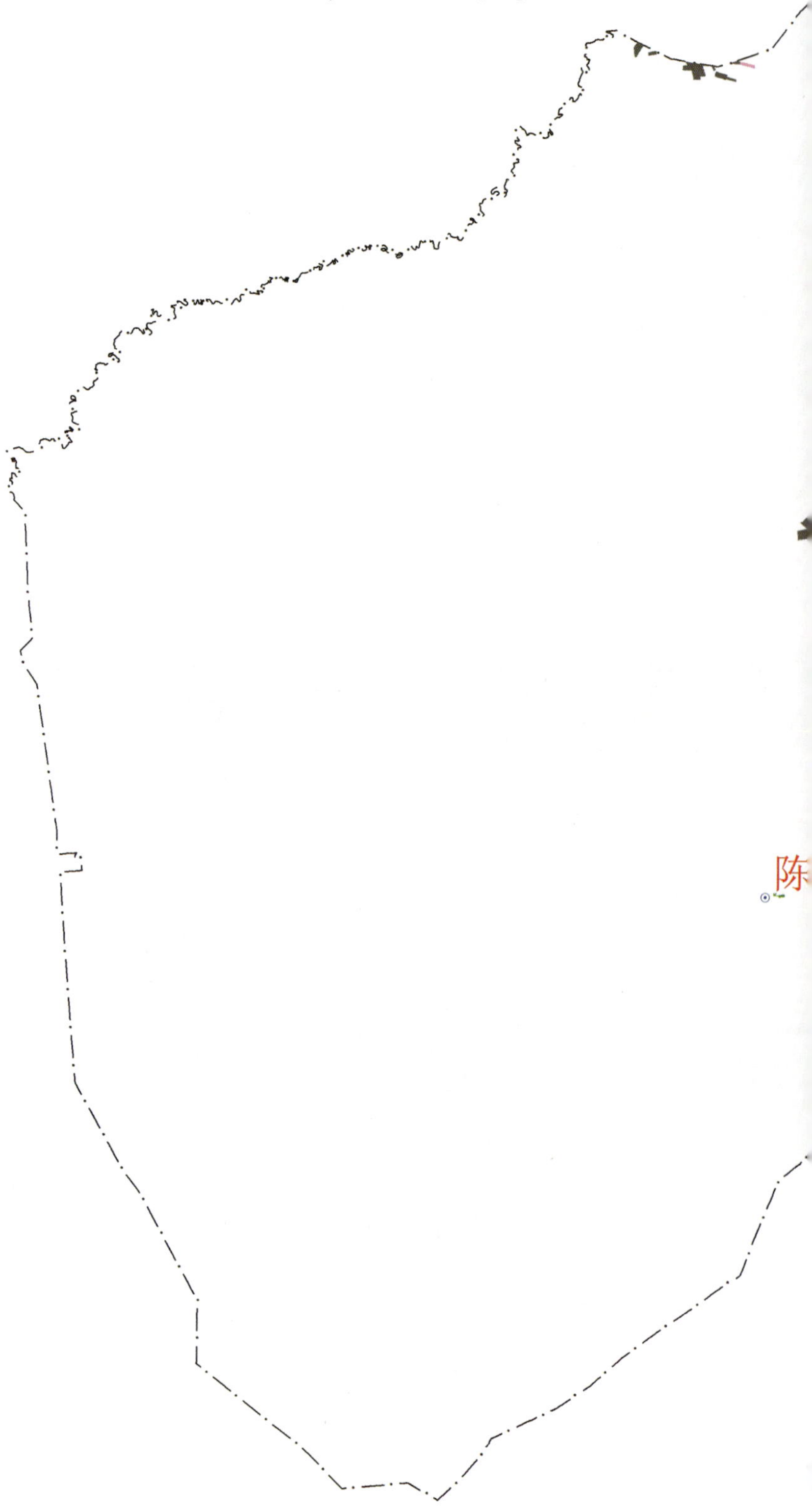

图例	面积 /hm^2	比例 /%
草甸土	2 998.81	3.60
粗骨土	13 559.46	16.28
黑钙土	61 628.04	74.01
灰色森林土	711.82	0.85
栗钙土	4 373.39	5.25
沼泽土	2.07	0.002

图 例

◎ 县级行政中心

陈巴尔虎旗耕地质量等级图

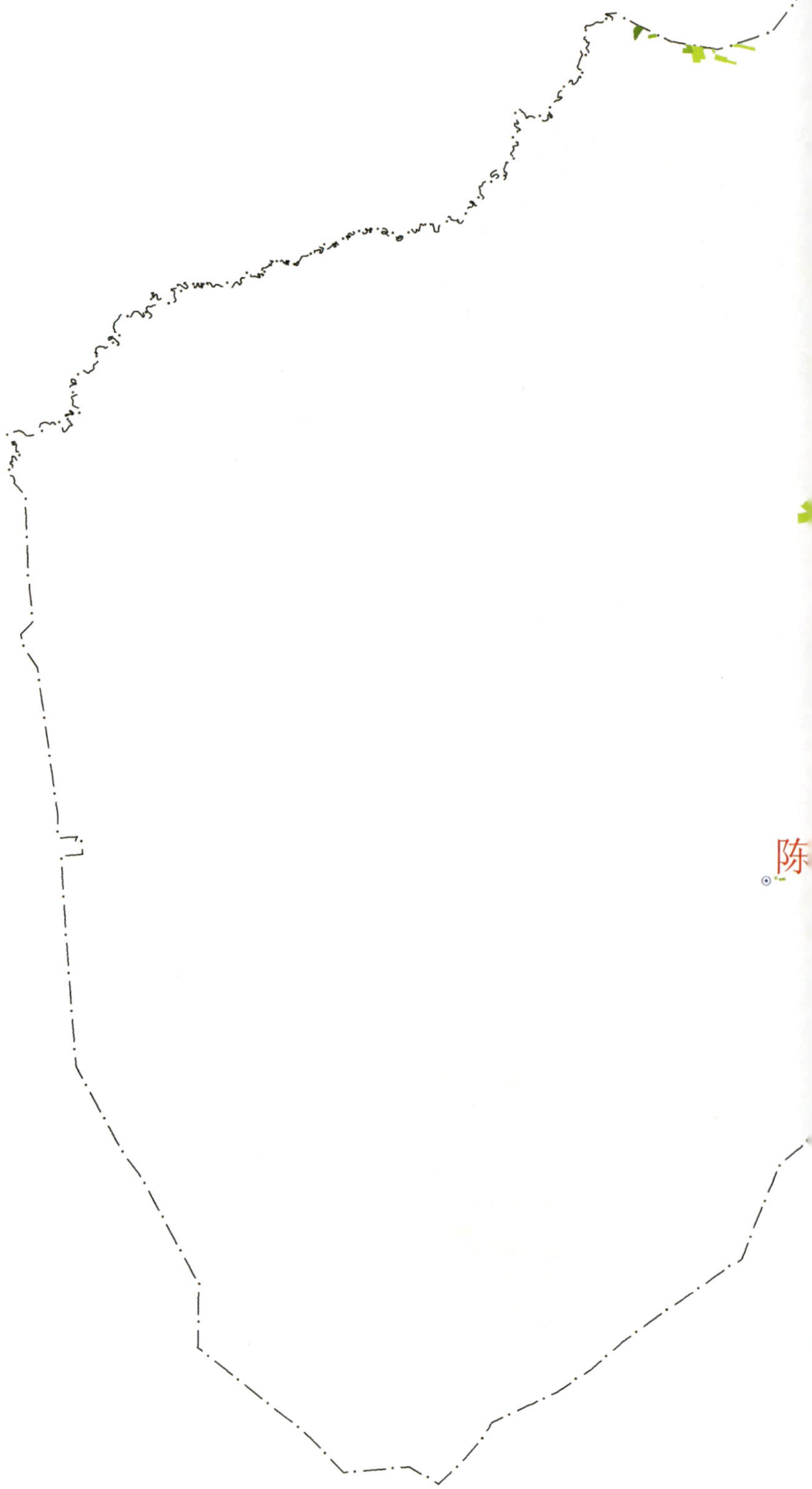

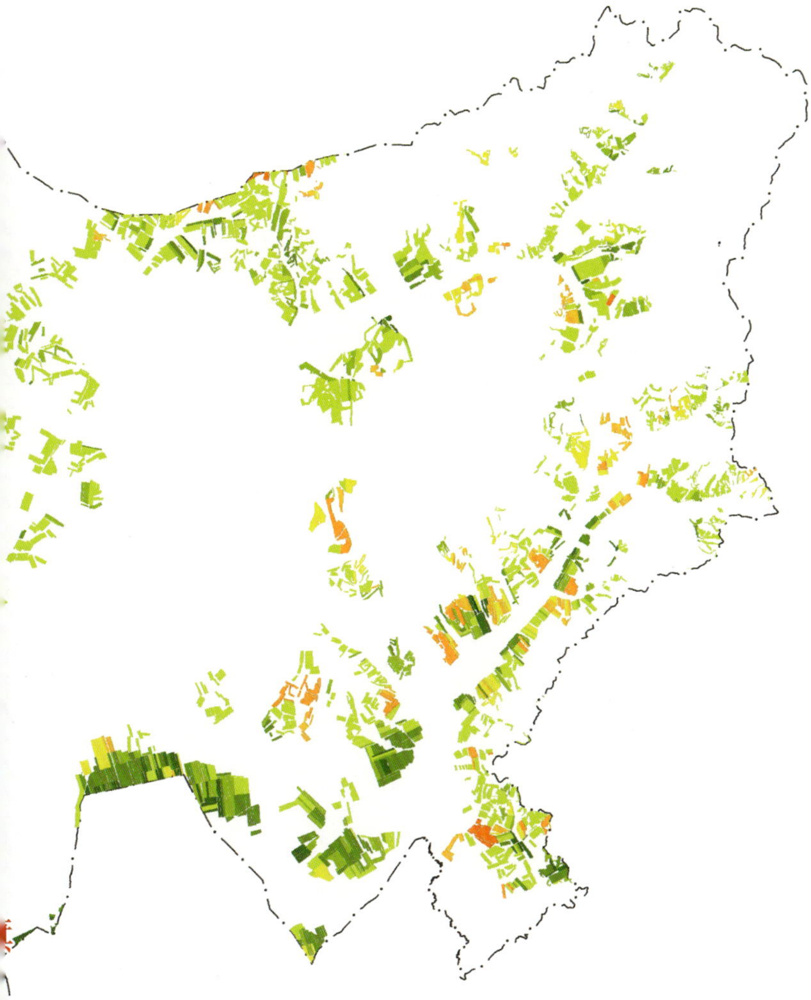

图例	面积 /hm^2	比例 /%
一等	1 597.38	1.92
二等	2 674.65	3.21
三等	10 631.52	12.77
四等	13 440.42	16.14
五等	42 468.30	51.00
六等	4 946.73	5.94
七等	3 936.20	4.73
八等	3 013.95	3.62
九等	564.45	0.68
十等	—	—

图　例

◎ 县级行政中心

陈巴尔虎旗耕地
土壤有机质含量分级图

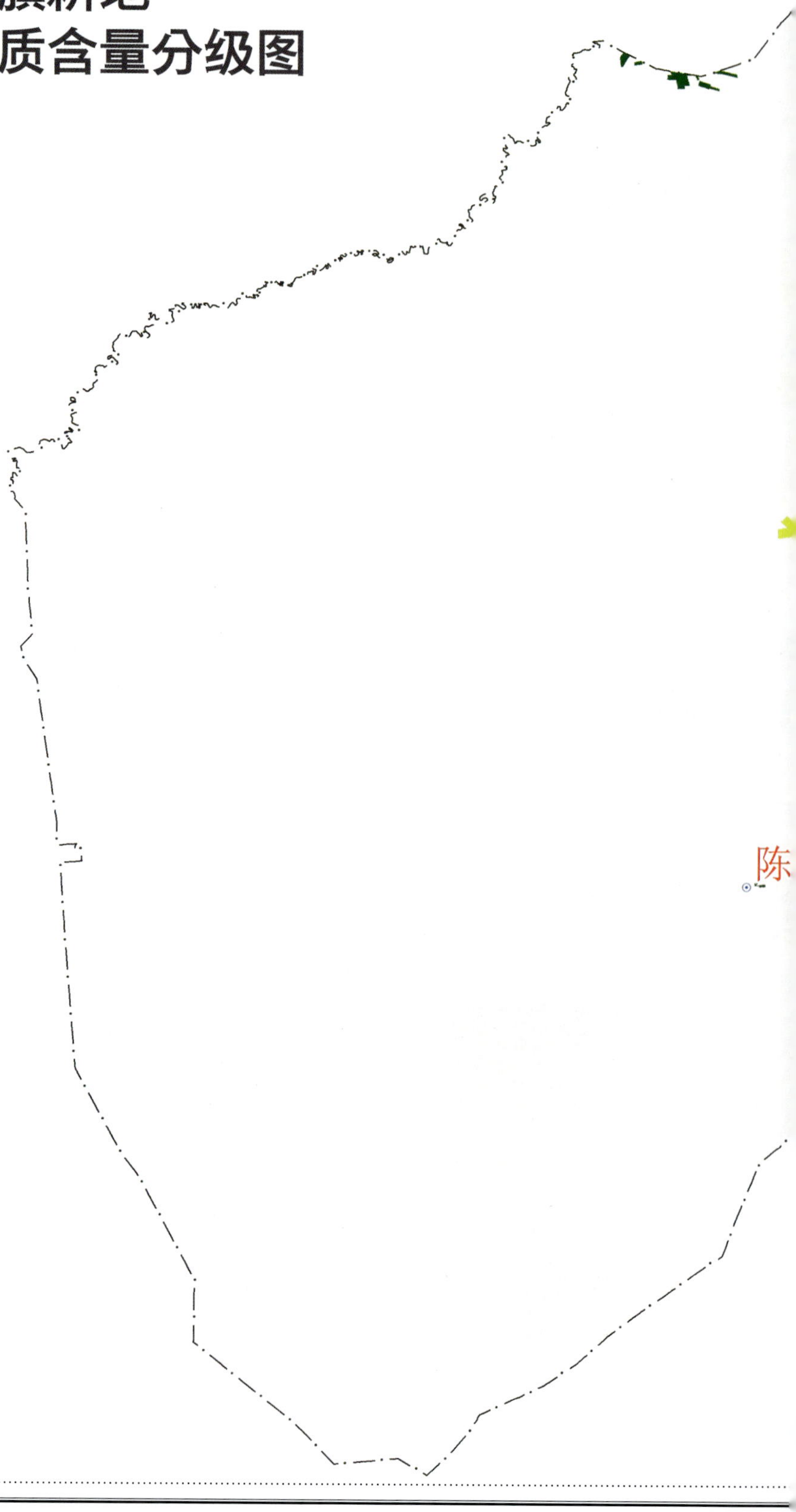

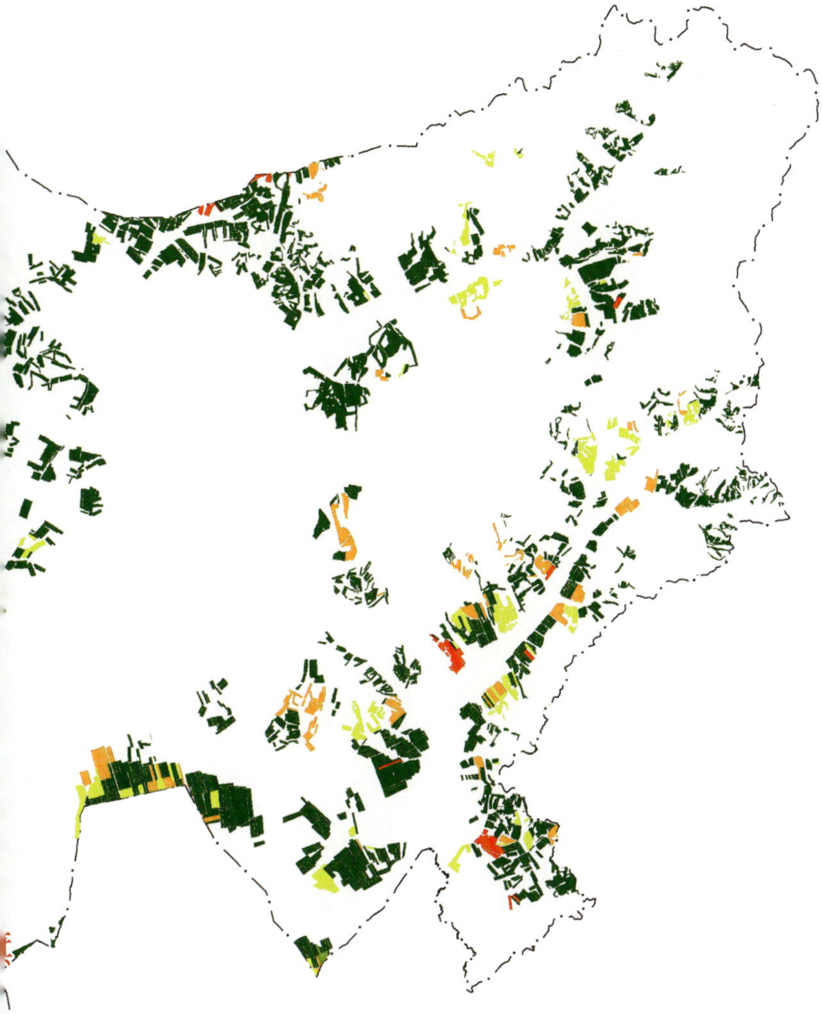

图例	分级标准 /（g/kg）	面积 /hm^2	比例 /%
1 级（高）	＞30.0	68 595.49	82.37
2 级（较高）	25.0～30.0	96.07	0.12
3 级（中）	15.0～25.0	7 261.73	8.72
4 级（较低）	10.0～15.0	5 944.47	7.14
5 级（低）	≤10.0	1 375.85	1.65

图　例

⊙ 县级行政中心

陈巴尔虎旗耕地
土壤全氮含量分级图

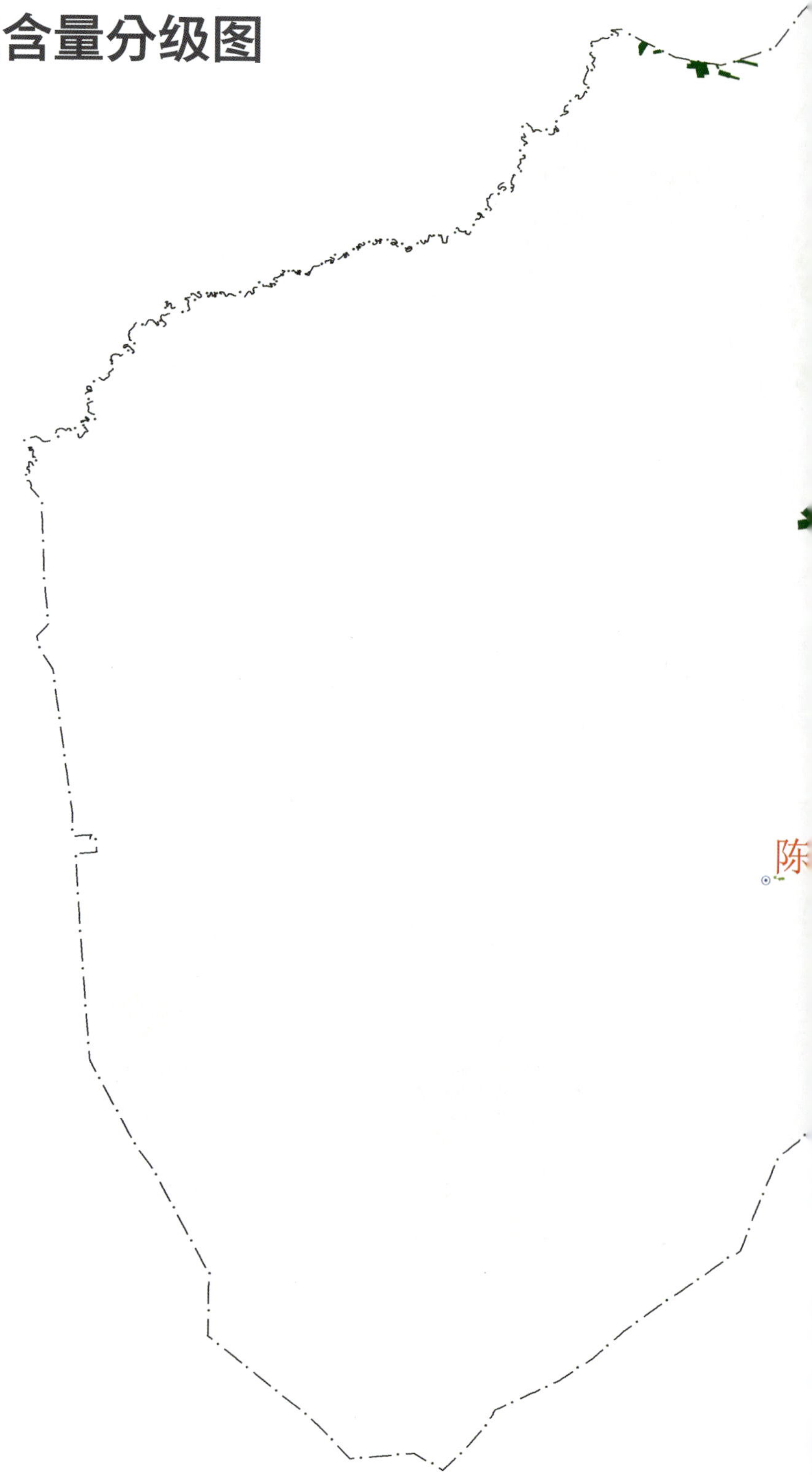

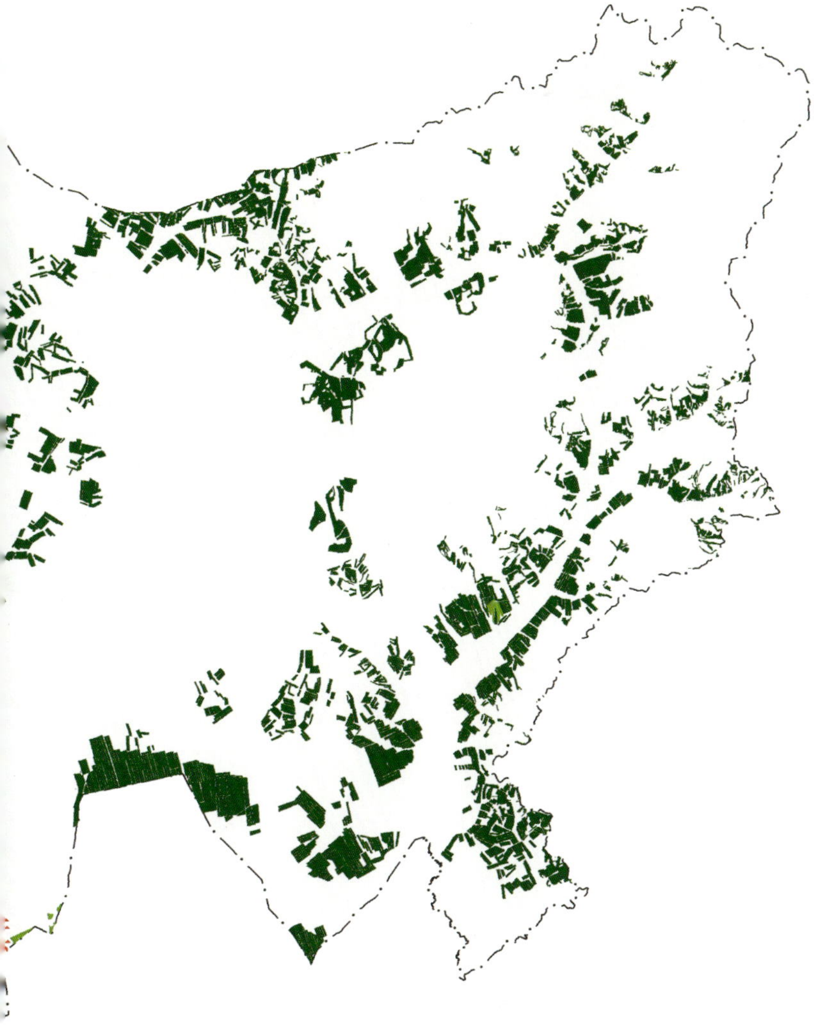

图例	分级标准 /（g/kg）	面积 /hm²	比例 /%
1 级（高）	＞2.00	80 117.16	96.21
2 级（较高）	1.50～2.00	3 142.62	3.77
3 级（中）	1.00～1.50	13.81	0.02
4 级（较低）	0.50～1.00	—	—
5 级（低）	≤0.50	—	—

图　例

⊙ 县级行政中心

陈巴尔虎旗耕地
土壤有效磷含量分级图

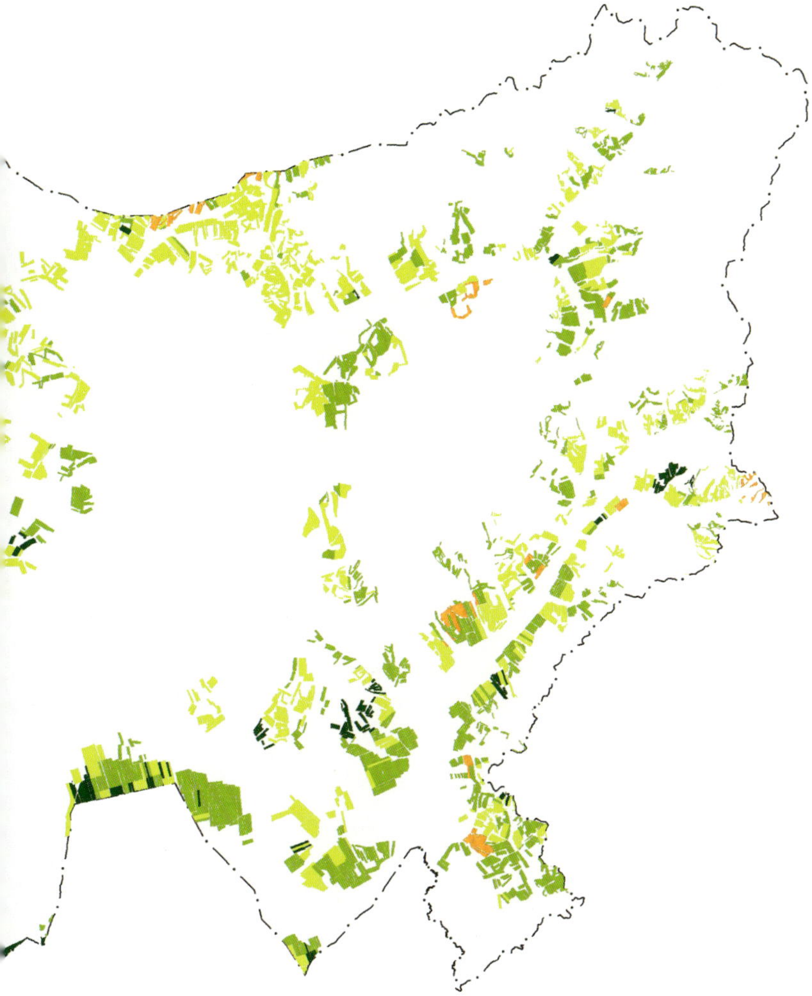

图例	分级标准 /（mg/kg）	面积 /hm²	比例 /%
1 级（高）	＞30.0	4 548.70	5.46
2 级（较高）	20.0～30.0	35 792.48	42.98
3 级（中）	10.0～20.0	40 699.50	48.87
4 级（较低）	5.0～10.0	2 232.92	2.68
5 级（低）	≤5.0	—	—

图　例

⊙ 县级行政中心

陈巴尔虎旗耕地
土壤速效钾含量分级图

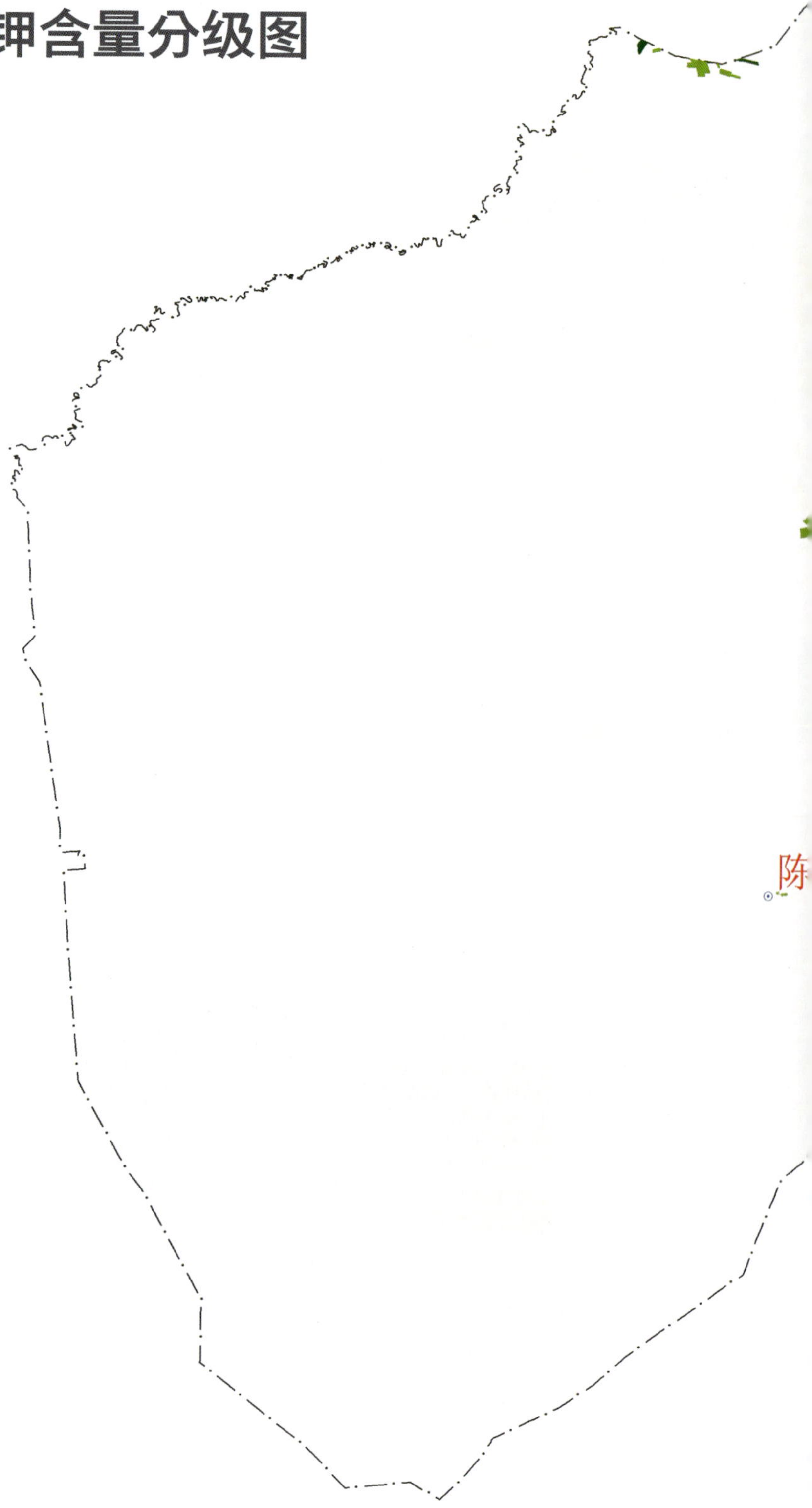

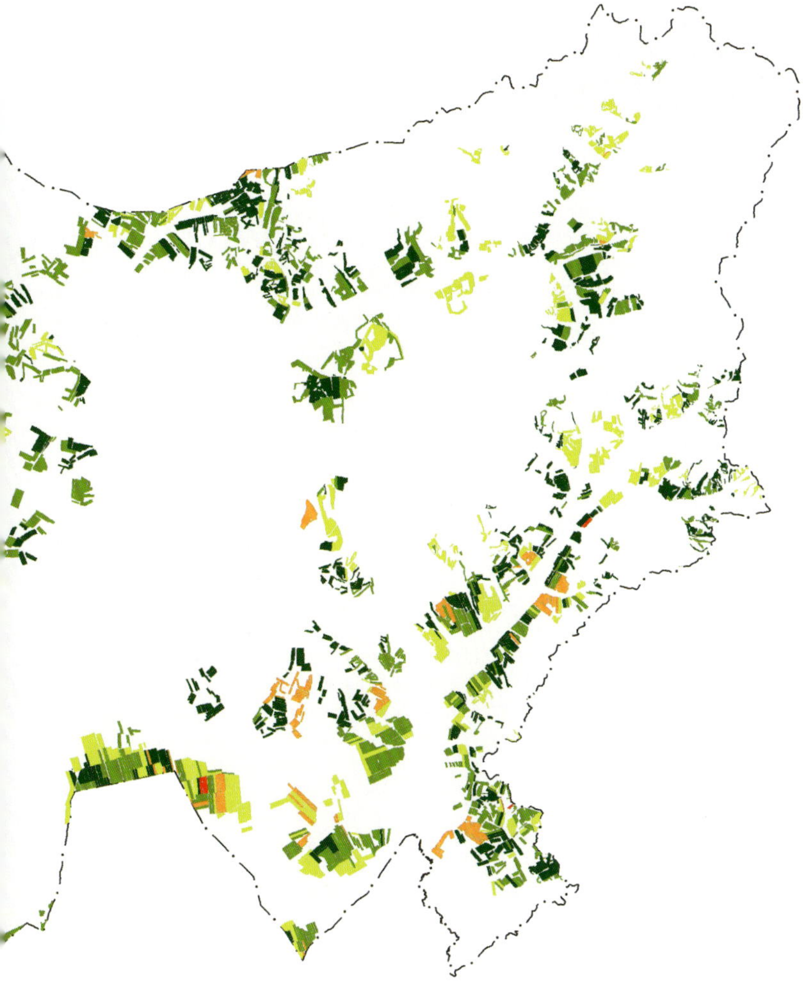

图例	分级标准 /（mg/kg）	面积 /hm^2	比例 /%
1 级（高）	＞200	27 282.64	32.76
2 级（较高）	150～200	35 160.88	42.22
3 级（中）	100～150	16 600.54	19.93
4 级（较低）	60～100	4 024.22	4.83
5 级（低）	≤60	205.32	0.25

图　例

◎ 县级行政中心

陈巴尔虎旗耕地
土壤缓效钾含量分级图

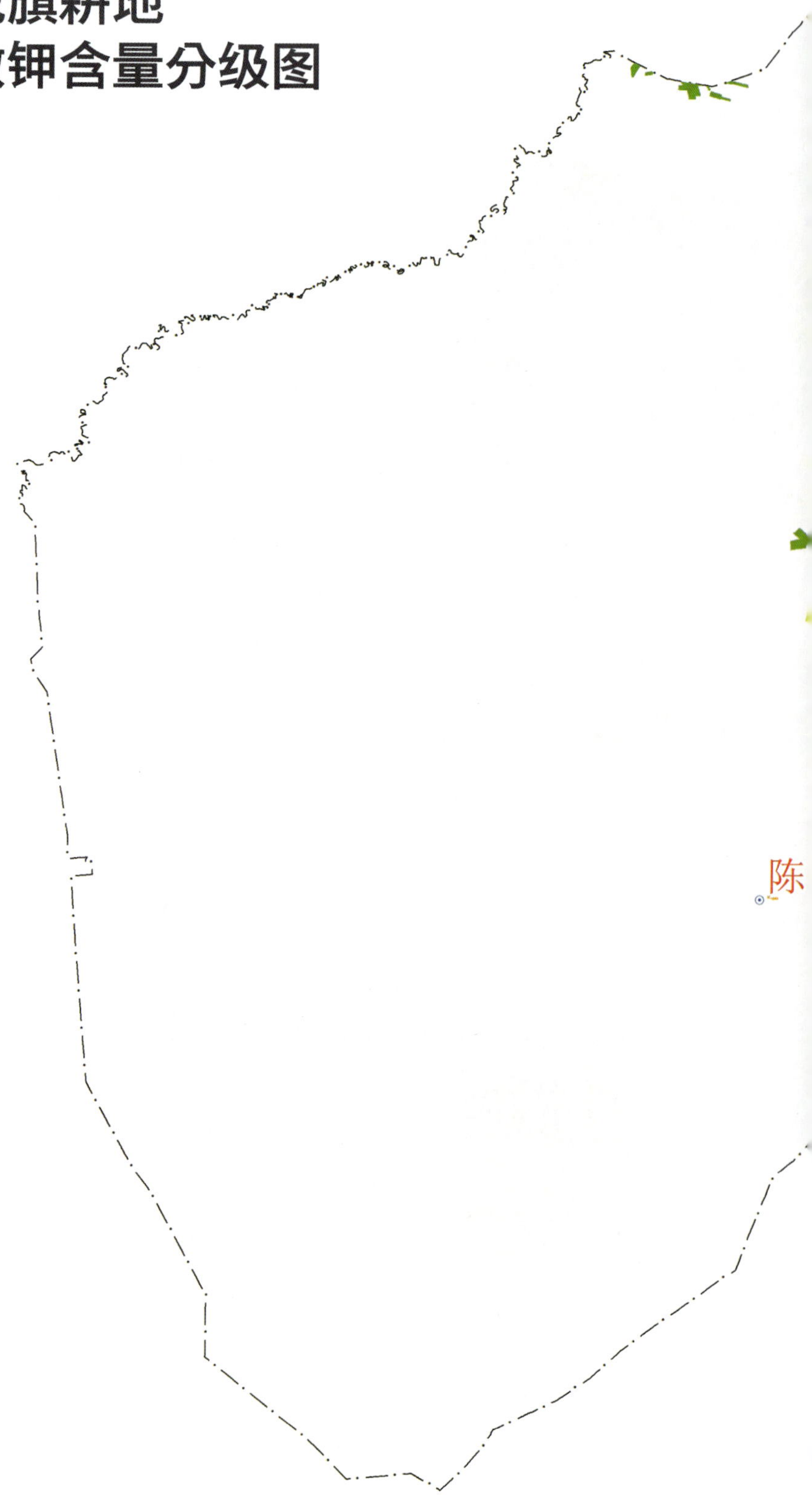

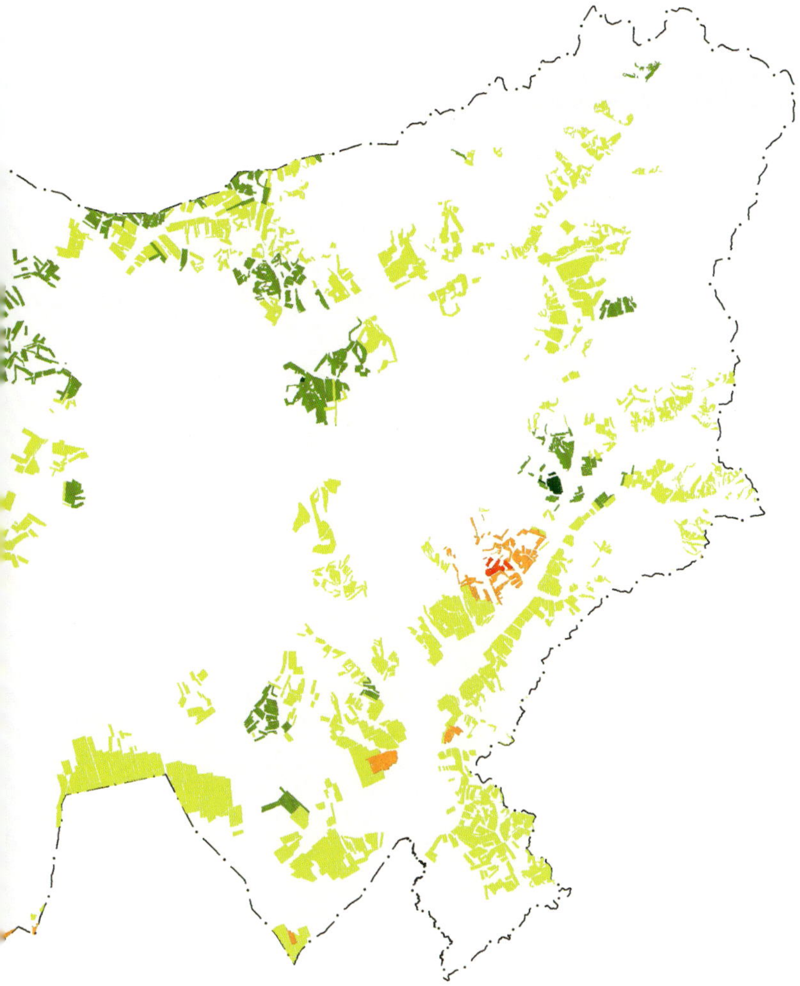

图例	分级标准 /（mg/kg）	面积 /hm^2	比例 /%
1 级（高）	＞1 200	273.71	0.33
2 级（较高）	1 000～1 200	15 647.09	18.79
3 级（中）	800～1 000	62 426.10	74.97
4 级（较低）	600～800	4 581.36	5.50
5 级（低）	≤600	345.33	0.41

图　例

◎ 县级行政中心

陈巴尔虎旗耕地
土壤有效硫含量分级图

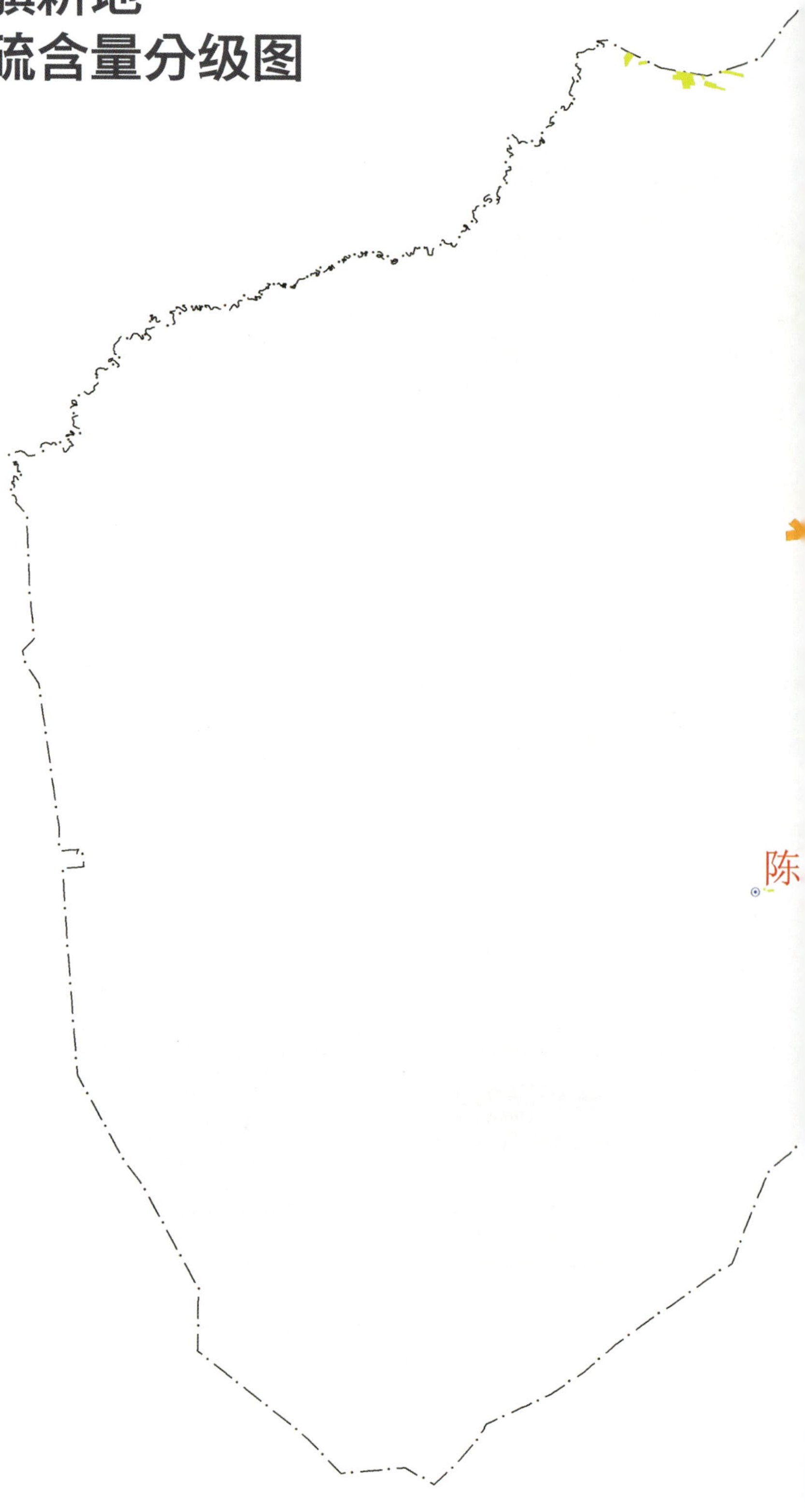

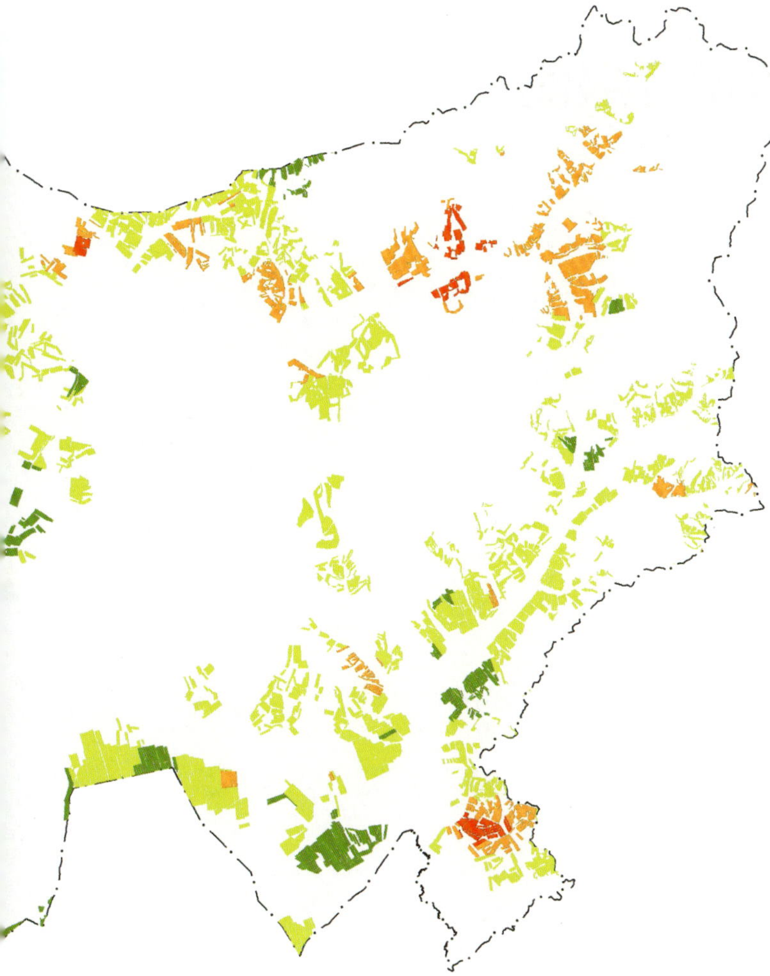

图例	分级标准 /（mg/kg）	面积 /hm^2	比例 /%
1 级（高）	＞40.0	—	—
2 级（较高）	30.0～40.0	10 322.28	12.40
3 级（中）	20.0～30.0	55 354.04	66.47
4 级（较低）	15.0～20.0	14 410.71	17.31
5 级（低）	≤15.0	3 186.56	3.83

图　例

◎ 县级行政中心

陈巴尔虎旗耕地
土壤有效硅含量分级图

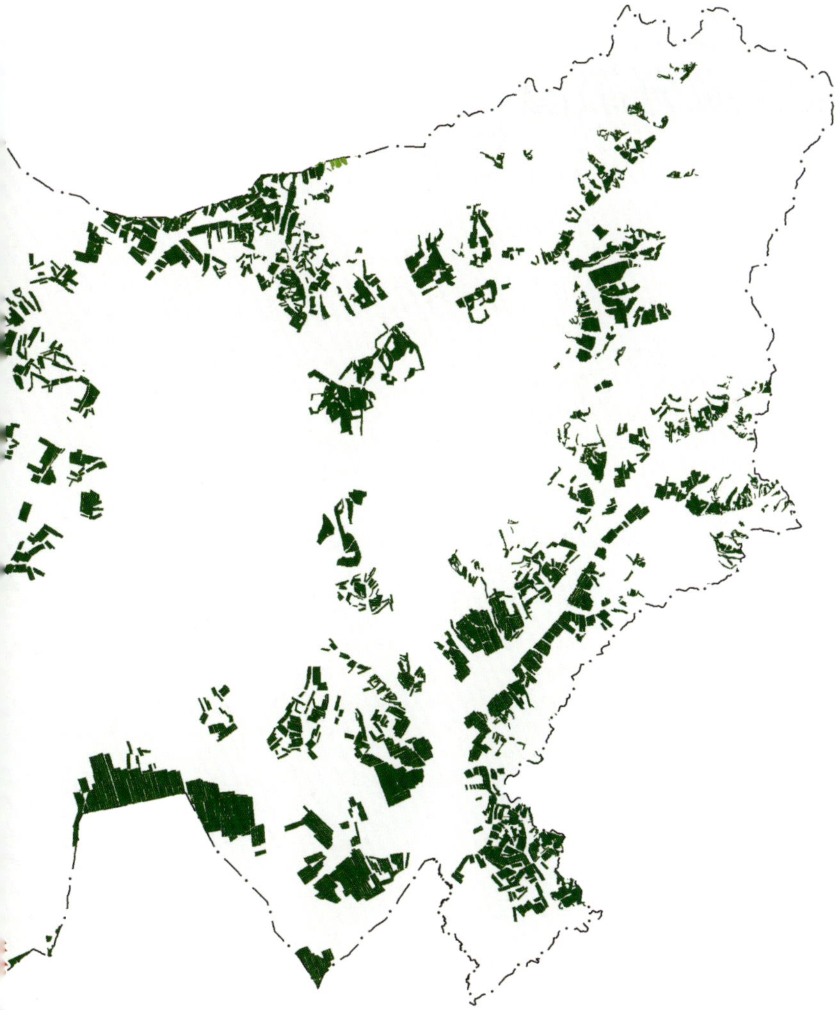

图例	分级标准 /（mg/kg）	面积 /hm^2	比例 /%
1 级（高）	＞250	83 101.13	99.79
2 级（较高）	150～250	172.46	0.21
3 级（中）	100～150	—	—
4 级（较低）	50～100	—	—
5 级（低）	≤50	—	—

图　例

◎　县级行政中心

陈巴尔虎旗耕地
土壤有效锰含量分级图

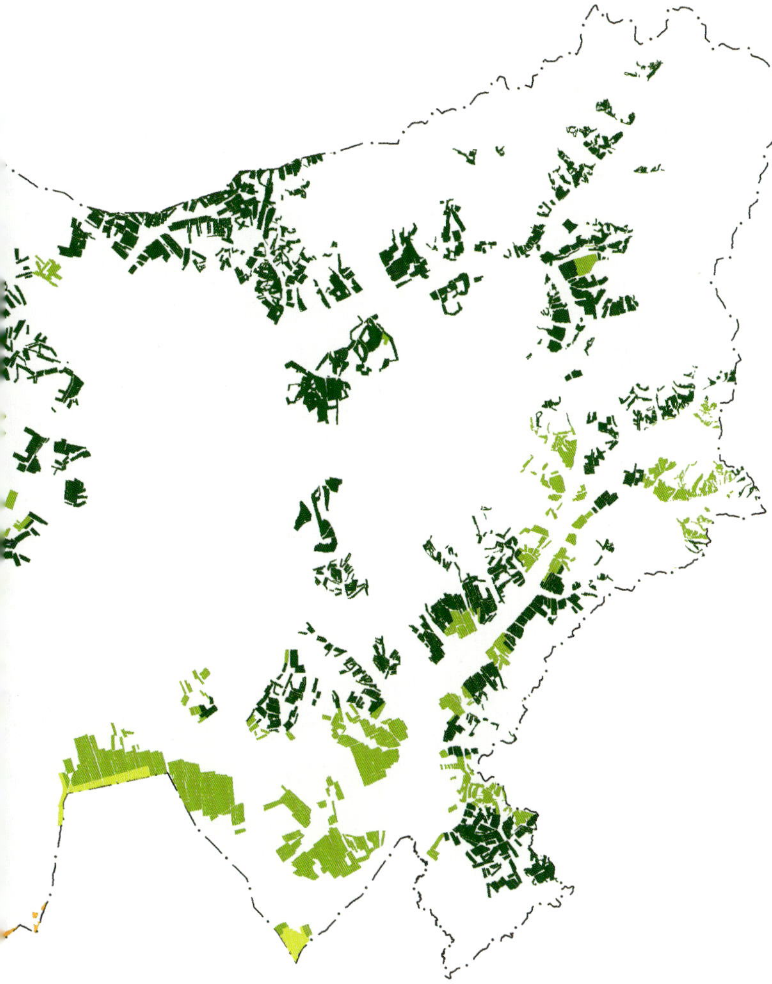

图例	分级标准 /（mg/kg）	面积 /hm^2	比例 /%
1 级（高）	＞25.0	50 502.23	60.65
2 级（较高）	10.0～25.0	29 483.36	35.41
3 级（中）	5.0～10.0	2 858.98	3.43
4 级（较低）	1.0～5.0	429.02	0.52
5 级（低）	≤1.0	—	—

图 例

⊙ 县级行政中心

陈巴尔虎旗耕地
土壤有效铜含量分级图

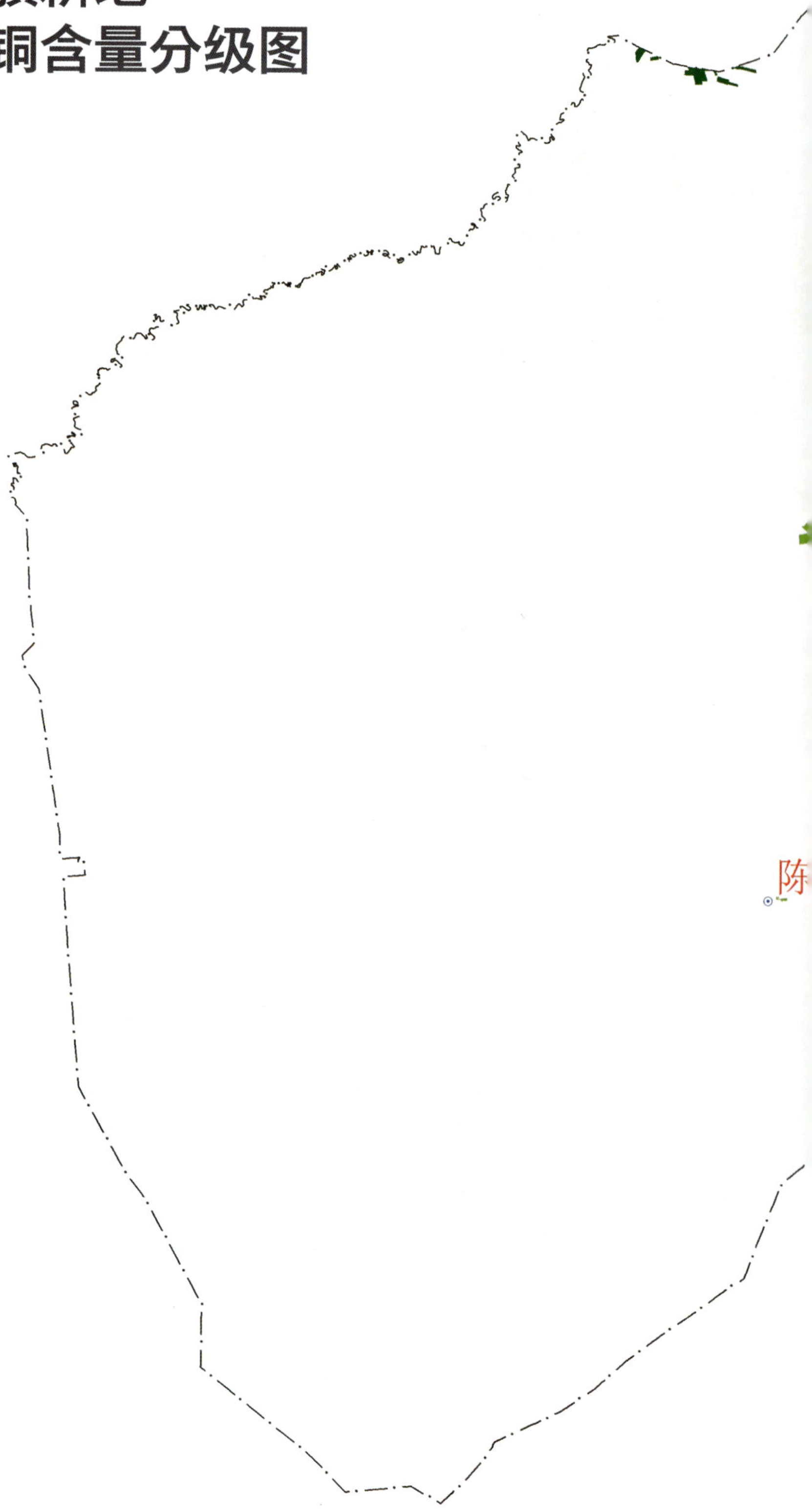

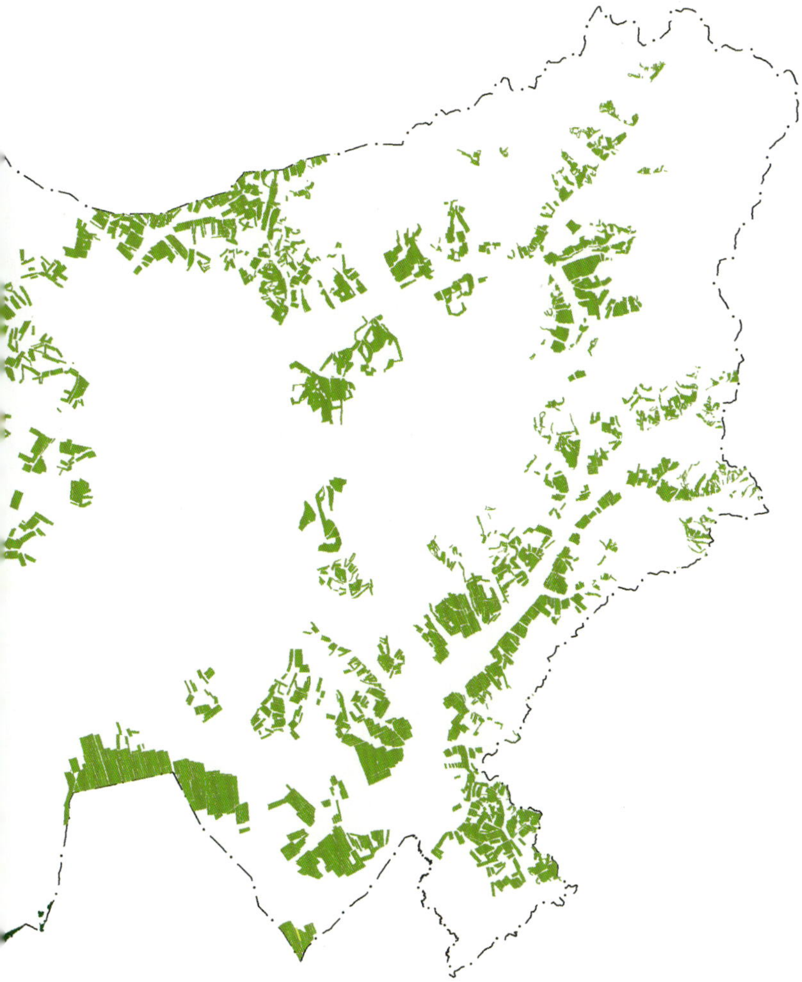

图例	分级标准 /（mg/kg）	面积 /hm^2	比例 /%
1 级（高）	>2.00	2 190.26	2.63
2 级（较高）	1.00～2.00	80 002.09	96.07
3 级（中）	0.50～1.00	1 081.24	1.30
4 级（较低）	0.10～0.50	—	—
5 级（低）	≤0.10	—	—

图 例

◎ 县级行政中心

陈巴尔虎旗耕地
土壤有效锌含量分级图

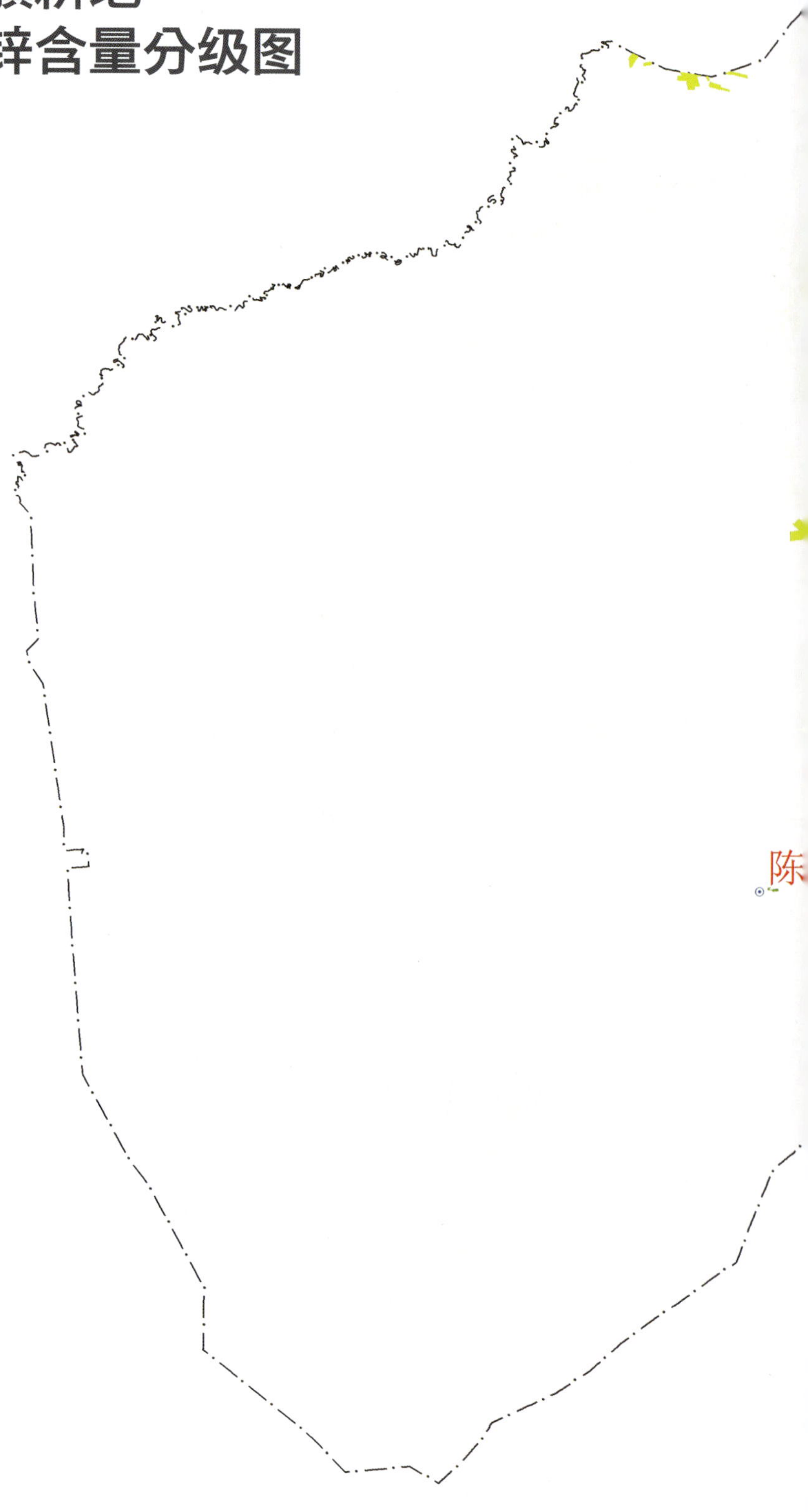

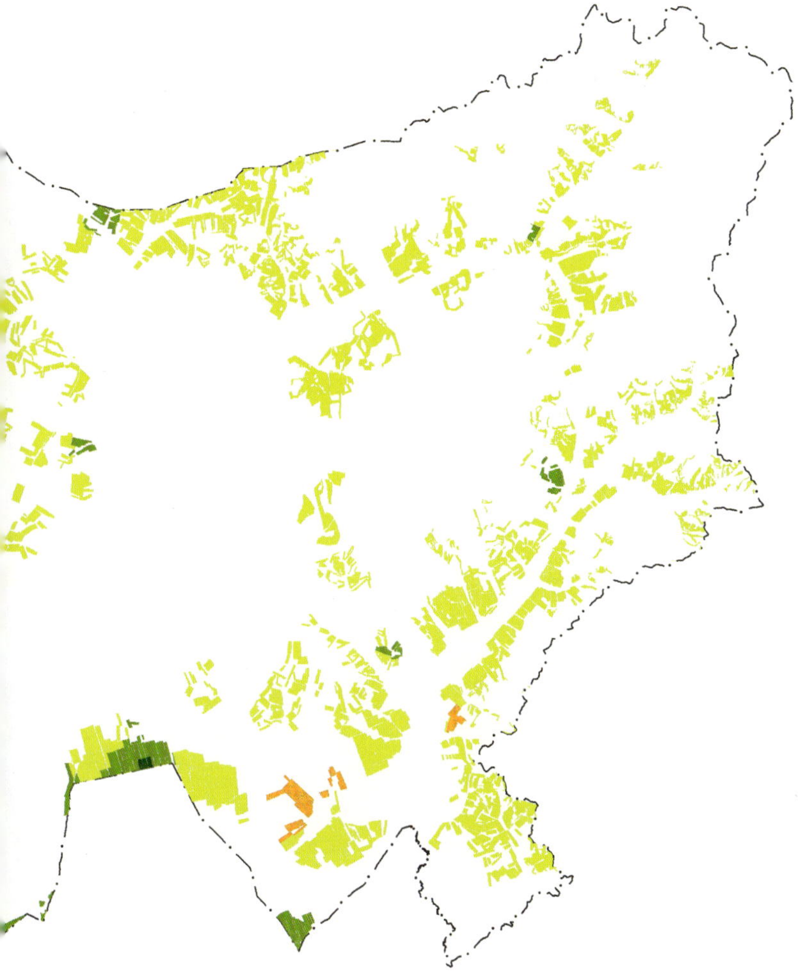

图例	分级标准 /（mg/kg）	面积 /hm^2	比例 /%
1 级（高）	＞3.00	157.78	0.19
2 级（较高）	1.50～3.00	5 875.44	7.06
3 级（中）	0.70～1.50	74 624.84	89.61
4 级（较低）	0.30～0.70	2 615.53	3.14
5 级（低）	≤0.30	—	—

图　例

⊙ 县级行政中心

陈巴尔虎旗耕地
土壤有效硼含量分级图

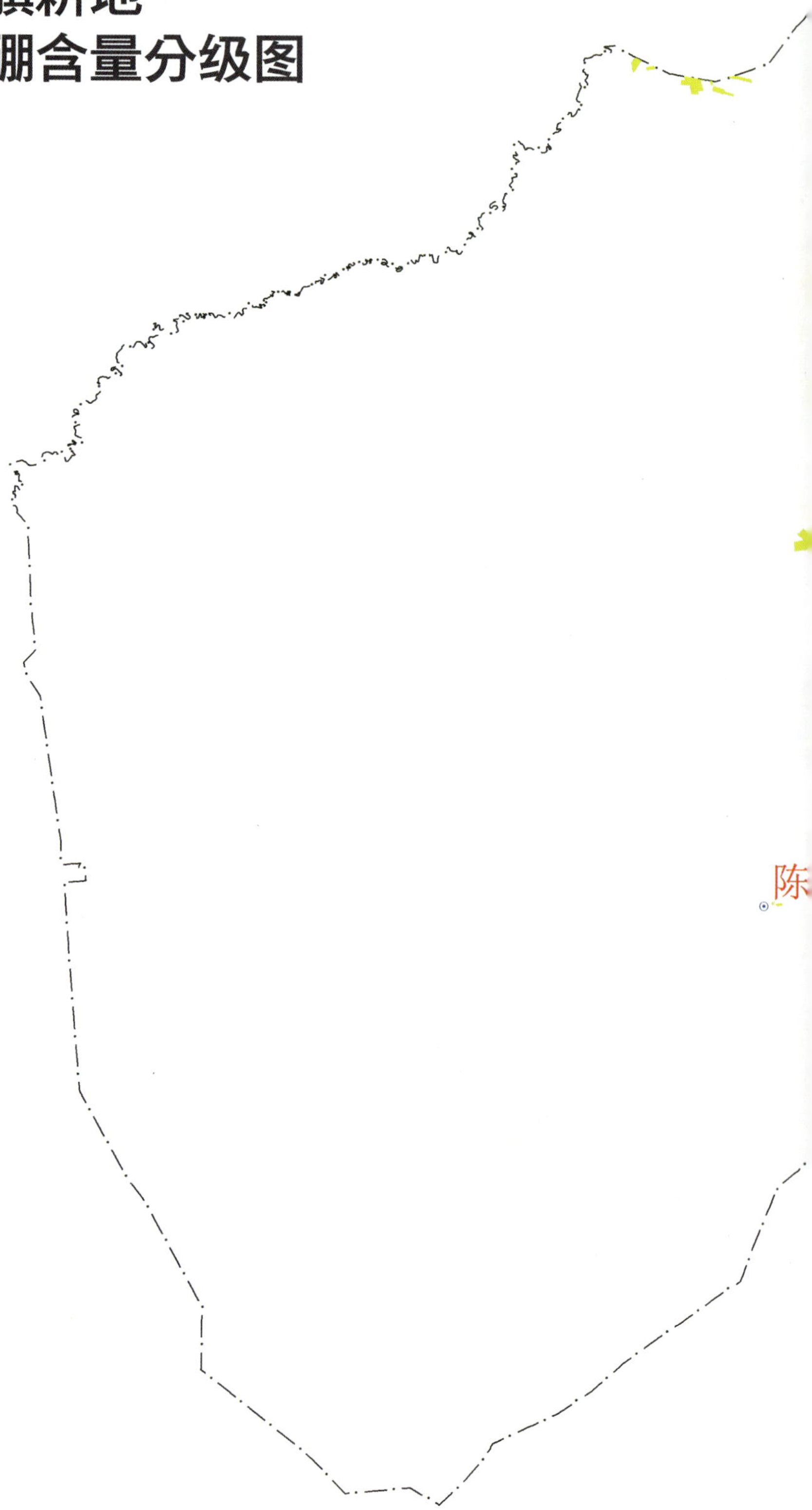

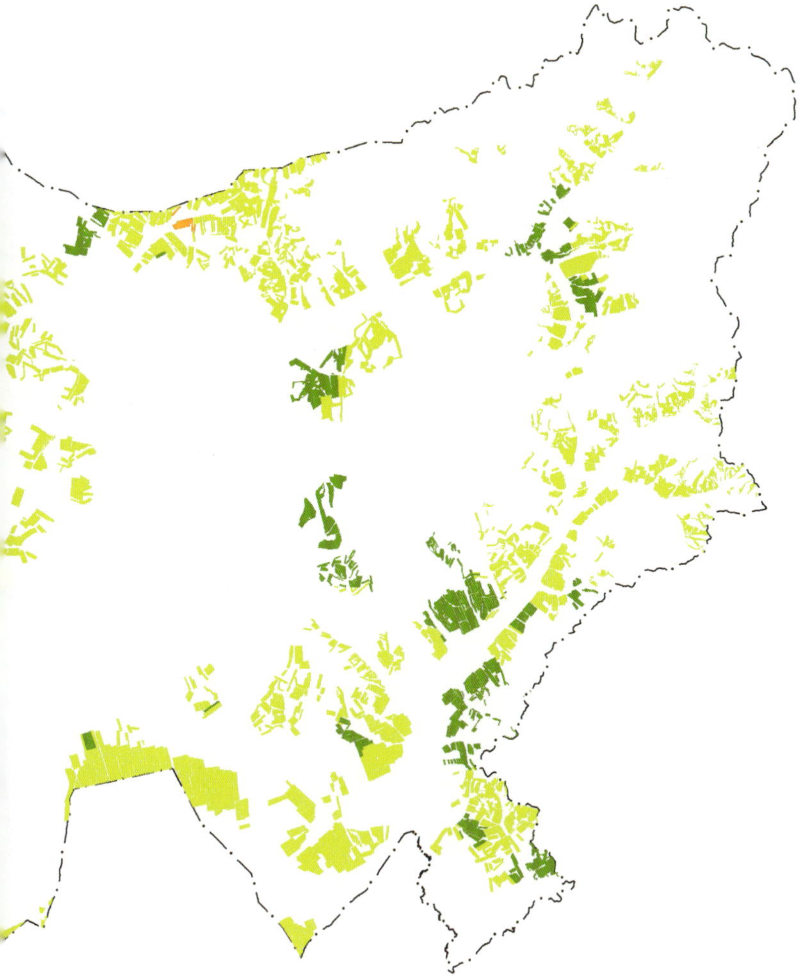

图例	分级标准 /（mg/kg）	面积 /hm²	比例 /%
1 级（高）	＞2.00	—	—
2 级（较高）	1.50～2.00	13 168.40	15.81
3 级（中）	0.70～1.50	69 870.58	83.90
4 级（较低）	0.20～0.70	234.61	0.28
5 级（低）	≤0.20	—	—

图　例

⊙ 县级行政中心

陈巴尔虎旗耕地
土壤有效钼含量分级图

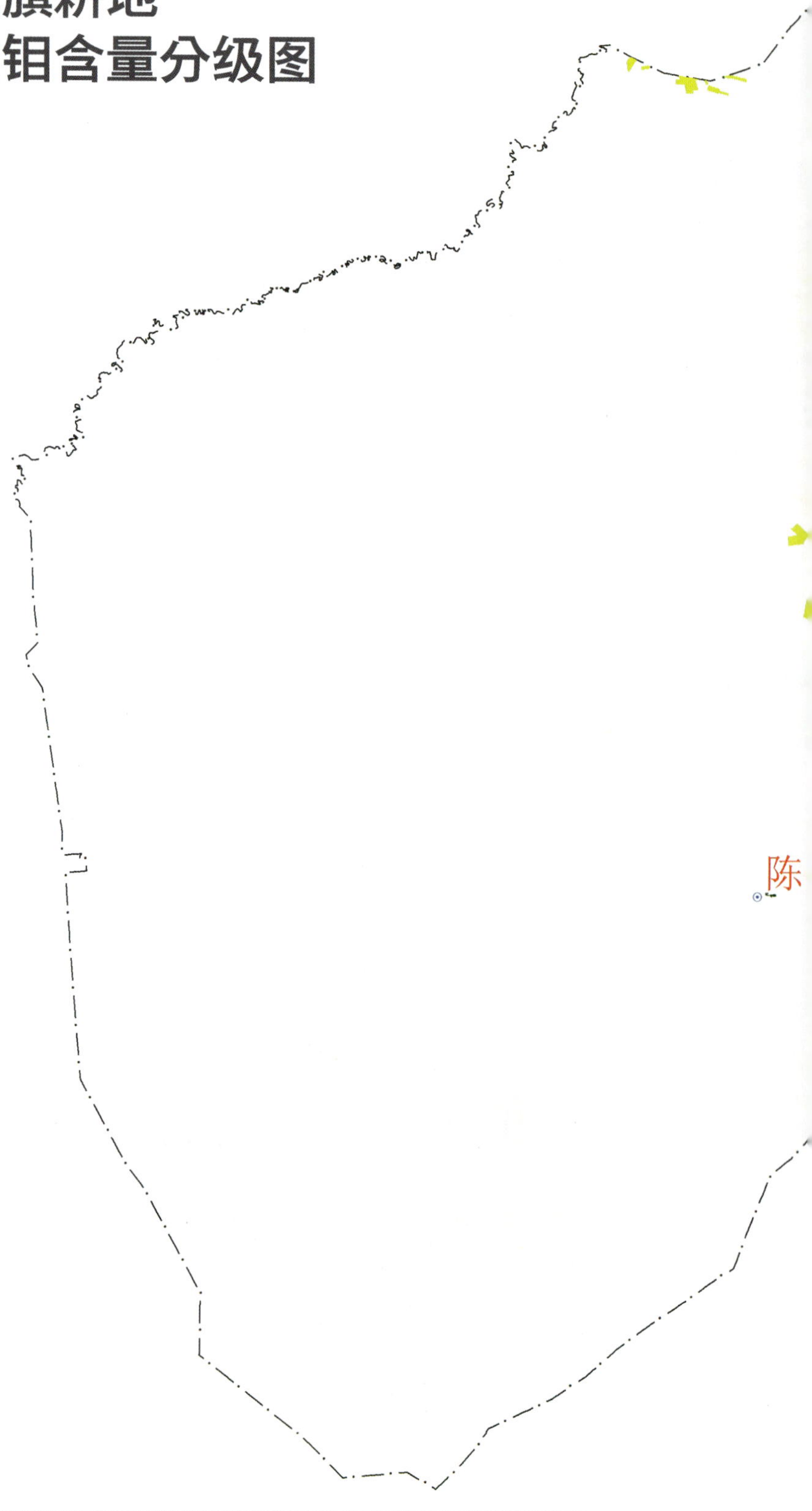

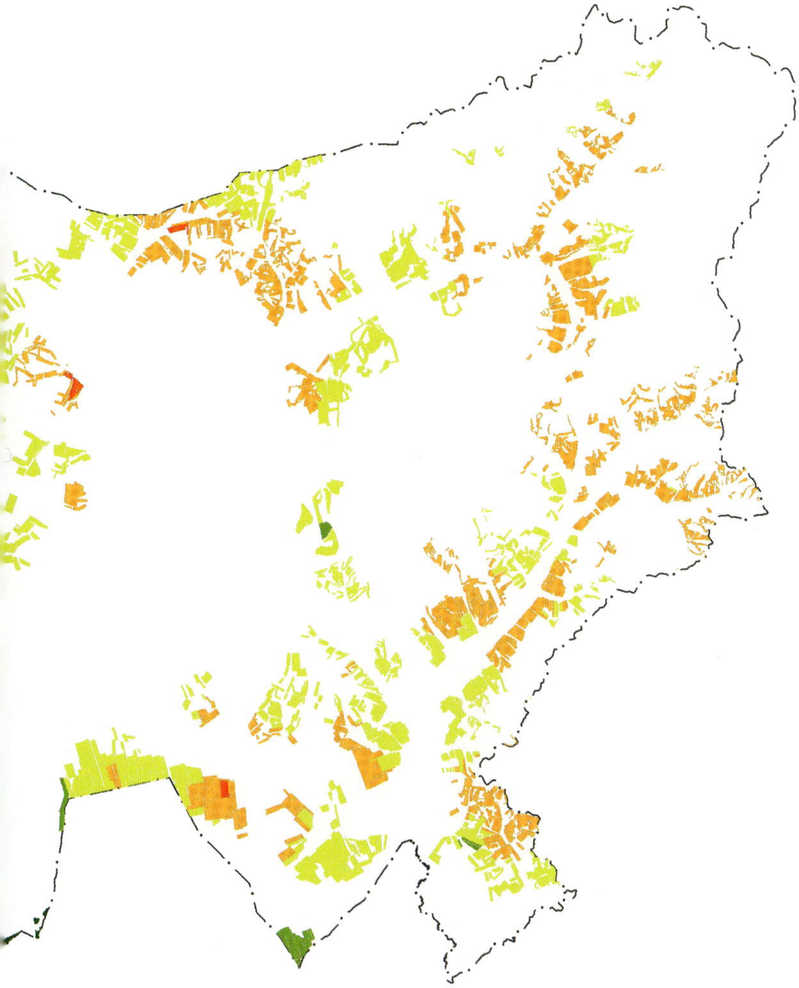

图例	分级标准 /（mg/kg）	面积 /hm²	比例 /%
1 级（高）	＞0.20	1 786.28	2.15
2 级（较高）	0.15～0.20	980.08	1.18
3 级（中）	0.10～0.15	26 720.45	32.09
4 级（较低）	0.05～0.10	52 700.86	63.29
5 级（低）	≤0.05	1 085.93	1.30

图 例

⊙ 县级行政中心

陈巴尔虎旗耕地
土壤酸碱度（pH）分级图

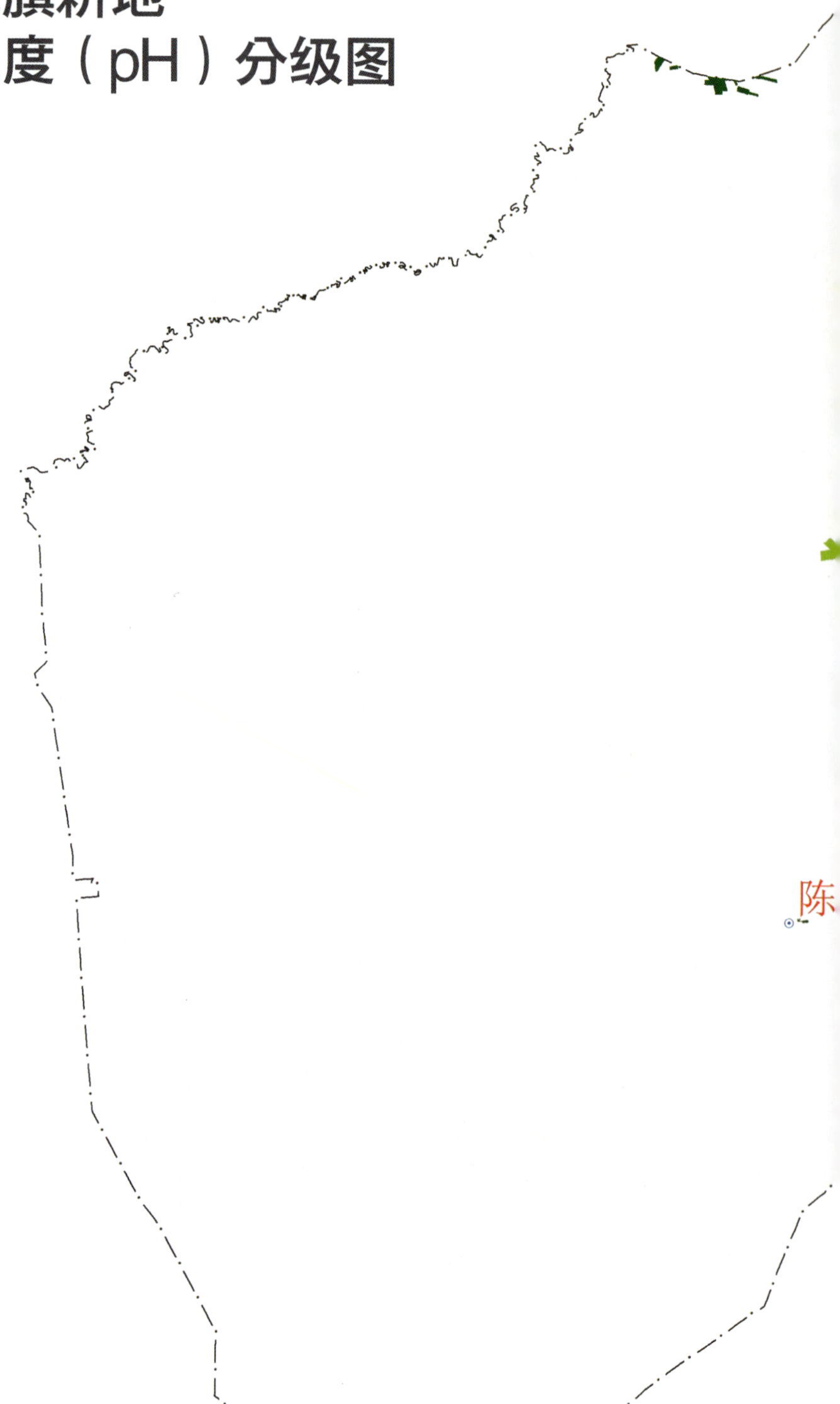

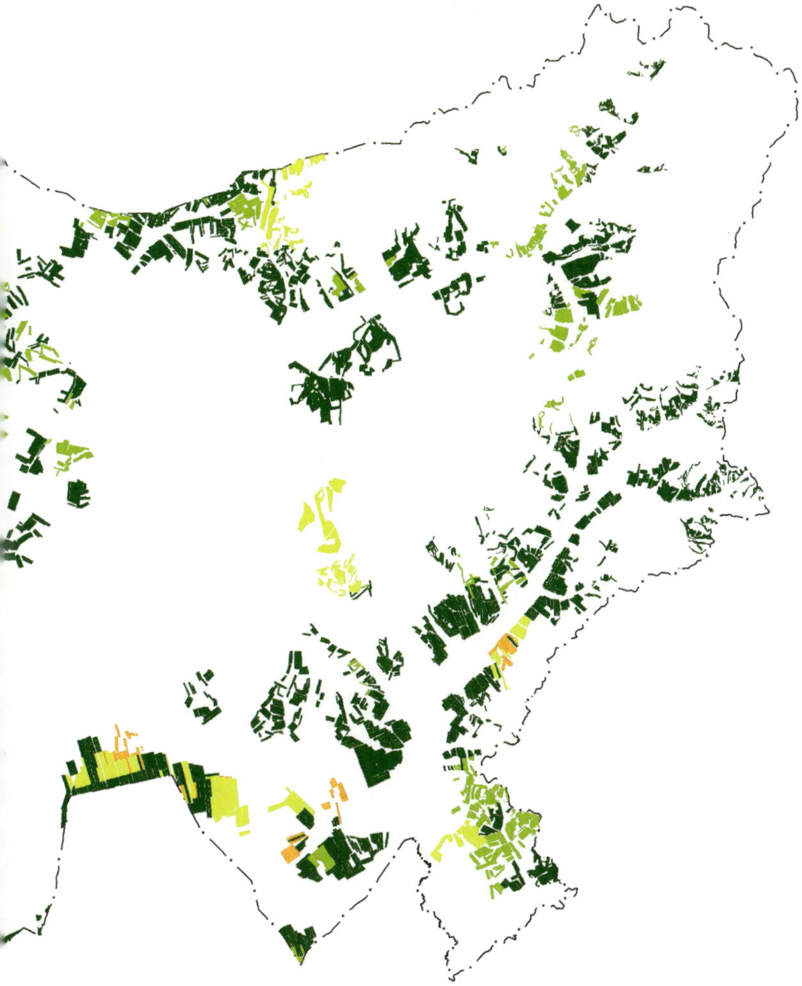

图例	分级标准	面积 /hm^2	比例 /%
1 级（高）	6.5～7.5	62 257.61	74.76
2 级（较高）	6.0～6.5	10 903.94	13.09
3 级（中）	7.5～8.0，5.5～6.0	8 155.95	9.79
4 级（较低）	8.0～8.5	1 956.09	2.35
5 级（低）	＞8.5，≤4.5	—	—

图　例

◎ 县级行政中心

陈巴尔虎旗耕地土壤容重分级图

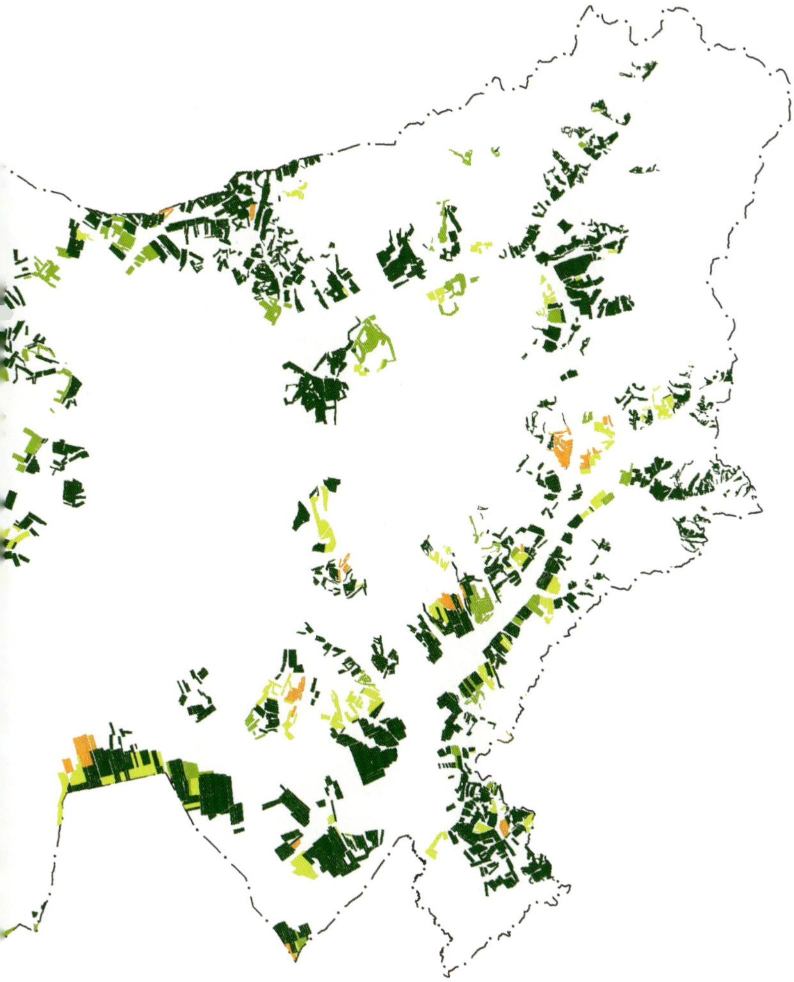

图例	分级标准 /（g/cm^3）	面积 /hm^2	比例 /%
1 级（高）	1.10～1.25	62 131.19	74.61
2 级（较高）	1.25～1.35	10 527.92	12.64
3 级（中）	1.35～1.45，1.00～1.10	8 167.71	9.81
4 级（较低）	1.45～1.55	2 446.78	2.94
5 级（低）	＞1.55，≤1.00	—	—

图　例

⊙ 县级行政中心

陈巴尔虎旗耕地耕层厚度分级图

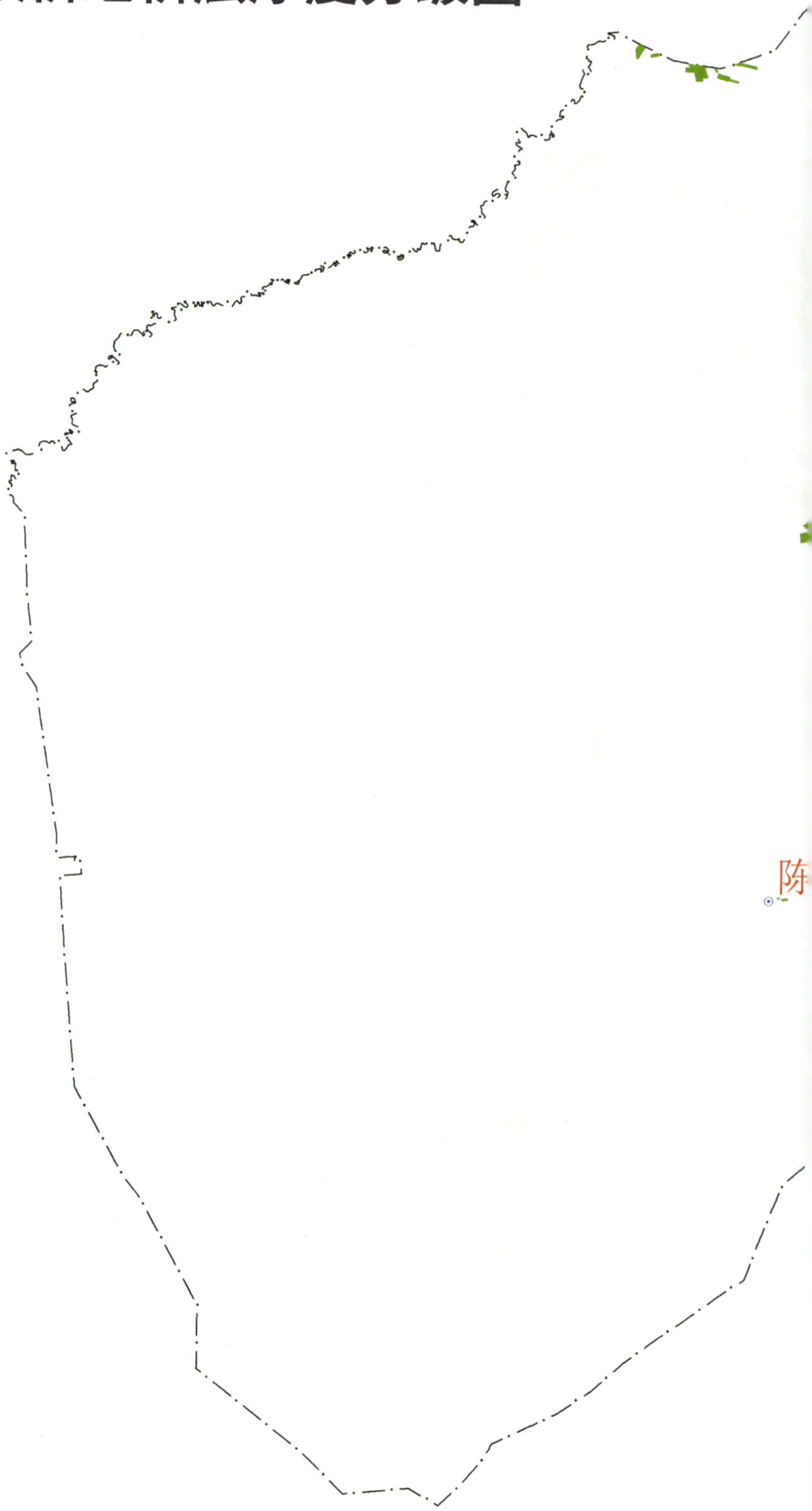

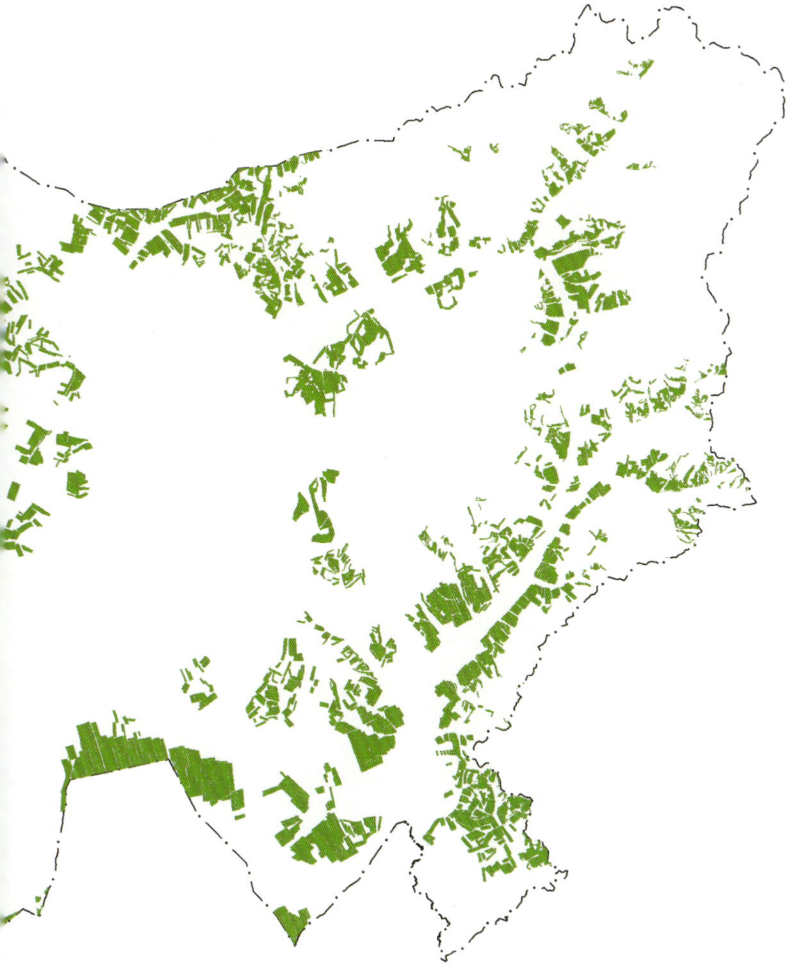

图例	分级标准 /cm	面积 /hm²	比例 /%
1 级（高）	＞30.0	—	—
2 级（较高）	25.0～30.0	83 273.59	100.00
3 级（中）	20.0～25.0	—	—
4 级（较低）	10.0～20.0	—	—
5 级（低）	≤10.0	—	—

图　例

⊙ 县级行政中心